JN058991

DANCE ANATOMY SECOND EDITION

新スポーツ解剖学シリーズ

ダンス解剖学

第2版

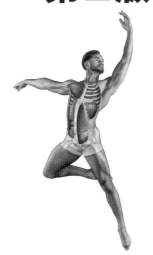

ジャッキ・グリーン・ハース 著
武田淳也 監訳
前田結花・竹島憲一郎 訳

ベースボール・マガジン社

⋯⋯⋯⋯⋯⋯⋯⋯ 監訳者のことば ⋯⋯⋯⋯⋯⋯⋯⋯
（第2版発行に寄せて）

　初版の刊行から、早くも7年目が訪れました。本来ならば、私たちの国、日本において記念すべき初開催となる予定だった国際ダンス医科学会（IADMS: International Association for Dance Medicine & Science）の第30回年次大会（会長：水村真由美先生）に合わせて2020年10月の本書の刊行を目指しておりました。しかし、まさに未曾有のコロナ禍に翻弄され、大変残念ながら第30回は消えてしまい、本年2021年10月21日から、米国のデンバーにて第31回がバーチャルとリアルの初のコンビネーションでの開催となりました。それに伴い、本書も日本ダンス医科学研究会（JADMS: Japanese Association for Dance Medicine and Science）の第11回学術集会（会長：浦辺幸夫先生、オンライン開催）の時期に合わせての刊行となりましたことをお詫び申し上げます。

　さて、この第2版の最も大きな進歩は、新たに「脳科学」と「傷害予防」の章が加わったことです。いずれの章も初版の「監訳者のことば」のなかで、私が強調させていただいた「モーターコントロール」という概念と非常に大きな関連を持つ章であり、監訳者として大変嬉しく思っております。

　また、初版の頃から今に至り、日本国内のスポーツ医科学・ダンス医科学分野において、この「モーターコントロール」という概念が、専門家のみならず一般にも広く浸透してきているという大きな潮流の変化の最中で、これら2つの章が加わった最先端の書を刊行できることは、監訳者にとっての大きな喜びです。

　唯一残念なのは、本書にはIADMSの第31回年次大会でもきっと論じられるであろう「ダンス医科学におけるCOVIDの影響について」の記述がないことです。

　ここで監訳者として、読者の皆様にお願いがあります。ぜひとも、初版の「監訳者のことば」（p4）も読んでいただきたい。そして「モーターコントロール」というダンスの実践に不可欠かつ最重要な概念の再確認をしていただければと思います。

　本書の刊行は、帯に素晴らしい推薦文を書いていただきました、JADMS（監訳者自身も会員）の代表理事である水村（久埜）真由美先生、また、翻訳をお手伝いいただきました前田結花先生と竹島憲一郎先生、そして何と言っても私のこだわりに辛抱強くお付き合いいただいた編集者の石根左惠氏など多くの方々に支えられて完遂することができました。あらためてお礼を申し上げます。

　最後に、このような未曾有の災禍のなかだからこそ、私たち人類が謙虚に、自らの存在のあり方を見つめ直し、克服する知恵を得て、その知恵を実践するに際して、国境、政治、宗教、人種、ジェンダーなどすべてを超えて、人類が一丸となる意義を見出せる貴重な機会を与えられた、とも言えるのではないでしょうか。私たちの頭の中の観念だけでなく、全地球レベルでその意義が身心で体感された後に再び、そして、今度こそ私たちの国、日本においてIADMSの年次大会が開催され、リアルな会場で直接、読者の皆様とお会いできることを心より楽しみにしております。

　本書がダンス医科学分野に関わるすべての方々にとって、期待以上の新たなる日常を迎えられる一助となることを心から願って止みません。

武田淳也

·················監訳者のことば·················
（初版発行に寄せて）

「全ダンサー必読の書」──これは本書『ダンス解剖学』に贈られたシンシナティバレエ団、芸術監督・CEO のモーガン氏の言葉（初版 p7）です。

　私はこの言葉にさらにひと言、付け加えたいと思います。「全ダンサーがまず最初に読むべき本」と。

　私はこれまで、スポーツ整形外科とダンス医学の外来診療のなかで、また、ピラティス指導の現場で、数多くのダンス傷害を扱ってきました。しかし、大変残念なことにクライアントの多くが、それらダンス傷害の原因が、単なる筋力や柔軟性、バランス力だけの問題であると思っており、またダンス傷害を扱う私たち専門家たちのなかにさえ、いまだそのような考え方にとらわれている方々が少なからずおられるようです。もちろん、筋力や柔軟性、バランス力は非常に大切です。しかし、筋力、柔軟性、バランス力、さらには呼吸、骨盤底筋の状態、心理状態、可動域、感覚機能、持久力、それら以外のフィットネス状態などのすべては、私たちがダンス（また、ダンス以外の地上におけるあらゆる活動）をする際において、「よりよく自分自身の身体を使いこなせるようになるため」のひとつひとつの要素でしかないということを、私たちは忘れてはなりません。

　本書には「プレースメント」という用語がしばしば登場します。これは「姿勢や身体各部の位置、アライメント（骨・関節の配列）」という意味で用いられており、「プレースメント」を動作の流れの中でダンサーたちが、上記のひとつひとつの要素を「モーターコントロール」の下で、最適な状態で統合・実現していくことこそが、ダンス障害の予防・改善にとって一番大切なことなのです。そして幸いにもそれこそが、効率的な洗練された身体の使い方をもたらし、その結果として、あなたが求める最高のパフォーマンスをも実現してくれます。

　日進月歩の医科学はダンス医学においても例外ではありません。ピラティスはダンサーにとってのコンデイショニング法、リハビリテーション法の主流として世界的に今や不動の地位を得ていますが、そのピラティスの認定指導者でもある本書の著者・ジャッキと同じプログラムを学んだ卒業生同士として、この度、ダンス医学の先進国で第一線に立って活躍する著者の最新のダンス医学、それも実践的な本書を日本語版で刊行できることは、望外の喜びです。

武田淳也

CONTENTS

ダンス解剖学　第2版
DANCE ANATOMY SECOND EDITION

序 文

　ビデオゲーム、ソーシャルメディア、オンラインビデオといった視覚を惹きつけるものがあふれる
なか、人々に劇場に足を運んでもらって実物のダンスの美しさを味わってもらう機会が奪われていま
す。それでも指導者たちは、若きダンサーを素晴らしいパフォーマーにするために鍛え上げています。
ダンサーにはダンスを存続させていく責任があるのです！　ダンサーがいるからこそ観客は劇場に足
を運び、ダンスの芸術性を生でじかに味わうことができます。

　ダンサーの動き方、その動きを通した自己表現法を通して、観客はダンスの美とつながることがで
きます。生のダンスは創造力を高め、長年にわたり創造的な自己表現の形態として用いられてきまし
た。ダンスでは難度の高い動きのパターンを実現することで、自身の、創造的かつ批判的思考（クリ
ティカル・シンキング：問題を特定して、適切に分析することによって最適解にたどり着くための思
考方法）能力が発揮されます。強靭さと才能を兼ね備えたパフォーマーは、観客と「心」を通い合わ
せることができるのです。ダンサーは動きを通して想いを伝えて、観客に充実した体験をもたらしま
す。ダンサーの自己表現は観客の気分を変えることもできます。ダンスは生き生きとしたエネルギー、
えも言われぬ美しさ、その両方を身体的スキルでいかんなく表現して伝えます。ダンスは洗練された
ポーズ、斬新な振り付け、鮮烈なイメージを伝える芸術表現です。また、あらゆる形態のダンスが完
璧なバランス、精緻な筋肉コントロール、エレガンス、リズム、スピードに支えられています。

　現代のダンサーは本当に恵まれています。強靭さと才能があれば活躍の場は既に用意されており、
コンクールに出場する、ブロードウェーの舞台に立つ、プロのバレエ団で踊る、といったことが現実
になるのです。主役に抜擢されて踊る、これほどエキサイティングなことがほかにあるでしょうか。
こうしたハイレベルな競争を勝ち抜くには、精神的にも肉体的にも健康な状態に整えておく必要があ
ります。今は、観客の心をつかむことがかつてないほどに求められています。究極の振り付けがチケッ
トの売り上げにつながり、コンクールでの成功をもたらしてくれるのです。

　アメリカだけでも、ダンススタジオの数は約3万2000箇所に上ります。ダンススクールやスタジ
オ、アカデミーには時間の余裕などありません。厳しいクラス、稽古、舞台、コンクールが目白押しで、
圧倒されそうになります。生徒は指摘されたことはすべて飲み込もうと必死に努力します。一方、指
導者は、教授法、芸術性、音楽、複雑な振り付けはもちろん、自分のビジネスにも思いを巡らせてい
ます。

　このような多忙を極めるなかでは、テクニックの細かいところが見過ごされることがあります。ダ

ンスのテクニックは長年、解剖学的な分析がほとんどなされることのないまま伝えられてきました。このような伝統はこれまでは通用してきたかもしれませんが、今日、他のダンサーから一歩抜きんでるには、最も効果的なトレーニングを受け、かつてないほどの強靭さを備えなければなりません、そのために必要となるのが基礎的な解剖学の理解です。

　バーレッスンやセンターレッスンでは、どのようなコンビネーションを踊るにしても、ひとつひとつに明確な目的を認識しなければなりません。バーレッスンとはプリエやタンデュを一通り行うだけのものではなく、身体全体を統合できるようになるためのものです。それゆえ、基礎レッスンでは、関節をコントロールし守ることができるよう、筋力強化に力を入れるべきです。さらにダンサーは、ダンスポジションのさまざまなコンビネーションを生み出す筋群の作用を理解する必要があります。例えば、関節を伸ばすときには、それがどんな角度でも筋肉は収縮しなければならない、といったことです。もしこのとき、使われている筋肉が分かっていなければ、果たしてそのコンビネーションをうまく踊ることができるでしょうか。おそらく誤った筋肉を過剰に使い続け、それにより身体が太くなったり、使い過ぎによるケガにつながったりするでしょう。

　こういった現実を考慮して、本書『ダンス解剖学』は、より効率的なテクニックの上達法を見つけ出せるように導いてくれます。第2版では、脳が動きに与える影響とケガの予防法を理解するのを助けるために、新たに2つの章を加えています。また解剖学を視覚的に理解できるように、エクササイズには250以上のイラストが添えられています。身体のラインをより美しく出せるように、医学的イラストがタンデュ、パッセ、アラベスクの内側を見せます。どの筋肉が収縮するかを正確に知ることによって動きが向上します。

　本書の各章では、動作の原理原則を1つずつ取り上げ、テクニックの向上につなげます。第1章は本書のベースであり、ダンスの美しい3つのポジションにスポットを当てて身体全体、筋肉系全体を紹介します。また身体の仕組みの基礎的理解にも重点を置き、解剖学、動きの面、筋肉の作用を解説します。活性している筋肉の細部を美しいイラストで示しています。

　新たに加わった第2章では脳と脳以外の部分との神経的つながりを紹介していますので、神経系についての解説がテクニックの向上につながるでしょう。もう1つ新たに加わった第3章ではケガの予防に焦点を絞り、生徒と指導者の両者が知っておくべきケガに関するいくつかの主な要因を取り上げています。

第4章から第10章までは、身体の中心から外側に向かう順序で構成されています。第4章は脊柱のアライメントと位置についての章です。すべての源はここにあります。この章では、具体的な深層筋を際立たせた詳細な医学的イラストとともに、脊柱弯曲（せきちゅうわんきょく）と脊柱の動きのすべてについて取り上げます。本章に含まれているエクササイズは高い難度を求めるものではなく、筋肉を意識できるようになること、そして脊柱のアライメントを整える上で筋肉がどのような役割を果たしているかを理解すること、を導くものです。

　第5章は呼吸の解剖学です。上胸部で呼吸するために身体が緊張し、すぐに疲れてしまうダンサーは少なくありません。第5章では、横隔膜、肺、肋骨がどのように協働すれば、身体に取り込む酸素量が増え、スタミナが向上するかをイラストで示します。第5章で紹介するエクササイズは、さまざまな動きでの呼吸の詳細を重視しています。これらのエクササイズの目的は、上半身の動きの質を高め、上半身の緊張を軽減することです。

　第6章では体幹の筋肉系がダンスの動きで担う役割を詳しく解説し、脊柱安定筋を強化するエクササイズを紹介しています。より具体的には、腰方形筋（ようほうけいきん）と腸腰筋（ちょうようきん）は腹壁の筋層と協働して脊柱を安定させます。第6章に含まれているエクササイズには医学的イラストが添えられており、腹筋の収縮と脊柱の動きとの関係を解説しています。基礎レッスンでは、テクニックの上達における、腹筋の筋層のすべてやそれらの重要性が取り上げられることはないでしょう。だからこそ、ダンサーは、基礎レッスンを補足するための体幹のコンディショニングトレーニングがほとんどの場合、必要となるのです。

　第7章では肩と腕の筋肉系について詳しく解説し、ポードブラとリフトのテクニックの向上に役立つエクササイズを紹介します。第8章は、最適な骨盤安定性と股関節外旋が可能となるための骨盤の強化を主題とします。第9章で紹介するエクササイズは、脚のエレガンスとパワーに焦点を絞ったものです。筋肉の働きを微調整するのに役立つように、それぞれのイラストでは筋肉の起始と停止を示しています。

　ダンスでのケガのほとんどは足首（足関節）と足に起こります。第10章では下腿部のコンディションに重点を置きます。人間の足は26個の骨と34個の関節からなり、さまざまな動きを可能にしています。これらの小さな関節が、体重移動、踏み切り、着地を担っているのです。足の関節が十分に強くないと、アライメントやテクニックが損なわれます。第10章では、下腿・足関節・足における筋力・アライメント・バランス・柔軟性のためのエクササイズを詳しく紹介します。

第 11 章では、身体のさまざまな部位を使うエクササイズを紹介します。筋力強化だけでなく、身体が 1 つのユニットとしてポーズや動作を行うようにすることを目的としたエクササイズです。

　本書のエクササイズを使って上達するには、レッスン、練習、休憩時間のサイクルを考慮に入れた、効果的なコンディショニングプログラムを作らなければなりません。このアプローチは全く新しいものに思えるかもしれません。その狙いは、非効率的なトレーニングの量を最小限に抑えて、効果的なトレーニングの質を上げることにあります。このことを念頭に置いて、第 1 章では、テクニックの向上につながる補足的なコンディショニングプログラムの作成方法について詳しく解説します。

　ダンサーとして成長するには、動作の見せ方すべてにおいて、きちんと整った状態で正確である必要があります。自分が使う空間のなかで明確な方向を見せなければなりません。本書では各章を通して目に見えないさまざまな「面」について述べていますが、この面によって細かな身体のラインが決まり、振り付けをクリアに正確に踊ることができるのです。動作がクリアであれば、それはよりリズミカルに、音楽的になります。審査員席の前であれ、舞台の上であれ、基礎レッスンのなかであれ、見ている人たち（審査員、観客、指導者）が期待しているのは、強靭さ、パワー、そしてクリアなラインです。

　よりよいターンアウト、より高いデヴェロペ、よりしなやかなカンブレ、よりよいアラベスクはどうすれば達成できるのか、本書はその問いに答えてくれるでしょう。すべてのエクササイズには、適切な呼吸テクニックのアドバイス、プレースメント (姿勢や各部位の位置とアラインメント) 改善のためのコアの筋肉動員の指示、安全のための重要な注意点が記されています。エクササイズで使われる筋肉の一覧には、詳しいイラストが付いており、それぞれのポジションで使われる筋肉がハイライト表示されていますので、エクササイズとポジションとの関係がよく分かるでしょう。これはあらゆる形態・スタイルのダンスに適用されます。

　本書『ダンス解剖学』のエクササイズによって、ダンスという芸術の美を損なうことなく、実用的な考え方を身体動作に取り入れることができるでしょう。修正点そして自分自身の身体の動きのメカニズムを理解するツールとして本書を使ってください。身体のラインとテクニックを磨き続けるのです、主役に抜擢されるそのときのために！

謝 辞

　若者たちへの教育と、この芸術を存続させるために、自らの生涯を捧げているすべての素晴らしいダンス指導者へ：あなたは、必然的に生徒の人生に大きな影響を与えます。単に音楽に合わせて動けるように教えるだけではなく、一生涯にわたる感情豊かで創造的な人生経験さえも、あなたは生徒にもたらすことでしょう。

　私の生涯において決して忘れ得ぬダンス教師：ミリアム・R・ドクター、ヴァレリー・R・ウェルド、リチャード・シアス、チェイス・ロビンソン、デビッド・マクレイン、デビッド・ブラックバーン、ジェームズ・トルイテ、フレデリック・フランクリン、ジョン・バトラー、イヴァン・ナギー、ルース・アンドリアン

　この第2版の制作に当たって、以下の方々に感謝の意を表します。
- ・ シンシナティバレエダンサーのクリスティーナ・ラフォルジア・モースとジェームス・ギルマー
- ・ ノーザンケンタッキー大学演劇芸術学部
- ・ トレーシー・ボナー、BFAおよびMFAのダンスコーディネーター、ノーザンケンタッキー大学ダンス科准教授
- ・ 類いまれなる才能を持つ写真家、ピーター・ミューラー
- ・ 素晴らしい編集者、シンシア・マッケンタイア

第 1 章

THE DANCER IN MOTION

ダンサーの 動き

　動き（motion）とは、身体的な動作またはポジションの変化として定義されます。しかし、動いているダンサーを見ると、ポジションの身体的変化をはるかに超えています。ダンスとは、バランス、強靭さ、優美さによってつくり出される一瞬一瞬のイメージからなる鮮烈な視覚芸術です。「バランス」はキーワードで、本書のいたるところで強調されています。バランスとは、重量の均等配分、均衡状態、調和のとれた配分として定義することができます。最高のダンサーになるためには筋バランスを理解する必要があります。もちろん芸術形態としてのダンスの美学を犠牲にしてまで科学的分析を優先することはできませんが、健全な筋バランスを維持するための基本的な動きの原則を学ぶことで、身体を効果的かつ安全に動かすことができるようになります。本章では、ジャズダンスのレイアウトのポジション、アティチュード・デリエール、スプリット・ジャンプという3つのダンスのポーズのイラストによって動きの原則を説明します。

骨、関節、骨格筋

　動作を理解するためには、骨、関節、筋肉についての基本的な理解を深める必要があります。骨、関節、筋肉は、人間の動きを生み出すことを可能にする構成要素です。身体は、エネルギーと情報によって進化する素晴らしい「ギフト」なのです。身体の構成要素の整え方を知れば、筋バランスと新鮮なエネルギーが得られ、ダンサーとしての技術も向上します。

骨

　身体には 206 の骨があり、筋肉に「支持、保護、てこ」を提供します。骨には、平らな骨、長い骨、短い骨、種子骨、不規則な形態の骨、という5つのタイプまたは形状があります。平らな骨は、頭蓋骨、肋骨、骨盤を構成します。頭蓋骨は脳を、肋骨と骨盤は内臓を保護します。腕と脚にある長い骨は動きにおいて、筋肉に対するてことしての役割を果たします。短い骨は足と手首にあって、ある程度の

動きをもたらしますが安定性も提供します。また腱の中にあり浮遊している種子骨は、腱内で自由に動いて衝撃吸収性も提供します。不規則な形態の骨には椎骨があり、脊髄を保護するようにかたちづくられています。

　骨は、骨に強度を与えるカルシウムと柔軟性を与えるコラーゲンからつくられています。カルシウムは骨に栄養を与え、健康な筋収縮を生み出す助けとなります。カルシウム摂取量が少ないと骨は弱くなり、疲労骨折のリスクにさらされます。アメリカの保健福祉省は9歳から18歳までは1日1300mg、19歳から50歳までは1日1000mgのカルシウムが男女共に必要であると示しています。50歳以上では男性は1日1000mg、女性は1日1200mgが必要です（アメリカ国立衛生研究所、2016）。サプリメント以外で毎日のカルシウムをどこからとることができるでしょうか。カルシウムを多く含むものには、牛乳、チーズ、ヨーグルト、葉物野菜（ケール、ホウレン草など）、カルシウム配合シリアル、カルシウム配合オレンジジュースなどがあります。こういったカルシウム源はカルシウムバランスを維持し、骨の強度を維持するのを助けてくれます。

　動きにはてこが使われています。てことは、そこに作動力が加わったときに定点を動かす剛体棒のことです。作動力は、抵抗すなわち荷重を動かすのに使われます。身体では関節が定点で骨がてこ、作動力は筋肉の収縮により提供されます。例えば図1-1で示されているジャズダンスのレイアウトポジションを考えてみましょう。動かすほうの脚に注目してください。定点は股関節、てこは大腿骨（太ももの骨）、作動力は股関節屈筋群の収縮によって提供されます。筋肉は腱によって骨に付着し、骨同士は強力な靭帯でつながることによって、この関係が成り立ちます。

　腱は密性結合組織のひも状の線維です。腱は柔軟性がありながら強靭で、筋肉が収縮するときに力を伝えます。腱によっては鞘に包まれているものもあり、鞘は腱を所定位置に保持し動きを円滑にします。腱鞘は使い過ぎや過度なトレーニングにより炎症を起こすことがあり、この状態は腱炎または腱鞘炎と呼ばれます。筋力トレーニング、ストレッチ、適切な栄養の健全なバランスを維持することによってさまざまな腱損傷のリスクを軽減することができます。ケガおよびケガの予防について詳しくは後述されています。

図1-1　ジャズのレイアウトのポーズ

　靭帯も線維性結合組織からなる丈夫なひも状のものですが、靭帯は骨と骨とをつないで関節をかたちづくります。強靭なコラーゲン線維からなり、踊っているときには関節を安定した状態に保ちます。靭帯はねじれることもあり、重大な伸長力がかかると靭帯断裂を起こすことがあります。捻挫や断裂が最も多く発生するのは、ジャンプで着地して足首（足関節）や膝をひねったときです。こういった損傷は、筋力を取り戻すための理学療法と併せて、休息と治癒のための時間を必要とします。

関節

　2つの骨が向き合う部分が関節であり、骨端に柔軟な軟骨があるおかげで円滑に働きます。長年のダンスと関節の使い過ぎにより、軟骨がすり減って慢性的な炎症を引き起こすことがあります。軟骨は関節内ですり減ると、身体は代償として他の関節を使い過ぎるため、身体の使い方に不均衡が生じます。関節をサポートするために強い筋力を維持し、筋肉再生を促すために十分な睡眠をとり、健康体重を維持して関節にかかるストレスを最小限に抑えることによって、損傷を防ぐ（そしてバランスを向上させる）ことを助けます。

　複数の関節のタイプを知っておく必要があります。本書では主として球窩（きゅうか）関節、滑走関節、蝶番（ちょうつがい）関節を取り上げます。関節で起こるすべての動きには名称があり、ほとんどの動きは対になっていて、対になった動きは通常、同一面上で逆方向の動きで表されます。例えば、膝の屈曲（くっきょく）は膝を曲げ、膝の伸展は膝を真っすぐにします（**表1-1**）。

表1-1　関節の動き

動作	動き	例
屈曲	関節を曲げる、たたむ	グラン・バットマン・ドゥバンで股関節の前が曲がる、屈曲する
伸展	関節を真っすぐにする	プッシュアップ（腕立て伏せ）ポジションから肘が真っすぐになる
外転	中心から遠ざかる	アラスゴンドのアームスが体側から2番ポジションに動く
内転	中心に向かって動く	アサンブレで両脚を閉じる
外旋	外向きに回旋する	ターン・アウトで大腿が股関節から外向きに回旋して、2番ポジションのグラン・プリエを行う
内旋	内向きに回旋する	肩関節は内向きに回旋して手を腰につける
底屈	つま先を伸ばす	ルルベでポアントになる
背屈	足部を屈曲させる	踵（かかと）を支点にして前足部を上げる
回内	足部を内向きにロールする	足のアーチを落とす、足裏を平らにする
回外	足部を外向きにロールする	足のアーチを引き上げて足の外側縁をつける

球窩関節には股関節と肩関節があります。これらの関節では、対面する骨の片方の端が丸く、それを受ける骨の形はカップの形状をしています。股関節については、この情報はターン・アウトとデヴェロペを向上させるために大切なことです。このコンセプトについては第8章と第9章で詳しく取り上げます。股関節では関節窩が深く、肩関節では浅くなっています。**図1-2**をよく見ると、軸脚（支持脚）の股関節では大腿骨頭（かんこつきゅう）が寛骨臼にしっかりと収まっているのが分かります。この関節での動きをイメージしてください。これは屈曲、伸展、そして回旋の動きにも関係しています。

股関節と肩関節は、求められる振り付けで美しいラインを生み出すのに一生懸命働いています。股関節はプリエ、ジャンプのエクササイズ、レッグワークで体重を支えています。骨盤の安定性と股関節をサポートする筋肉の健全なバランスを維持することによって慢性的な股関節傷害のリスクを軽減することができます。これについては第8章で詳しく取り上げます。肩にも強靭性と安定性が求められます。肩の関節

図1-2　アティチュード・デリエールのポーズ

窩（ソケット）はとても浅いからです。ダンスでは肩の脱臼がよく起こりますが、肩関節を強化することによって、このタイプのケガのリスクを軽減することが可能です。これについては第7章で詳しく述べます。

滑走関節は両端が比較的平らな形状で、ほとんど可動性がありません。例えば、肋骨が椎骨と向き合うところは**図1-3**に見られるように滑走関節です。これらの関節にほとんど可動性がないという事実は、脊椎中部（胸椎）は柔軟性に欠けるということの理解を助けますが、これについては第4章で

図1-3　スプリット・ジャンプ

詳しく取り上げます。

骨格筋

　骨格の動きは骨格筋によって起こり、骨格筋は筋肉細胞、筋線維、数多くの神経を含む結合組織からなります。神経が脳からの刺激を受けると、化学反応が起こって筋肉を収縮させます。それぞれの筋肉は骨に起始部と停止部を持っています。収縮時には筋線維は短縮し、筋肉の起始部が停止部方向へ引っ張られて緊張を生み出します。

　刺激に対する筋肉の反応は筋肉の特徴によって異なります。それぞれの筋肉には遅筋線維（タイプＩ）と速筋線維（タイプＩＩ）という２つのタイプの筋線維があります。遅筋線維はゆっくりと収縮する疲れにくい筋線維で、主に（身体の各部の）位置や姿勢、有酸素活動のために使われます。速筋線維は収縮のスピードが速く疲れやすい筋線維ですが、遅筋線維よりもより大きなパワーを生み出すことができます。ですから、プティ・アレグロ、すなわち短時間の無酸素運動には主として速筋線維が使われます。多くのバレエダンサーは遅筋線維の割合が高いのですが、筋肉質またはがっしりした体格のダンサーでは速筋線維の割合が高い傾向にあるようです。ダンスの激しさのレベルに関係なく、遅筋線維がまず先に動員されてから速筋線維が動員されます。

　すべての筋肉は静的にも動的にも、収縮つまり緊張を生み出す能力を持っています。動きがない状態である静的収縮では、目に見える関節の動きを伴うことなく筋肉に緊張を生み出します。これに対して動的収縮は、筋肉の長さが変化する筋肉の緊張状態のことで、関節での動きを生み出します。動的収縮には求心性収縮と遠心性収縮があります。求心性収縮は筋肉が短縮して動きを生み出し、遠心性収縮は筋肉の伸長を伴います。

　例えば、ポアント・タンデュでは足がポアントになるときに、ふくらはぎの筋肉が求心性収縮によって短縮します。足がスタートポジションに戻るときには、ふくらはぎの筋肉が伸長し始めます。つま

15

り、スタートポジションに戻ってくるフェーズでは筋肉は遠心性に働きます。これが重要になるのはジャンプの着地時です。着地時には、関係する筋肉の遠心性収縮が身体が重力に逆らって減速するのを助けます。ですから、高くジャンプするために筋力とパワーの強化トレーニングをする一方で、ケガのリスクを減らすために着地のコントロールに取り組むことも必要です。また、1番ポジションでルルベを行ってキープするとき、キープのフェーズでは、脚の筋肉すべてが等尺性収縮の状態にあります。つまり、筋肉は求心的に収縮してルルベに至ってから等尺的に収縮して、そのポジションをキープします。

　筋肉が収縮して動きを生み出す際、目指す動きを達成するためにさまざまな筋肉が協働します。ダンスの動きは筋肉の協働が大変うまくいっているため、綿密にコントロールされています。この観点から、骨格筋は、主動筋、拮抗筋（きっこうきん）、協働筋、安定筋という4つのカテゴリーに分類されます。

- **作動筋・主動筋（アゴニスト）：** 動きを生み出すために収縮する筋肉は作動筋です。その動きを起こすのに最も効果を発揮している筋肉が主動筋（primary movers）です。例えば、足を底屈させる動きは主動筋として作用する腓腹筋（ひふくきん）とヒラメ筋によって生み出され、補助的な役割をする他の筋肉が動きを助けます。

- **拮抗筋（アンタゴニスト）：** 主動筋と逆の働きをする筋肉は拮抗筋と呼ばれます。主動筋が働いているとき、拮抗筋はやや弛緩し伸長します。ところが拮抗筋は、主動筋とともに収縮して同時収縮をもたらすこともあります。ご想像の通り、主動筋と拮抗筋は相反する位置にあります。図1-2を振り返ってアティチュード・デリエールのジェスチャー・レッグ（動かしている脚）に注目してください。主動筋は脚を後方に動かして股関節伸展させるのに活性するハムストリングと臀筋（でんきん）です。拮抗筋は股関節屈筋、つまり股関節と大腿の前面の筋肉で、主動筋が収縮しているときにストレッチされた状態にあります。では、2番ポジションのグラン・プリエをイメージしてください。上がっていくときには大腿四頭筋（主動筋）が働いて膝を伸展させ、ハムストリング（拮抗筋）も収縮します。その結果、同時収縮が生まれ、膝関節のサポートが強化されます。

- **協働筋（シナジスト）：** 協働筋は分かりにくいので、少しかみくだいて説明しましょう。協働筋であると見なされる筋肉は、動きを促す、動きを中和するという2つの機能を持っています。ダンサーにとって大切なのは、協働筋は望ましくない方向の力に対抗することによって動きを明確にするのを助けてくれる、という点です。例えば、図1-2に戻って右の腕に注目してください。肩関節を屈曲させることで無理に腕を上げようとすると、上腕骨が肩甲骨から離れないのはなぜでしょうか。その答えは大胸筋の下に隠れている烏口腕筋（うこうわんきん）と呼ばれる小さな筋肉にあります。烏口腕筋は、肩甲骨に対する上腕骨の動きをコントロールするのを助けるために収縮することによって、協働筋としての性質を発揮します。主動筋ばかりが注目されがちですが、協働筋は主動筋がスムーズで調和のとれた動きを確立するのを助けているのです。

- **安定筋（スタビライザー）：** 関節を固定することができる筋肉は安定筋と呼ばれます。安定筋

は望ましい動きが起こるように関節をしっかり保持することによって、アンカー（いかり）としての働きをします。重要な役目を果たしているので、安定筋は本書のいたるところで、また本書のエクササイズのなかで繰り返し取り上げます。例えば図1-2では、腹筋の収縮によって脊柱はしっかりと安定しています。腹筋の収縮がなければ、後ろに動くジェスチャー・レッグの勢いと強さによって脊柱の形は崩れてしまうでしょう。皆さんは動きの大半を生み出している脚にばかり一生懸命になって、安定を生み出してしっかりと支えてくれることによってその動きを可能にしている、筋肉の重要性を忘れているかもしれません。

身体組成

　ではここで身体組成について取り上げ、それがダンサーのワークにどのように影響を及ぼしているかを考えてみましょう。身体組成はフィットネスレベルと直接関係しており、身体の「脂肪」対「除脂肪筋肉」の比率で表されます。国際ダンス医科学会は、体脂肪率の健全な割合は女性では17～25%、男性では15%弱としています（2011）。ダンスの分野ではやせていることを推奨してきたので、伝統的にダンサーは他のアスリートたちよりも体脂肪量が少ないのが常でした。ところが、健全な筋機能を可能にするため、また長時間の稽古中に疲れにくくするためにも少量の体脂肪は必要です。さらに、脂肪を最小限にするためにカロリー制限をすることはケガ、無月経、骨の健康悪化のリスクを高めます。身体組成を検査する最良の方法については担当医に尋ねてください。高度な方法はいくつかありますが、最も経済的で広く用いられている体脂肪率を測定する検査は、皮下脂肪厚計を使って行うものです。皮膚を筋肉から離して挟んで皮下脂肪厚を計測し、これを複数（2～3カ所）の身体の部位に対して行います。皮下脂肪厚計が挟んだ部分の厚さの合計数字を百分率に換算し、体脂肪率を求める計算式によって数値を出します。自分の身体組成を測ってみたい方は担当医にご相談ください。

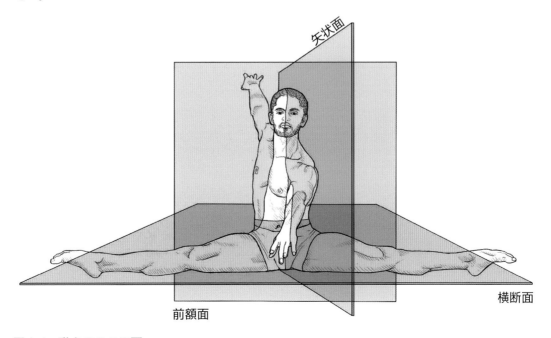

図1-4　動きの3つの面

動きの面

動き（motion）はポジションの変化を伴い、そして力によって生み出されます。その力は、あなたの身体と心の調和のとれた運動によって生まれます。では、本書で使われている解剖学的ポジションに慣れるために、まず身体の運動に注目してみましょう。

筋肉が収縮すると、関節に動きをつくり出します。関節とは骨と骨とをつなぐ連結部です。難しくありませんね。ダンスではこの作用を利用して、あらゆる方向、パターン、形で動きます。空間での身体の動かし方を理解すれば、難しい振り付けを習得し、美しいラインで動きを実行することが可能になります。

前額面（縦方向）、横断面（水平方向）、矢状面という空間の3次元に対応する3つのイメージ上の面で身体を分割することで、動きが理解しやすくなります（図1-4、p17）。身体を前と後ろに分割する前額面は、図では真横に動かしている脚によって表されています。身体を上半分と下半分とに分ける横断面は、体幹の回旋によって表されています。身体を右半分と左半分に分割する矢状面は、片方を前に、もう片方を後ろにした腕によって表されています。

表1-2　解剖学的ポジションと方向を表す用語

用語	定義
位置を表す用語	
解剖学的ポジション	足のつま先と手のひらを前に向けて立っている
背臥位	背を下にして寝ている
腹臥位	顔を下にして寝ている
方向を表す用語	
上方	上方向または頭方向
下方	下方向または足方向
前方	前側
後方	後ろ側
内側	正中面に近い、または正中線方向
外側	正中面から遠い、または側方向
近位	四肢の根元、体幹、身体の中心に近い
遠位	四肢の根元、体幹、身体の中心から遠い
表層	身体の表面上、または表面に近い
深層	身体の表面から遠い
掌側	解剖学的ポジションで手の前面
背面（手または足について）	解剖学的ポジションで手の後面、解剖学的ポジションで立っているときの足の上面
底面	解剖学的ポジションで立っているときの足の底面

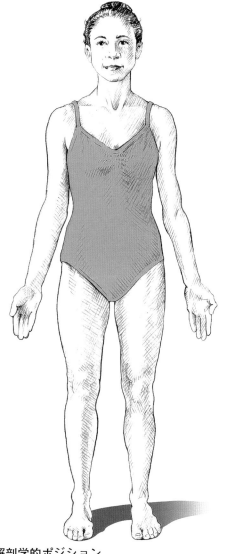

図 1-5　標準的な解剖学的ポジション

　さて、皆さんは実際の空間のなかで身体の向きを変え、腕と脚はポジションを変化させことができるので、動きの方向を調整すること、また身体のポジションを**図1-5**のような標準的な解剖学的ポジションに当てはめることが大切です。**図1-5**で示されているように、そのポジションは前を向いた状態で、足は無理のないパラレル、腕は体側、手のひらは前に向けています。このポジションが基準となり、すべての方向への身体の動きがここから始まります。また、このポジションがすべての解剖学用語の基準です（**表1-2**）。

　では、自分の中にあるさまざまな想像上の面を使って、引き続き標準的な解剖学的ポジションをイメージしてください。横断面によって上半分と下半分とに、矢状面によって右半分と左半分とに、前

額面によって前と後ろとに分けられます。ですから例えば、腕をアンバーから1番ポジションを通って高い5番ポジションへ動かしているときには矢状面で動いています。その動きには、想像上の面に沿ってずれることなく、また他の動きを伴うことなく高い5番ポジションへ効率的に動く、という目的があります。

また別の例、横カンブレのときには前額面で、想像上のガラス板に沿って真横へ側屈しているかのように、他の効率的でない動きを伴うことなく側屈しています。同様に、プリエのときには脚は前額面上を真っすぐ横へ動いています。対照的に、ヒップホップの動きでは股関節は内旋、外旋しますが、左右それぞれの股関節は横断面に沿って動いています。ウエストをひねっているときも同様で、体幹は横断面に沿って動いています。

では、図1-3（p15）のスプリット・ジャンプを見てください。脚はどの面で動いていますか。前額面です。もし片方の脚が若干前方にある、つまり面を乱しているとすれば、その動きは皆さんが目指しているきれいなラインを描けないでしょう。正しくできるようになるまで、スプリット・ジャンプを繰り返す必要があるでしょう。正しい脚の位置が分かっていないままで繰り返したり稽古をし過ぎたりすると、それが原因で使い過ぎによる損傷を引き起こしかねません。

つながりを意識すること

心（mind）は、テクニックを上達させるためにダンス解剖学を活用する上で大変重要な役割を果たします。脚をより速く動かしたり、より高く上げたりするのをイメージすることは、主動筋の動きを理解することと同様に、ダンサーの動きの一部です。イメージを視覚化して思い描くことも、より効率的に踊れるようになるためのツールとなります。デヴェロペの動きを何度練習しますか。脚をもっと高く上げることができないために、大腿に力が入ったり不安になったりすることが何度あることでしょう。どの筋肉を収縮させたり、伸長させたり、また、ぎゅっと力を入れないで安定させたりすればよいのか、そういうことが分かっていればどんな感じだろうかとイメージしてください。不安なく脚をもっと高く上げることをイメージしてください。身体的能力とともに意識を使うと、それは可能になります。

視覚化すること

身体を動かさないで頭の中にその身体活動のイメージを思い描くことは、imagery（イメージ）、mental simulation（精神的シミュレーション）、visualization（視覚化）という言葉を使って表されます。いろいろな種類のイメージがありますが、本書ではパフォーマンスを向上させるための基本的な視覚化のスキルに絞って見てみましょう。例えば、望ましくない緊張を解くために、簡単でポジティブなイメージを使って穏やかで安定したセンターを維持することにフォーカスすることができます。望み通りの身体の動きをイメージして、ポジティブな考えを保つようにします。エリック・フランクリンはイメージの達人です。私は、直感を植えてそのイメージを育ててパフォーマンスを向上させることを意味する seed imagery（種となるイメージ）という、彼の言葉が大好きです。

（クラスや稽古でやっているように）動きを繰り返し練習すれば、生理学的な変化を引き起こして

正確性が高まります。この目的のために毎日少し時間をとって、静かな場所を見つけ、目を閉じて自分の呼吸に耳を傾けてください。さあ、なりたいダンサーをイメージして自分が難なく踊っているのを思い描きます。きれいなラインが描けていることに精神を集中させます。すべてのコンビネーションをしっかりとコントロールしながら踊れていることを思い描いてください。頭の中にそれを思い描くことができ、音楽が聞こえてきて、身体の一連の動きを細かいところまで感じることができます。あとはただ実際にやるだけです！　他のことはすべて手放して、テクニックに集中してください。心（mind）と筋肉との関係をトレーニングします。心と身体は協調してバランスを整え、あなたがゴールを達成するのを助けてくれます。

緊張を解き放つこと

　精神状態は行動の結果に影響を及ぼします。「2回転しなくては」というストレスと「バランスを失うのでは」という不安を抱えて上半身が緊張した状態でピルエットに臨んで、いったいどうやって回転できるでしょうか。正確に静かに、定められたセンターを自由に美しく何度も回転しているのをイメージしてください、そして呼吸も！　自分の好きなように踊ってピルエットへ、不安を解き放し、リズムを味方につけて、ターンを楽しみましょう！

　ストレスとケガとの因果関係は研究によって証明されていますし、ダンスは確かにストレスの多い試みです。ダンスは、他のあらゆるスポーツと同様、最高レベルの身体パフォーマンスを維持するための厳しいトレーニングとコンディショニングを必要とします。ですから完全を求め、自分の限界を超えようとします。ところが、コンクールへの不安や失敗を恐れて心が押しつぶされてしまったら、うまく対処する能力を失ってケガの危険にさらされます。またモチベーションを維持することができなければ、注意力の低下と一瞬の気の緩みを生んで、ケガの危険に直面します。このようなストレス要因は迷いやバランス技術のつたなさ、そして筋肉の望ましくない緊張にもつながります。

　このような落とし穴に陥らないようにするために、素晴らしいダンサーはモチベーションや自分への励ましを生み出す、健全でポジティブな対話を心の中で常に行っています。この心の中の対話が緊張を軽減し、動きに落ち着きをもたらします。いいですか、皆さんは心と身体との健な関係をつくりつつあるのです。自分自身を受け入れて踊ることを大好きになってください——簡単なことです！批判し、疑い、マイナス思考の独り言ばかりという人も確かにいます。それでも、踊ることが大好きで上手になりたいのであれば、自分を否定することや自分に対して不満を抱くのはやめること。「これは私にはできない」「この動きは難し過ぎる」などと言わないように。心をしっかり持って、「できる！」と自分に言い聞かせてください。

ダンスへの応用エクササイズ

　本書で紹介されているエクササイズとイラストとの間には明確な関係があります。エクササイズをしながら、首が楽でバランスがとれていること、センターが安定していることをイメージして、そのクオリティを自分のテクニックにしてください。例えば、脚のためのエクササイズを行っているときには、股関節が緊張しないで自由に動いているのをイメージします。イメージはポジティブで簡単なものにすること。

エクササイズ中にイメージを描くスキルを練習した後は、その瞬間的なイメージを、クラスや稽古や舞台の前に頭の中に送り込んでください。どのくらいスキルが向上するのか、筋肉に力を入れずにどのくらい効果的に動けるようになるのか、意識してください。ポジティブなイメージのスキルを使い続けてください。こういった心のエクササイズは練習を必要とします。ネガティブな考えをまた忍び込ませて、テクニックを台無しにしてはなりません。第4章から第10章までの各章には、これらのスキルをその章のエクササイズに応用することについてのヒントになる「ダンス・フォーカス・エクササイズ」というコーナーがあります。

心肺機能を高める効果

　本書はダンスに特化したエクササイズを中心としていますが、心臓と肺の能力を高める心肺機能の健康を見逃すことはできません。ダンサーの心肺機能は非持久性スポーツのアスリートの心肺能力と類似しているとする、ダンスについての医学的研究が増えています。例えば、2015年にRodrigues-Krause, J. と Krause, M.、そして Reischak-Oliveira, A. は、"Cardiorespiratory Considerations in Dance; From Classes to Performance"（ダンスにおける心肺についての考察；クラスから舞台まで）と題した素晴らしい論文を発表しました。この論文では疲労関連のケガを減らすための有酸素コンディショニングの重要性を強調しています。稽古や舞台が短時間の、したがって「無酸素」活動であっても、心肺の健康を向上させるために、血液循環や細胞への酸素の供給を高める有酸素トレーニングを行う必要があります。

　具体的には、有酸素トレーニングは心臓を大きくするので身体に送り出される血液の量を増やします。そこで心肺機能が健康であれば酸素の運搬が良くなり、それによって持久力も向上します。心肺持久力が高いと、心身の疲れが軽減します。心身の疲れはケガにつながることもあります。結果として、有酸素的な健康状態が良いほど、長い時間疲れずに稽古を続けることができます。ところが、日常のダンスのクラスは十分な有酸素効果をもたらしません。有酸素能力を高める最も良い方法は、心拍数を最大心拍数の70〜90％に20分間以上高めることです。例えば、週3〜4回、各セッション20分以上、エリプティカルマシン（クロストレーナー）、トレッドミル、ステイショナリーバイク（エクササイズ用の固定自転車、エアロバイク）のトレーニングや水泳によって心肺持久力を高めることができます。

　ダンスの指導者は、エクササイズを繰り返す、あるいは短い休憩時間で長い時間続けることで、より多くの有酸素効果をもたらすようクラスの一部を組み替えるのもよいでしょう。センターのワークに長時間のジャンプのコンビネーションを含めるのもよいことです。指導者には、生徒の心肺機能を向上させる責任があります。心肺機能が高ければケガは減り、健康全般が改善されます。

コンディショニングの原則

　コンディショニングプランを明確にし、さらに良くするために、いくつかの原則を知っておくとよいでしょう。まず、筋力だけでなく、腱や靭帯の強度も高めます。強靭なダンサーになるためには、日々のダンスクラス以外のところでも鍛える必要があるということを唱える研究が増えています。例えば、Koutedakis と Jamurtas（2004）は "The Dancer as Performing Athlete"（舞台アスリートとしてのダンサー）と題した素晴らしい論文を発表し、身体の健康状態がよくないとケガにつながること、また身体の健康状態は監督下の有酸素トレーニングを追加的に行うことで高められることを強調しました。何といってもダンサーは芸術家ですから、どんなときでも芸術性が大切です。ところが、健康なダンサーであるためには追加的なトレーニングを検討する必要があるのです。

・ **機能的なトレーニング**：ここ数年、このトピックはスポーツ医学の世界で議論のテーマとして取り上げられることが増えています。このタイプのトレーニングは、立位で一度に複数の関節を用いて行われ、関節の安定をもたらす基礎的な筋肉に集中することをゴールとします。安定をもたらすためにそれらの筋肉を収縮させるには、それらの筋肉を孤立させることができなければなりません。本版は、フロアで行うエクササイズをバーへの機能的なトレーニングへとつなげるのに役立つよう、機能的トレーニングエクササイズを増やしています。優れたフットワークを披露するためには、足部より上の関節は強靭かつ揺るぎないものでなければなりません。

・ **オーバーロードの原則**：強化したいのであれば、強化したい筋肉群を通常の負荷を超えて働かせなければなりません。可動域全体を通して、最大収縮でエクササイズを行わなければなりません。通常このタイプのエクササイズでは、繰り返し回数を少なくして抵抗を強くして、疲れるまで筋肉を働かせ続けます。強度を高めると柔軟性が失われるのでは、という心配は無用です。ダンスに必要とされる柔軟性を失うことなく強度を高めることができると、研究で証明されています。

・ **可逆性の原則**：コンディショニングをやめると、体力が急に失われます。したがって、調子のレベルを維持するためには、踊っていないとき（例えば一時休止期間中や休暇中）でも、ダンスに特化したコンディショニングを（本書で紹介されているエクササイズで）少なくとも週4日続けてください。

・ **特異性の原則**：テクニックを高めるために使う必要のある、ダンスに特化した筋肉のコンディションを整えなければなりません。つまり、ダンスのために有効なコンディショニングにするためには、行うエクササイズ自体がダンスであるかのように、ダンスに必要とされる筋肉にターゲットを定めて動員しなければなりません。

・ **アライメント**：エクササイズを行う際には毎回、アライメント、コアコントロール、正しい呼吸をおろそかにしてはなりません。皆さんのゴールは効率的に動くことです。アライメントが乱れてきたと感じたら、いったん止まって体勢を整えてから再開します。それぞれのエクササ

イズを行うときには主要な筋肉の動きを重視しますが、それが身体全体にどのように影響するかを意識してください。

- **ウォーミングアップとクールダウン：** 毎回のコンディショニングセッションはベーシックなウォーミングアップで始めて血流を増加させ、呼吸のスピードを上げ、体温を若干上昇させるとよいでしょう。このようにして身体を温めれば、エクササイズがより効果的になります。センターを整えるために10分ほど第4章のエクササイズを行ってから、その場で低レベルのジョギングを少し行います。コンディショニングのセッションの後は、身体を安静時の状態に戻すために十分なクールダウンを行ってください。クールダウンには10分ほどかけて、第5章で紹介している呼吸のエクササイズを含めてもよいでしょう。筋肉痛を和らげるために穏やかなストレッチを含めてもよいでしょう。

ウォーミングアップ、クールダウン、エクササイズプログラムには50分ほどかけるとよいでしょう。本書で紹介されているそれぞれのエクササイズには特定のゴールがあります。すべてのエクササイズは、筋バランスを整えるように、また全可動域を通してのコントロールを必要とするように考案されています。勢いを使って動きを始めてから重力に任せるままに、あるいは意識しないままで動きを終わらせることのないように。それぞれのエクササイズはゆっくりと正確にコントロールしながら開始し、そのコントロールを動いている間ずっと維持してください。各章では、集中度を高めて意識を深めるために特定の筋肉群を使って動くことを可能にする一方で、機能的なエクササイズも含んでいます。安全な骨格アライメントを常に意識してください。これは本書のいたるところで強調されています。

専門家によってさまざまな意見がありますので、継続時間、回数、セット数、強度を定めた汎用的なコンディショニングプログラムを推奨することはほとんど不可能です。一般的な目的のためには、特にことわりのない限り、本書で紹介されている各エクササイズは10〜12回を3セット繰り返し行ってください。しかしながら、自分の必要量を決定するためにはある程度の実践を必要とすることをご理解ください。筋力を強化しようとしているのであれば、全可動域を通して筋肉を最大収縮させ、負荷を段階的に大きくしていかなければなりません。本書のエクササイズのなかには、抵抗を高めるために抵抗バンドや小さなウエイトを用いるものもありますが、ゴールは優れたアライメントを維持することです。アライメントが確実に維持されてエクササイズが大変でなくなったら、段階的に抵抗を大きくしてもよいでしょう。バランスと動きの質を重視してください。

第 2 章

BRAIN HEALTH

脳の健康

　ダンスの一挙手一投足を担っているのは驚くべき脳のなせる業です。したがって、脳、そして脳と筋肉とのつながりの健全性と、パフォーマンスの素晴らしさとは比例関係にあります。神経のつながりが強固であるほど、スピード、俊敏性、バランスは高まります。実際にダンスは「ニューロン新生」と呼ばれるプロセスを通して、新しい脳細胞をつくり出します。つまり、ダンスの動きは脳内ネットワークを実質的に再構築するのです。新しい振り付けを習得するたびに、脳は身体に新しい神経経路を発達させ、これらの経路が思考や新しい知識の獲得を助けます。

　こういったことはどのようにして起こるのでしょうか。脳の情報処理が優れているほど、身体の反応は良くなります。神経系の正確性が高いほど、ターンも良くなり、ジャンプも高くなり、振り付けを覚えるのも早く効率的になります。最も重要な感覚の一つがバランスつまり固有感覚 —— 基本的には自分が空間のなかでどこにいるのかを感知すること —— です。皆さんはバランス、神経系、筋収縮を鍛えて、テクニックの精度を高めることができるようになります。

　この章では、神経学について事細かに解説することはしません。神経系がテクニックやパフォーマンスをどのように高めるのか、についての概要を説明します。そのなかで、脳と筋肉との間でメッセージがやり取りされる仕組みについての基礎を紹介します。

神経系

　神経系は、随意・不随意にかかわらず、ダンスの動きを含むすべての動きをコントロールします。神経系は心肺系と消化器系も管理していますが、ここでは運動器系に、どのようにして動きが生じるのかに重点を置きます。神経系が、関連する身体の部位と電気信号をやり取りすると、動きが起こります。繰り返しになりますが、神経系の働きが効率的であるほど、パフォーマンスはよりよいものと

なります。

　神経系は、中枢神経系と末梢神経系の2つに分類されます（**図2-1**）。中枢神経系は脳と脊髄^{せきずい}から
なり、末梢神経系は脳と脊髄から伸びる神経です。末梢神経系はさらに、主に随意筋の動きを担う体
性神経と、主に消化や心拍を担う自律神経という2つに分類されます。繰り返しになりますが、ここ
では筋肉の動きに焦点を絞ります。

　神経は、感覚や運動を伝えるために脳と身体のさまざまな部位との間でインパルス、つまり信号を
やり取りする神経の束です。ニューロンは神経のためにインパルスをつくり出す細胞で、それぞれの
神経には細胞体、核、樹状突起^{じゅじょうとっき}、軸索^{じくさく}があります（**図2-2**）。通常は樹状突起の表面がメッセージを
受け取って、それを細胞核に送ります。ニューロンから長く伸びているのが軸索と呼ばれるものです。
軸索はメッセージを細胞体から送り出し、ミエリン鞘^{しょう}によって保護されています。ミエリン鞘は軸索
を絶縁する役割をします。それぞれの軸索の終端には複数の軸索末端があって、メッセージを他の
ニューロンに送ることができます。シナプス終末とも呼ばれる軸索末端は、シナプスを横断する神経
伝達物質を放出します。シナプスというのは、樹状突起と別のニューロンの軸索とを分ける小さな隙
間です。

　このように、メッセージは樹状突起を通ってニューロンに入ってから細胞体に伝わり、軸索へ届き

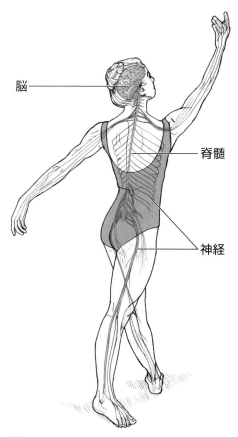

図2-1　神経系は中枢神経系と末梢神経系からなる

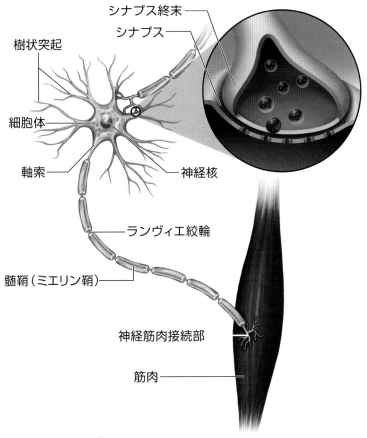

シナプス終末
シナプス
樹状突起
細胞体
軸索
神経核
ランヴィエ絞輪
髄鞘（ミエリン鞘）
神経筋肉接続部
筋肉

図2-2　運動ニューロンの作用

ます。軸索に存在する小さな間隙はランヴィエ絞輪と呼ばれていますが、これがあるおかげで、インパルスが筋肉につながるより多くの樹状突起にまで高速に伝わります。この反応、つまりインパルスが発生すると筋肉が収縮します。この全過程のスピードは時速約645kmです！

　ニューロンには、運動ニューロン、感覚ニューロン、介在ニューロンという3つのタイプがあります。

1. 運動ニューロンは、脳「から」筋肉と複数の腺にメッセージを送る「遠心性」神経に見られます。運動ニューロンの軸索末端は、筋線維との神経筋接合部を形成して筋肉を収縮させます。

2. 感覚神経は皮膚、筋肉、関節を刺激します。疼痛信号を脳に送ることによって、接触や圧を感知することができます。また光、におい、味を感知することもできます。感覚神経は、熱い・冷たいの温度変化も感知することができます。感覚神経は、信号を脳「へ」送る「求心性」神経に見られます。

3. 介在性ニューロンはニューロン同士の間にある接続点で、遠心性神経と求心性神経を協働させます。介在ニューロンは脳と脊髄にのみ存在し、末梢神経系にはありません。感覚神経から入ってくる情報は、介在神経を通って運動神経へ伝わります。

例えば、新しいシューズで稽古をして水ぶくれができると、水ぶくれの周りの求心性神経が、脳へ痛みを知らせる感覚メッセージを送ります。すると、遠心性神経は脳から足の筋肉にメッセージを送り返して、フットワークを変更または調整し、それによって水ぶくれに伴う痛みを防ぐか、最小限にします。このようにして求心性つまり感覚神経は情報を取り込み、遠心性つまり運動神経は情報を筋肉へ送り出します。

　ご存じの通り、神経の損傷や断裂はしびれを引き起こします。しびれがあるような場合、傷んだ神経から信号を筋肉が受け取っていると通常、筋肉は弱くなり始めて筋肉本来の緊張が失われてきます。

脳の機能

　定期的な有酸素エクササイズは脳の健康に加え、記憶と思考能力も向上させることができます。ダンスの動きが音楽と組み合わさると、音楽が脳の報酬系または満足系を刺激し、ダンスは脳の運動回路を刺激し、これによって動きを組織化します。ダンスに伴う社会的交流とダンスに必要とされる知的努力の結果、ダンスには認知症のリスクを軽減する可能性があるとする研究が増えています。例えばVergheseら（2003）は、ダンスや楽器の演奏は認知症とアルツハイマー病のリスクを軽減することを認めました。

　パーキンソン病の運動障害のある患者のために、特にバランスと生活の質を高めるための治療としても、ダンスが使用されることが増えつつあります（Earhart, 2009）。例えば、ブルックリン・パーキンソン・グループでは、振付師、ダンサー、監督であるMark Morrisが指導するダンスクラスを提供しています。このクラスは参加者の脳を刺激して、バランスを向上させ動きをコントロールさせて、自信を持たせることを助けています。

　ダンサーの皆さんは、踊ることの恩恵を、また踊るとどんな気分になるかを既に知っています。繰り返すことで、熟達することも知っています。稽古を積めば積むほど、芸術性を極め続けながら、身体は動きを快く受け入れるようになります。脳の記憶中枢は躍動的な動き──複数の関節の動きを伴う運動、ダンスはその最たるものです──によって高められます。逆に、健康で質の高い動きが欠如すると神経連結が萎縮します。

　脳の働きについての基本原則を説明することによって、ダンス、動き、エクササイズがどのように脳に良い影響をもたらすのか、この話を続けましょう。ベーシックなタンデュや難度の高いピルエットを行うのを助けるために、脳が脚と足にメッセージを送る仕組みを知っていますか。皆さんはどのようにして、新しいコンビネーションや創造的な振り付けを習得するのでしょう。動きの仕組みを担っているのは脳です。脳が、あなたのダンスステップの振付師です。ポアント・タンデュのような単純な動きであっても、脳には非常に複雑な仕事が与えられます。脳は、タンデュを行うためにどの筋肉を活性化させる必要があるか、またその動きはどのくらいの力を必要とするのか、を判断しなくてはなりません。この複雑な仕事は「運動機能」と呼ばれ、簡単にいうと「神経の助けを借りて動きが起こる仕組み」です。

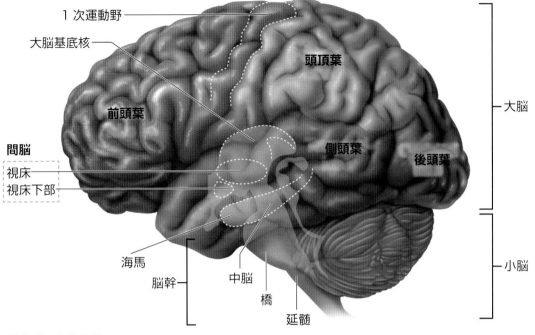

図 2-3　人間の脳

ラベル：
1次運動野
大脳基底核
頭頂葉
前頭葉
側頭葉
後頭葉
大脳
間脳
視床
視床下部
海馬
脳幹
中脳
橋
延髄
小脳

基本的な脳の構造

　脳と脊髄は、中枢神経系を構成します。脳は頭蓋に周りを囲まれて保護されており、1000億以上の神経を含んでいます。脳の複数のセクションが運動、視覚、感情、そのほかの機能を担っています。

　脳の主な部分（**図2-3**）には大脳、小脳、脳幹があります。

　脳の最も大きな部分を占めるのは大脳で、皮質と呼ばれる外面を持っています。大脳は前頭葉、頭頂葉、後頭葉、側頭葉という4つの葉に分けられます。前頭葉は運動技能制御、問題解決、衝動制御、判断を担っています。頭頂葉は疼痛処理を、後頭葉は視覚情報の解釈を、側頭葉は記憶処理を担っています。大脳のもう一つの部分である前頭前野皮質は脳の前面にあり、思考、選択、個性の表現を担っています。

　運動を開始する大脳の領域は1次運動野です。この細長い部分は大脳の中心に位置しており、身体のすべての部位とつながっています。すべての随意運動は、1次運動野を通して制御されます。

　脳の奥、大脳と脳幹との間に間脳と呼ばれる小さな部分があります。間脳は視床と視床下部から構成され、視床と視床下部で空腹、喉の渇き、感情反応、記憶、痛み、物理的圧力を処理します。

　大脳のもう一つの部分は辺縁系で、これは感情反応をつかさどっています。辺縁系は、視床と視床下部を含みます。視床と脳幹は、前脳の基部奥にある大脳基底核と一緒に働いて、たやすく踊ること

ができるように随意運動を制御するのを助けます。すなわち、メッセージが前頭前野皮質から大脳基底核に送られ、スムーズな運動を開始するために、大脳基底核が的確に運動器系にメッセージを伝えます。

辺縁系のもう一つの部分は海馬で、海馬は側頭葉の奥に位置しており、感情、やる気、記憶において非常に大きな役割を果たしています。例えばベーシックなタンデュのやり方を習得するとき、海馬はその情報をとどめておいて、やり方を思い出すのを助けます。

脳の２番目の主要部である小脳は、大脳ほど大きくありませんが、脳のニューロンの50%を含んでいます。小脳は脳の後ろ、脳幹と大脳との間、後頭葉の下に位置しています。小脳は、例えば新しいダンスステップを習得するときなど、メッセージを受け取ってバランス、姿勢、運動の協調性を必要に応じてコントロールします。ですから、脳のこの部分は運動学習のために、そして熟達するまで繰り返して運動の微調整をするために非常に重要です。

脳の３番目の主要領域は脳幹で、脳幹は中脳、橋、髄質という３つの部分を含んでいて、脊髄とつながっています。中脳は、身体の動きをコントロールするのを助けます。橋は、メッセージを神経から脳へ送り、また脳からメッセージを受け取って神経に送ります。髄質は、呼吸と心臓の拍動をつかさどっています。このように脳幹は、メッセージを大脳や小脳から脊髄に送ることによって、一種のビジネスセンターとして機能しています。

脊髄

脊髄の仕事は、脳を神経とつなげることです。脊髄は、脊柱内の奥に脳の基底部から第１腰椎（L1、p50参照）までの長い円柱形のひも状の組織からなります。脊髄はそれを取り囲む脊椎によって保護されています。

脊髄は、31対の神経が出る２つの伝導路——上行性伝導路と下行性伝導路——としての役割を果たします。

各脊髄神経は、求心性神経と遠心性神経から構成されています。脊髄神経には、体性神経と自律神経の両方があります。体性神経は、筋肉や腱、関節とメッセージをやり取りし、自律神経は心臓および他の腺とメッセージをやり取りします。

平衡器官

ダンサーは、優れたバランス技能を必要とします。それがなければ、トゥシューズの先端でどうやってバランスをとることができるでしょう。バランスは、かなりの部分が固有感覚に依存しています。ラテン語のpropriusを由来とするproprioception（固有感覚）という用語は、基本的には「固有の」という意味です。ここでの私たちの目的のためには、この用語は空間のなかでどこにいるのかを感知

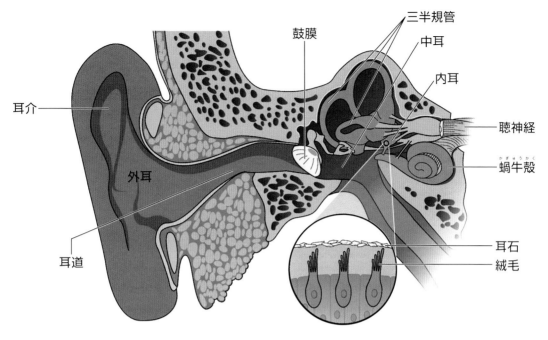

図 2-4　耳の解剖学

する感覚を指します。ですから固有感覚は、照明がついてカーテンが上がるまでバランスを崩すことなく、暗いなかステージに上がるのを助けます。また、バランスを崩さずに新しい振り付けを習得するのも助けます。さらに、身体のさまざまな部位が同時に異なる動きをしながらターンして、動きを調和させるのを助けます。

　固有感覚とバランスは、身体の3つのシステムに依存しています。

1. 前庭
2. 運動
3. 視覚

　前庭器官は内耳にあります（**図 2-4**）。耳は、聴くことと固有感覚という2つの役割を果たします。外耳が音の波を鼓膜に送り、そこで聴覚神経がその音の信号を鼓膜から受け取って脳へ運びます。前庭器官は、耳の奥にある、液で満たされていて小さな毛がびっしり生えている、三半規管からなります。それが、ピルエットやフェッテのための回転の動きをするときに助けてくれます。一方、直線的な動きのためのバランスは、耳石と呼ばれる器官によって可能になります。

　内耳はプッシュープル（押すー引く）システムも含んでいて、そこでは三半規管が助け合って、頭部の水平移動中にバランスをとるのを助けてくれます。左方向へ回るときは左側の三半規管が刺激さ

れ、右方向へ回るときは右方向の三半規管が刺激されます。三半規管は、小さな毛つまり絨毛と液で満たされていて、これが信号を調整して、頭部を真っすぐにしておくことを助けてくれます。内耳のシステムすべてが正しく機能しているときは、ターンを完璧に行うことができます。

　固有感覚とバランスにとって欠かせない2番目のシステム ──運動器系── は、重要な身体部位を刺激してバランスを維持することを助ける、感覚受容器を含んでいます。感覚受容器は、関節、筋肉、靭帯、腱にあって、空間での方向づけのために絶えず働いています。バランスを維持するのを助けるために、感覚受容体からの強力な固有感覚情報は、脊髄を通って脳に運ばれます。固有感覚が劣っていると、バランス不良、非協調運動パターン、不正確さにつながります。固有感覚の機能不全は、アライメントの乱れ、ひいては筋力低下にもつながります。ですからご想像の通り、ケガをしやすくなります。

　3番目のシステムは視覚系で、これが運動機能と協調して、効果的な動きを助けてくれます。例えば、新しい振り付けをやってみたいと思ったら、どこから始めますか。なんと、振り付けを目にした途端、足を踏み出す前から、その動きを神経と筋肉で感じ始めているのです。この強力なつながりは、視覚系の正確性から来ています。ですから、生徒が動きを見て学習プロセスを開始できるようにするために、指導者と振付師は生徒に対して実際に演じなければなりません。目が振り付けを見るとただちに、解釈するために信号を脳の視覚野に送ります。このシステムは、身体の動き、バランス、頭部の動きを整える特定の神経細胞を介して、素早く効率的に働きます。

　これらすべてのシステムがうまく協働すれば、ターンは素晴らしいものとなるでしょう。例えば、目と頭部の水平運動がコントロールを維持するために協調するので、スポッティングに無駄がありません。バランスを維持し、目が回らないようにするのに不可欠であるスポッティングの成否は、頭をより速いスピードで回転させながら、身体を一定のスピードで回転させることにかかっています。1回転したら、定めた遠くの1点を見つめてから次の回転プロセスを開始します。目が1点を見つめるために頭を止める、その瞬間が肝心です。そうすることによって身体が安定を確立してから、新しいターンを始めることができるからです。

　生徒がターンを習得するときには、文字通り「平静な」頭を保つように、指導者は教えなければなりません。頭が左右、上下に傾くと前庭器官と視覚系は混乱して、バランスを助けようとして過剰反応します。生徒は遠くの1点を見つめて、身体が回り始めるぎりぎりの瞬間まで、その1点から目を離さないようにしなければなりません。その1点を見つめることができなくなった瞬間、身体が回転し始める前に頭を素早く回転させます。そうすることで、目と視覚系は再び同じ点を見つけて、バランスと安定を再構築することができます。このスポッティング能力は習得することが可能で──身体はスポッティングに順応することができます── フェッテやシェネのような類いまれなターンの連続にとって必要とされます。

　3つの平衡器官すべてが、バランス維持の方法について脳とメッセージをやり取りします。これら平衡器官に負荷をかけることによって、バランス能力を高めることができます。例えば、片足でバラ

ンスのエクササイズを行ってから不安定な面上でそれを行えば、運動器の固有受容器に負荷をかけて、内側にある平衡感覚を強化するよう脳にメッセージを送ります。目を閉じた状態でバランスを行えば、バランスを支えている諸要素から視覚系を取り除くことになり、運動器と前庭器官が鍛えられます。目を開いた状態で、目を左右に動かしながらバランスを行うことによっても、運動器と前庭器官を鍛えることができます。目を閉じてバーでルルベをやってみることによっても、エクササイズの難度を高めることができます。どちら側に身体が揺れるか、また姿勢が崩れてバーを握ってしまうまでにどのくらいバランスを保っていられるか、意識してみてください。

　要約すれば、神経－筋の協調を高めるためにバランス技能を習得し、練習し、向上させることが可能です。バランスに特化したトレーニングをさらに第11章で紹介しています。

運動の実行

　運動の実行は、3つの神経路によって助けられます。

1. 皮質脊髄路
2. 小脳系
3. 錐体外路

　皮質脊髄路は、随意的な熟練した精度の高い筋肉運動を担う運動神経路であり、大脳皮質から始まり、脳幹を通って脊髄に至るもので、非常に細かな動きを担っています。小脳系は、運動を実行するために筋肉が協力して仕事をするように、筋肉を協調させるのを助けます。錐体外路は、正しい姿勢意識とバランス技能を可能にするためのメッセージを送ります。

　これらを念頭に置いて、シンプルなタンデュを行うときに何が起こるか、考えてみましょう。組織化された動きは、運動皮質で始まってから、脊髄の中の約2000万の神経線維を伝わります。運動皮質はさまざまな部門に分かれていて、それぞれの部門が身体の異なる部位を担当しています。1次運動野は前頭葉にあって神経信号を発生し、その信号は身体の反対側の筋肉を活性化させるために、身体の中心を越えます。つまり、脳の右側は左半身を、脳の左側は右半身をコントロールしています。下記のリストは、タンデュを行うときに神経系がフル回転している様子を示しています。

1. 指導者がタンデュを実演するのを目にすると、神経と筋肉で活性化が始まります。
2. 視覚系が、大脳の後頭葉にある視覚皮質へ素早く信号を送ります。
3. タンデュ実行のための計画が、大脳前頭葉の1次運動野内で始まります。
4. 1次運動野からのメッセージが大脳基底核に送られ、そこで運動制御（モーターコントロール）および運動学習の情報が視床を経由して、運動皮質へ送り返されます。
5. 運動皮質が、遠心性神経からの助けを借り、皮質脊髄路を通ってメッセージを送ります。
6. メッセージが視床によって伝えられます。
7. タンデュを記憶するよう、海馬が刺激されます。

8．小脳がメッセージを受け取って、平衡器官を刺激します。

9．脳幹がその刺激を受け取って、脊髄に信号を送ります。

10．脊髄は股関節、脚、足首（足関節）、足へ信号を送り、タンデュを行うために必要とされる筋肉を刺激します。

11．平衡器官は引き続き固有感覚の情報を送り続けます。

　この一連のプロセスによって、ベーシックなタンデュを実行するための、シンプルで整った神経系の協調が生まれるのです。

　では、ダンスとエクササイズが脳にどのように影響するのかという、先に述べたことに立ち返ってみましょう。エクササイズの間、脳は報酬系を刺激して、気分やものの見方を変える複数の化学物質を放出します。これらの化学物質は、無酸素的なダンスをやっているときよりも、有酸素的なダンストレーニングをやっているときのほうが大量に放出されます。この化学物質の生成は、心拍を速くする長めの曲を稽古することによって、さらに刺激されます。このプロセスにおける重要な化学物質にはさまざまな神経伝達物質があり、それらがシナプスを通して、神経インパルスを送ります。エンドルフィン、セロトニン、脳由来神経栄養因子（BDNF）、ドーパミンという、4つの化学物質については、以下に簡単に紹介します。

　エンドルフィンは視床下部（大脳辺縁系の一部）によって放出され、幸福感をもたらします。ストレスを軽減し、高揚感を与えることに加えて、痛みをブロックし、満足感を与えてくれます。エンドルフィンは有酸素運動を行っているときに生成されます。

　幸福感は、セロトニンによっても促進されます。セロトニンは脳と腸に見られ、良い気分を保ってくれます。その一方、低いセロトニンレベルは、抑うつや心血管系の疾患と関連しています。エクササイズは、身体がセロトニンを生成するのを促してくれます。

　エクササイズによって刺激されるもう一つの神経伝達物質は、脳由来神経栄養因子（BDNF）です。この成長因子は記憶の発達を担っており、激しい運動を行っているときに集中するのを助けます。また神経可塑性、例えば新しい振り付けを習得する際に、脳が変化する能力を担っています。

　最後のドーパミンは、動きの協調とコントロールに関係しています。集中力ややる気を保つことも助けます。低いドーパミンレベルは、アルコール中毒や砂糖中毒、薬物乱用といった嗜癖行動と関係しています。休息や一部の抗酸化物質と同様、エクササイズはドーパミンの生成を助けます。

脳の燃料

　脳は四六時中働いてくれており、非常に多くの信号をやり取りし、あらゆる感情に対処しますが、たった1.4kgしかありません。脳は一挙手一投足をつかさどる、司令塔としての役割も果たします。脳を大切にするには、どうすればよいでしょうか。重要なステップには、ストレスにうまく対処すること、

質の良い睡眠をとること、健康的な食べ物と飲み物をとることなどがあります。

　ストレスは、神経伝達物質阻害による、シナプスや神経の機能障害と関連しています。心拍数を高くし、血圧を上昇させ、呼吸を変化させるホルモンの放出も引き起こします。ストレスが刺激になる場合もありますが、ストレスを制御できなくなることも多く、圧倒されてしまうことさえあります。慢性的なストレスは重大な悪影響を及ぼし、認知障害や記憶障害につながることがあります。慢性的なストレスの兆候には神経質、不安、抑うつなどがあります。ストレスを最小限にするには、過密スケジュールにしないこと、マイナス思考の独り言や人間関係のごたごたから距離を置くこと、です。また、過度な心配や非現実的な期待といった、ストレスの内因に留意してください。音楽を聴いたり外で時間を過ごしたりすることで、リラックスするための時間をつくってください。深呼吸運動、祈り、瞑想による、意図的なストレス軽減をやってみるのもよいでしょう。

　睡眠不足は、筋肉の動きの協調、集中、記憶を妨げます。また反応を遅くし、混乱を増長させます。集中できなければ、どうやってパフォーマンスを行うことができるでしょうか。睡眠が不足していると、大脳皮質は休息の不足を補おうとして働き過ぎます。それでも、疲れた脳では十分休息したときほどうまくは、パフォーマンスを行うことができません。私たちが眠っているとき、脳は神経路に再び活力を与えようと、活性状態を維持しています。必要であれば昼寝をしてください。昼間に身体が休まった感じがするよう、くつろいで十分な休息をとってください。元気になったと感じるには、人それぞれ、異なる量の睡眠を必要とします。疲れていて脳がぼんやりとしているならば、おそらくもっと睡眠が必要でしょう。

　健康な食生活は、細胞レベルで身体組織を傷つける反応性の高い原子である、フリーラジカル（遊離基）ができるのを防ぎます。遊離基は不安定で、成長するために他の分子と結びつこうとするので、さらに組織を傷つけます。ビタミン、ミネラル、抗酸化物質を豊富に含む食物を食べることによって、また健康的な水分をたくさんとることによって、遊離基の影響を最小限にすることができます。抗酸化物質はビタミンサプリメントにも入っていますが、身体は食べ物からのほうが抗酸化物質をよく吸収します。抗酸化物質を含む優れた食物源にはクランベリー、プラム、ブラックベリー、ブルーベリー、豆類、アーティチョーク、クルミ、ピーカンナッツなどがあります。

　健康的な食事は、脳と身体の燃料となります。健康的な食品の選択肢を以下に示します。

全粒粉のシリアル、パン、米、パスタ：ブドウ糖の形で脳に安定したエネルギー源を与えて、集中するのを助けます。

魚（例：天然の鮭）：セロトニンを生成し、アルツハイマー病を防ぐのを助けるオメガ3脂肪酸を提供します。

濃い赤色と紫色の果物、特にブルーベリー：短期記憶喪失に効き、ストレスの悪影響から脳を守るための助けになることが示されています。

緑色の葉物野菜とアスパラガス：ビタミンEが豊富に含まれていて、認知力低下を予防するのに役立ちます。ビタミンEを含むものは、他にもアーモンド、亜麻仁、クルミ、ピーナッツなど

があります。

アボカド:血流を良くするのに関連しており、脳の健康を助けます。高血圧の軽減に役立ちます。

豆類:血糖値を安定させます。脳はブドウ糖を必要としますが、ブドウ糖は蓄えることができません。豆類は脳の栄養源として優れています。

ダークチョコレート:集中力を強化し、集中することに役立ちます。気分を良くするエンドルフィンの生成も刺激します。

　医学的研究では、ダンスは認知機能とマッスルメモリーを刺激することが分かっています（Bergland, 2013）。認知機能が高いと、知識を習得し、論理的な思考を行い、注意を払うことができます。ダンスの動きには運動皮質、大脳基底核、小脳が関わっています。これらが関わることは記憶力を良くします。さらに、稽古またはパフォーマンスをするときには、整った動きをするために素早い決定をし、音楽に合わせ、バランスを維持し、振り付けを思い出さなければなりません。このプロセスは神経連結を向上させます。これらの連結は、ワイヤリング——情報を神経系の経路に送り届ける神経細胞間の連結——と呼ばれます。

　さらにアメリカダンスセラピー協会は、ダンスは不安を軽減するので、うつに対する効果的な治療として用いるべきだと考えています。ダンスは、動きと音楽を通して自己表現するだけで、自尊感情と自信を高めることもできます。

　ですから、クラスで楽しんでいるのがヒップホップダンス、クラシックバレエ、ズンバであれ、どれもダンスです。そして、どのダンスも脳の健康にとって素晴らしいのです！

第 3 章

INJURY PREVENTION

ケガの予防

　ケガ（傷害*）を予防するには、どうしてケガが起こるのかを理解する必要があります。ケガの予防については本書のいたるところで取り上げていますが、本章では、ケガが起こる原因を理解する助けとなるように、特にエビデンスに基づいた情報に重点を置きます。ダンサー（または指導者や振付師）としての仕事に傷害予防教育を組み入れることによって、ここで理解したことを積極的に利用していただけます。

　ダンス関連のケガやケガの予防については、2500を超える論文がテーマとして扱っています。これらのケガの3分の2はオーバーユース（使い過ぎ）が原因であり、急性外傷は報告されているケガの3分の1を占めます（Ramkumar,et al., 2016）。バレエダンサーが生涯で負傷する確率は84％にも上ると推定されています。

　ダンス関連のケガは多くの可変的要素によって影響を受け、それらの要素が重なってしまうとケガをする危険にさらされます。ケガには内因性のものと外因性のものとがあります。内因性のケガは、テクニックが乏しいなど、自分が管理できることと関わっています。一方、外因性の可変的要素は自分ではコントロールできないところにあります。例えば滑りやすい面で踊ることは、ケガを負う転倒の原因となります。さらに、乏しいテクニックで滑りやすい面で踊れば、自分からケガのお膳立てを整えているようなものですね。

*傷害：外傷（1回の強い外力によって起こるケガ）と障害（繰り返し弱い力が加わることによって起こるケガ）の総称。

内因子

ダンスのケガと関係する内因には、テクニックが乏しいこと、筋肉のアンバランス、力不足、外傷

既往歴、アライメント（p23 参照）不良、疲労、心肺持久力の弱さなどがあります。

　多くのケガは、テクニックが乏しい力不足のダンサーに起こります。ダンサーが十分な筋力、正しいアライメント、優れた柔軟性を伴わずに難度の高い動きを行おうとすると、失敗につながります。ダンサーである皆さんは、正しいアライメントについて指導者の言うことに耳を傾けて指導者から習うこと、また与えられた動きを行うための正しい筋肉を使うことに対して、責任があります。そして指導者の責務は、健康、身体構造、正しいアライメントについて教育することによって、生徒がテクニックを向上させるのを助けることです。

　ダンスはさまざまな筋肉の不均衡と関連しており、スクリーニングを通して筋肉の不均衡を見つけ出して、ダンサーの気づきを促し、教育に生かすのです。例えば、ダンサーは深層の腹筋が弱い傾向にあり、それが腰痛のリスクを増大させるということが、研究によって明らかになっています。コアの強度が十分でないと、腰椎の関節にストレスが加わる、骨盤前傾につながります（Kline, J.B., 2013）。片脚でのダンスの動きを行っているときの骨盤の安定を保つには、大臀筋そして中臀筋、股関節内転筋、股関節外旋筋の強度を維持することが大切であることも分かっています。この非常に基本的な知識を使って、深層の腹筋、中臀筋、股関節内転筋、ターン・アウトの筋肉を強化することに重点を置く、ウォーミングアップを行うことができます。

　ケガは筋力の弱さとも関係があります。例えば、ダンサーで最も多いケガの一つは足首（足関節）の捻挫ですが、慢性的な足関節の捻挫と股関節外転筋の弱さとの相関関係が、研究によって確認されています(Friel, et al., 2006)。ですから、足関節で起こることは股関節で起こることに関係している、という点を理解することが不可欠です。腰痛のある患者では、脊柱の安定筋群が弱いことも分かっています。最も基本的な脊柱の安定筋は、深層の腹筋と多裂筋です。脊柱の機能障害、すなわち不十分な動きは筋肉の不均衡と相関関係があり、脊柱の安定性の弱さは脊柱のケガにつながります。

　医学研究は、多くのケガに寄与しているもう一つの要因は、アライメント不良であることも報告しています。例えば、骨盤前傾状態で踊ることは腰椎のケガと関連していることや、足が過度に回内しているダンサーは、受傷率が高いことも分かっています。具体的には、ダンサーがフロアとの摩擦を利用して無理やりターン・アウトするために、過度に足部を回内させると、中足部のケガ、アキレス腱炎、足底筋膜炎などのさまざまな疾患につながります。誤ったやり方でターン・アウトを無理に行うと膝をひねることになり、膝関節に強いねじり応力がかかります。これは膝蓋骨のトラッキング異常、および内側側副靭帯損傷の原因となります。

　ダンスのケガは午後の遅い時間や夜、舞台シーズンの終わり近くに起こることが多いとする情報が増えています。こういったパターンは、疲労がケガの原因であることを示唆しています。ダンサーは疲れているときにはバランスのコントロールが難しくなり、適切なアライメントでジャンプの着地をする能力が損なわれることも知られています。

　もちろん、スタミナは心肺能力と関係しているので、心肺持久力を向上させることによってケガの

リスクは軽減されます。しかし、クラスや稽古では心肺持久力は向上「しません」。クラスや稽古で行う運動は間欠的であるため、心拍数が最大レベルに達しないからです。

　ケガの予防に留意することは、心身のバランスの獲得、ひいてはテクニックに熟達することの助けとなります。また、長く健康的なダンスキャリアを楽しむことの助けともなります。ダンサーの皆さんは上達するために頑張っています。自制心があってひたむきです。自分に大きな期待をかけ、時には ──正直なところ── 痛みをこらえて練習しています。もしかしたら痛みをこらえて、練習「しな

図 3-1

外傷・障害予防に留意して、長く健康な状態で踊り
続けるためのバランスと習熟を達成してください。

ければならない」と感じているかもしれません。

　しかし、大きなケガをすると大好きなダンス生活が奪われます。重傷・軽傷にかかわらず、ケガを
すると不自由ですし、痛みのためにトレーニングやパフォーマンスができない状態になってイライラ
し、精神的・身体的・感情的に悪影響が及びます。怒るダンサー、悲しむダンサーもいます。誰か他
の人が自分の役を踊るのを、そばで見ているのはつらいことです。

　ケガのリスクを最小にするためには、積極的に自分を大切にしましょう（図3-1、p39）。健全な
脊柱をサポートするために、努めて腹筋を鍛えるようにしてください。疲労を極力抑えるために、質
の高い栄養と水分をとってください。心肺の健康のための時間もとってください。長い間、健康な状
態で望み得る最高のダンサーでいられるように、技能のための強靭な脚と足を維持してください。

外因子

　外因子は、ケガの一因となるダンサーを脅かすもの全般です。例えば、硬いフロア、床材の急激な
変化、さまざまな靴のタイプ、オーバートレーニング、1週間に踊る時間数の変化などです。

　一般に、着地時の力を分散させる、スプリング構造を備えたフロアで踊るのが望ましいでしょう。
スプリング構造を備えたフロアは、松材の下張り床フレームの上に置かれた木でできています。フレー
ムは合板パネルと硬材パネルに覆われていて、最上層はビニール、すなわち「マーリー」でできてい
ます。スプリング構造を備えたフロアは、ジャンプからの着地時の力の一部を吸収することによって、
膝や足関節のケガのリスクを軽減します。一方、コンクリートの上に敷かれた硬材のフロアや、滑り
過ぎるか、あるいは滑りが非常に悪いフロアで起こるケガが複数報告されています。

　シューズが、ダンサーの外傷率にどう影響するかについての研究はわずかです。しかし、バレエ
シューズ、アイリッシュダンスのソフトシューズ、一部のジャズシューズは中足部、すなわちアーチ
部分へのサポートが少ないことが分かっています。もちろん、はだしで踊るときはサポートがさらに
少なくなり、ジャンプからの着地時に衝撃が吸収されません。対照的に、タップダンサーの外傷率は
低いと報告されています。タップダンスは筋肉へのストレスが比較的小さく、タップシューズは他の
ダンスシューズよりも足へのサポートが大きいからかもしれません。

　ダンスのケガの大部分は使い過ぎ、過度なトレーニング、過度な稽古が原因で起こります。例えば、
疲れているときに稽古を増やす、あるいは週4〜5クラスから夏の集中プログラムで1日4〜5クラ
スにすると、常に身体にストレスをかけるので、いくつものケガを負うことになるかもしれません。

スクリーニングと評価

　スクリーニングは、自分の身体についてもっとよく知ることの助けとなります。指導者が、スタジ
オでの最適な心身の健康増進法や外傷・障害予防のプログラムのデザインの方法、また結果に基づ

いてクラスを再編成する方法を知る助けともなります。スクリーニングすなわちダンス医学の健康診断は、ケガにつながるような特徴を確認するために、身体構造を評価するものです。スクリーニングではアライメント、筋力、可動域も評価します。このようなスクリーニングは、ダンサーを担当したことがある医療提供者によって行われます。例えばアスレティックトレーナーや理学療法士は、あなたの身体構造や弱さ・強さについて教育しながらスクリーニングを行ってくれます。

スクリーニングによって次のようなことが分かります。

- 脊柱の深層の安定筋の弱さ
- 股関節屈筋群の硬さ
- 股関節外転筋の弱さ
- ハムストリングの弱さ
- ふくらはぎの筋肉の硬さ
- 足と足関節の過度な回内

これら可能性のある所見を一つずつ、簡単に見てみましょう。

本書の脊柱の章とコアの章（第4、6章）を読めば、脊柱と骨盤をサポートするのに深層の安定筋がどのように働いているかについて、理解が深まります。例えば、深層の安定筋群を動員するための優れた入門エクササイズは、第4章で紹介されているレッグ・グライド（p58）です。さらに、第6章で紹介されているエクササイズでは、脊柱のサポートのためのコアの動員方法を解説しています。アブドミナル・ブレーシング（p101）やサイドリフト＋パッセ（p108）などがその例です。

股関節屈筋群が硬いと骨盤を前方に引っ張る、つまり脊柱の下部に望ましくないストレスを及ぼす、骨盤前傾をもたらします。骨盤の前傾は脊柱の章（第4章）で取り上げますが、骨盤の正しい配置を助けるためのロケーティング・ニュートラル（ニュートラルに位置づける）エクササイズを紹介しています。関連するもう一つのエクササイズは、第8章に掲載しているヒップ・フレクサー・ストレッチ（p174）です。

第8章では股関節外転筋について、また股関節の安定における股関節外転筋の重要性についても説明しています。股関節外転筋を孤立させて強化するのを助けるために、本書の最後の章（第11章）にはパラレル・デガジェ（p254）として知られているエクササイズを含めています。

ハムストリングの強化の意義については第9章で説明しています。ハムストリングは、ニーリング・ハムストリング・カール（p188）とサポーティッド・ハムストリング・リフト（p190）によって孤立させて強化することができます。

ふくらはぎでは、腓腹筋（ひふくきん）の柔軟性が、筋バランスを維持するために不可欠です。腓腹筋の柔軟性は足関節の捻挫、シンスプリント（脛骨（けいこつ）疲労性骨膜炎）、アキレス腱炎のリスクの軽減に役立ちます。

ふくらはぎのストレッチに良いエクササイズとしては、第10章に掲載されているエッジ上でのボールを使ったルルベ（p218）をご覧ください。

　正しいスクリーニングは、足と足関節の過度な回内（ローリングイン）の有無を評価することによって、足部を効率的に使う方法を理解する助けとなります。第10章で説明している通り、効率的に動くためには若干の回内を必要としますが、過度な回内は、シンスプリントや足底筋膜炎、アキレス腱炎と関連づけられています。過度な回内は、股関節から外旋するクオリティの高いターン・アウトが欠如していて、代償に足を使う場合に起こります。股関節から外旋することによって、正しいアライメントが可能になります。第8章の「大腿骨の回旋」（p157）の項をご覧ください。第10章に掲載している抵抗を加えたドーミング（p208）のエクササイズは、中足部のサポートを改善するための筋緊張を感じることができるように、アーチの筋肉を強化するのを助けます。

　身体の強さ・弱さについて、何ができるかを知ることは有益で、スクリーニングはその助けとなります。スクリーニングは、ダンサーやダンサーのダンステクニックについて、医療従事者を教育する助けともなります。ダンサーと医療提供者との有効なコミュニケーションを深めることにより、スクリーニングは両者に対する教育を向上させます。

ウォーミングアップ

　ウォーミングアップは今に始まったことではありませんが、見過ごすことはできません。舞台やコンクールに遅れて走り込んできたから、その日の前半に稽古をしていたから、疲れ過ぎてできないからという理由でウォーミングアップをサボれば、ケガをするだけです。舞台やコンクールの前に、身体を温めておくことは極めて重要です。最高の結果を得るためには、身体の準備を整えておかなければなりません。ある関節での動きをコントロールする筋肉が、その関節をサポートするのに十分温まっていないと、ケガをする危険性があります。

　この落とし穴を避けるには、強化に続いてストレッチを行う、エクササイズのルーティンを規則的に行ってください。ウォーミングアップのプロセスをすべて行うには最低30分はかかりますが、その効果にはそれだけの価値があります。

- **筋肉の温度が上がる**：温まった筋肉はより効率的に収縮し、より迅速に弛緩するので、スピードと強さの両面を高めます。
- **体温が上がる**：ウォーミングアップは身体全体の温度を若干上げます。これが筋肉の弾性を向上させるので、柔軟性を高めて肉離れのリスクを軽減します。
- **可動域が広がる**：関節周りの可動域が広がると、可動性が高まります。これによって筋肉を痛めることなく、運動パターンを安全に行うことができます。
- **精神的準備**：ウォーミングアップは、クラスや舞台のための精神的な準備を整えるのに適した時間で、焦点が定まって集中力が高まります。

コンクールや舞台の前に最低 30 分のウォーミングアップを行うのであれば、第 11 章に掲載しているプライオメトリックスのエクササイズ（p246 ～ 248）の一部を 5 分間ほど行うことで、心拍数を上げることができます。その後、エッジ上でのボールを使ったルルベ（第 10 章、p218）を 30 回、続いて脊柱の深層の安定筋と股関節屈筋群のウォーミングアップに、レッグ・グライドのエクササイズ（第 4 章、p58）を左右の脚それぞれ 15 回行います。次に、第 6 章のトランク・カール・マーチング（p104）とオブリーク・リフト（p106）を各 10 ～ 15 回加えることで、腹筋をウォーミングアップ。そして、サイドリフト＋パッセ（第 6 章、p108）を左右 30 秒間ずつ、またはプランク（p146 の上の図）を 1 分間行うことで、上半身とコアを温めます。さらに、ハムストリングのために抵抗を伴うブリッジ（第 8 章、p171）を 10 回。抵抗バンドがあれば、中臀筋のためにパラレル・デガジェ（第 11 章、p254）を左右の脚それぞれ 15 回。それからダイナミック・ドゥヴァン・ストレッチ（第 11 章、p257）へ。次いで、ダイナミック・サイ・トゥ・チェスト・ストレッチ（p257）、ヒップ・フレクサー・ストレッチ（第 8 章、p174）を 30 秒間ずつ行います。これで、舞台への準備は万端です。

成長に関連する問題

　若いダンサーは、一般に女子で 11 ～ 14 歳、男子では 13 ～ 15 歳の思春期に、難しい身体の変化を経験します。急成長によってバランスや柔軟性が変化し、テクニックに影響が及びます。このような場合、練習量を増やしているのになぜ下手になっているのかを理解することは、最初のうちは難しいでしょう。ところが、急激な成長期にパフォーマンスの技量が落ちるのは自然なことです。思春期は難しい時期で、若者はぎこちなく感じたり心が揺らいだりすることがあります。こういった難しさからでしょうか、55％のダンサーが思春期にダンスをやめてしまいます。いろいろな要素にホルモンが加わると、この過渡期が自尊心を脅かすことがあります。

　急成長に関連する変化には次のものがあります。

- ・骨が、軟部組織よりも早く成長する
- ・脚・腕の骨が、胴よりも早く成長する
- ・体重が変化する
- ・筋肉と靭帯が硬くなる
- ・バランスと動きの協調性が悪くなる
- ・胸椎が、腰椎よりも早く成長する

　身体は、長い骨の端にある成長板が特に脆弱です。成長板は軟らかいので、特に成長期は弱くもろい状態にあり、筋肉が硬くなるにつれて、成長板にかかる引力が大きくなります。成長板の損傷・障害は急性または使い過ぎによって起こり、また、骨の成長のしかたに影響を及ぼします。ケガの程度によっては成長板が早く閉じてしまい、そのため血流が遮断されて、受傷側の骨が非受傷側の骨よりも短くなります。高レベルの疲労骨折は腰椎、脛骨、大腿骨、第 5 中足骨で起こります。適切な評価を受けて十分な治癒時間をとらなければ、そのようなケガは骨の変形につながります。

したがって、若いダンサーであれば、年齢を重ねるにつれて合併症が起こらないようにするためには、今、このようなケガを回避することが非常に重要です。成長が止まると、成長板は硬くなって骨に変わります。いずれはこの段階から卒業するということを、心に留めておきましょう。1〜2年かかるかもしれませんが、だからといって希望を失わないこと。気長に待ちましょう。これは成長の自然なプロセスなのですから。

成長期にケガのリスクを軽減するために、とることができる行動をいくつか紹介します。

- 筋肉を伸長させてその状態を保持する、静的ストレッチ（スタティックストレッチ）を毎日行ってください。いっぱいに伸ばした状態を感じることにフォーカスして、30秒間ほど保持します。左右の脚それぞれ3分間以上、1日2回行います。思春期に硬さを感じることがあるふくらはぎ、ハムストリング、大腿四頭筋、股関節屈筋のためのストレッチを含めてください。
- 関節への衝撃を軽減するために、ジャンプの動きは制限します。ジャンプの代わりに、その時間をストレッチに使ってください。
- 脊柱の安定のために、腹筋トレーニングを行ってください。第6章ではトランク・カール・マーチング（p104）、オブリーク・リフト（p106）、サイド・リフト＋パッセ（p108）など、腹筋エクササイズをいくつか掲載しています。
- 成長期にはバランススキルを維持するために、バランストレーニングを含めてください。固有感覚とバランスのための基礎トレーニングのエクササイズは、本書の最後の章に掲載されています。
- 指導者とコミュニケーションをとりましょう。自分が成長に伴う不調に悩んでいることを指導者に打ち明けて、相談してください。ジャンプのコンビネーションを少なくして、クラスやリハーサルにストレッチの要素をもっと加えてほしいということを伝えてください。

女子選手三主徴症候群

ダンサーは猛練習から恩恵を受けるにもかかわらず、スタジオで長時間過ごすことと、やせた身体が限界に及ぶと、女性を女子選手三主徴症候群 —— 摂食障害、無月経、骨量の減少 —— と呼ばれる状態にさらす危険性があります。優れたダンサーになりたいからと、無理に減量しようとしているのであれば、考え直してください。減量してもパフォーマンスは向上しませんし、筋肉が栄養失調になり、その結果として筋力が落ちます。より一般的には、女子選手三主徴症候群になると疲労骨折をしたり、また長期的には骨がもろくなって心臓の不具合を起こしたりする危険があります。月経の記録をつけて、健康的な食生活に留意し、健康的な体重を維持できないと感じたら栄養士に相談して、身体を大切にしてください。

ケガの生理学と回復

ケガをしたときは、何が実際に起こるのでしょうか。残念ながら、いつか何らかのケガをしたとしても、治癒過程で身体に起こることについてよく分かっているほど、回復しやすいでしょう。その現

実を念頭に置いて、ケガの生理学についての基本を見てみましょう。具体的には、一般的な足関節の捻挫の例を考えてみましょう。数時間稽古していて、ジャンプからの着地時に足の外側で着地して、足関節をひねったとします。このタイプのケガは、一般的に内反捻挫と呼ばれるものを引き起こします。この場合、ポキッという音がして足関節がすぐに痛みだし、受傷側の足に体重をかけるのが非常につらいものです。足関節の（骨と骨とをつなげる）外側靭帯にまで及ぶ、足関節の捻挫を起こしています。

靭帯の捻挫は通常、次のうちのいずれかに分類されます。

- **1度**：軽い痛み、わずかな腫れ、軽度もしくは微細な靭帯損傷
- **2度**：中等度の痛み、中等度の腫れ、靭帯断裂の可能性、ある程度の関節弛緩
- **3度**：かなりの痛み、腫れ、変色、完全な靭帯断裂、関節不安定性

炎症は通常3～5日間の腫れ、不快症状、熱、変色、運動制限を引き起こします。変色は、血管と靭帯が損傷したことによるものです。可動域が狭くなるのは通常、関節の炎症が原因です。炎症の過程では、結合組織を形成し治癒を促すために働く、線維芽細胞という細胞を刺激します。このように炎症はケガに対する自然な反応であり、治癒過程をもたらすものです。

捻挫の重症度により、回復には4～6週間かかるでしょう。線維芽細胞の作用によって癒着形成が起こります。穏やかな強化エクササイズとコントロールされた可動域エクササイズを使って、足関節をサポートする靭帯のコラーゲン線維を整列させて、強化することができます。

リモデリング（再構築）は6カ月間続くでしょう。機能を向上させるためには、強化トレーニングを続けながら、関節を全可動域で動かさなければなりません。瘢痕組織は、より強靭な結合組織に入れ替わるでしょう。

急性損傷を負う、可動性が損なわれたと感じる、あるいはダンスを続けられないと感じたら、安全で静かな場所に行って状況を把握します。以下のガイドラインを使ってください。

- **Rest（レスト）安静**：休んで、落ち着いてください。患部にかかるストレスをすぐに最小限にすることで、受傷した組織がさらなる外傷を被るリスクを軽減します。
- **Icing（アイシング）冷却**：全米アスレティックトレーナーズ協会は、運動選手にアイシングの乱用に対して警告しています。炎症過程は治癒過程にとって重要ですが、アイシングは、治癒過程の開始に必要とされる細胞の収縮を引き起こします（Mirkin,2014）。冷却療法は痛みを軽減するのを助けますが、炎症過程が継続できるよう、最小限にとどめるべきです。
- **Compression（コンプレッション）圧迫**：関節が緩い、または不安定になっていれば、伸縮する圧迫包帯で関節をサポートするとよいでしょう。例えば、足関節のケガの場合は、足関節に包帯を巻くことで腫れが軽減して安定感が増します。中足趾節関節から巻き始め、アーチの周りに巻きつけていきます。中足部に巻きつけて、足関節に向けて上がっていきます。アー

チの下から引き上げながら、足関節に 8 の字を描くように巻きます。アーチの下から足関節の周りに 8 の字を描きながら、ふくらはぎ下部まで巻いていきます。包帯留めが付いていない場合は、テープで巻き終わりを固定します。しっかりと巻きますが、血液循環を遮断しないように注意してください。

- **Elevation（エレベーション）挙上**：痛めた患部を心臓より高く上げることで、痛みを管理するのを助けます。

　回復への道を歩み始めるのを助けるには、優れた診断を得ることも重要です。痛みをこらえて踊る必要はありません。痛み、腫れ、関節の不安定、体重支持の難しさを感じているのであれば、主治医に連絡してください。適切な診断を受けたらすぐに、強化トレーニング、バランストレーニングなどを行います。このリハビリ過程を経て、無事にダンスに戻ることを開始できます。回復期には、良好な健康状態を保つ必要があります。心肺持久力は、ケガからの回復を後押しします。

　良好な栄養状態も治癒を促進します。実際、ケガの回復の 80％は安静と栄養によってもたらされます。一般的に、身体に適切に燃料を供給するには、栄養の 55 〜 60％を炭水化物で、20 〜 30％を脂肪で、12 〜 15％をタンパク質でとってください。この比率を考慮して、自分が食べるもののなかに何が入っているかを正確に知るために、食品表示を読んでください。優れた炭水化物源は、オートミール、全粒粉パスタ、スイートポテト、野菜、果物などです。脂肪をとるのに良い食品はナッツ、種子類、オリーブ油、アボカド、鮭など。優れたタンパク質源はギリシャヨーグルト、ターキー、鶏肉、魚、牛乳、卵、豆類、ひよこ豆などです。さらに、水分をたっぷりとってください。どのような栄養をとったらよいのか質問や不安がある場合は、栄養士または管理栄養士に相談してください。

　ケガは、乏しいテクニック、筋肉のアンバランス、筋力不足、アライメント不良、疲労、使い過ぎ、成長によって起こります。大好きなダンスに戻ることができるようにするために、リハビリと回復には早期診断が不可欠です。しかし、教育こそが最善の策です。ケガがどのようにして起こるのかについて知れば知るほど、そもそもケガを避けるために必要とされる対策がとれるようになります。

　より多くの情報を得るために、スクリーニングプログラムを検討してください。スクリーニングプログラムは、自分の強さと弱さについて知ること、そしてケガの可能性に対する危険信号があれば、それを特定するのを助けてくれます。正しいアライメントを理解して、ある動きでどの筋肉を動員すべきかが分かるように、自分の身体についてできるだけ多くのことを知ってください。ダンスのクラスのほかに強化トレーニングを始めて、規則的に有酸素運動を行ってください。痛みをこらえて練習してはいけません。必要であれば、状態が良くなって、より強くなって、踊り続けることができるように医者の助けを求めてください。

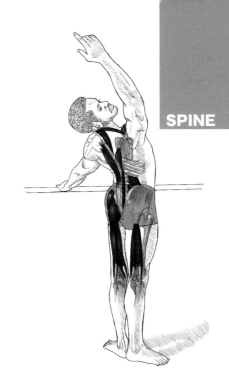

第4章

SPINE

脊柱

　脊柱は多方向への動きを生み出すことができるので、そのおかげでさまざまな種類のダンスも苦労することなく、なめらかに表現することができます。コンテンポラリーダンスに必要とされる、弾力性のあるしなやかな動きも表現できます。バレエの姿勢では、脊柱は強く堂々として、引き上がって見えることが求められます。それには、身体のプレースメント（姿勢や各部位の位置とアライメント）、バランス、筋肉の収縮が重要になります。プレースメントを向上させるには、脊柱の適切なアライメントを保持するために筋肉がバランス良く働かなければなりません。本章では、脊柱の適切な姿勢に関係がある筋肉を紹介します。ダンスでは背中、とりわけ可動性が最も大きい分節に、大変なストレスが加わります。脊柱全体を使うこと、そして安定性と柔軟性のバランスをとることができるようになれば、パフォーマンスのスキルも向上し、ケガのリスクを減らすことができます。

　「軸」という言葉は、解剖学的には、方向のことをいいます。骨格系では、縦方向（長軸方向）の軸に沿って並んでいる骨のことをいいます。これらを踏まえると、軸の骨格は頭蓋骨、脊柱、肋骨、仙骨によって構成されます。私たちは重力の抵抗に逆らって動く必要があり、脊柱のプレースメントを安定させるためには、軸方向への伸長を生み出すようにしながら動かなければならないことを、覚えておいてください。

脊柱

　脊柱は、頭蓋骨、肩、肋骨、腰、脚をつないでいる椎骨と呼ばれる、33の強力な骨の柱で、骨格の中心です。椎骨は、すべての随意および不随意運動を支配する信号を出している脊髄を、取り囲んで保護しています。椎骨は、液体で満たされた線維軟骨の小さな袋である椎間板によってつながっており、椎間板は多少の緩衝作用と椎骨の支持作用があります。椎間板は特に、ジャンプやリフトの動きで衝撃を吸収するのを助けています。

脊椎全体の柔軟性は、すべての椎骨の動きが少しずつ組み合わさっていくことで生み出されます。大きなカンブレ（後屈）タイプの動きはかっこいいものですが、多くのダンサーは胸椎（中背部）をうまく使わず、首と腰を過剰に伸展しがちです。力を均等に伝えれば、脊柱全体をあなたが思うように動かすことができますが、首や腰だけを使っていると、その部分に物理的なストレスがかかり、脊柱の他の部分が硬く弱くなってしまいます。腰は特にこの影響を受けます。重力や圧縮力を下位脊椎だけで受けてしまうと、脊柱のその部分を使い過ぎた結果の骨折や、軟部組織の損傷、椎間板変性などの深刻なリスクをもたらします。脊柱のアライメントが正しくないと、筋肉を余計に使うことになり、バランスも悪くなってしまいます。

　脊柱は、単独で真っすぐ立つことはできません。脊柱は、靭帯という精巧なシステムによって支えられています。椎骨をつないでいる主な靭帯は、前縦靭帯と後縦靭帯です。これらの靭帯は、脊柱の前後を下方に向かって途切れることなく連続して走行する、帯状の靭帯です。基本的にはすべての椎骨の構成パターンは共通していて、椎体、椎孔、棘突起、2つの横突起からなります（図4-1）。椎骨の椎体の部分は、その上にある椎体の重さを支え、椎孔は脊髄が通るための空間を提供し、棘突起や下関節突起、横突起などには、さまざまな筋肉や靭帯が付着します。

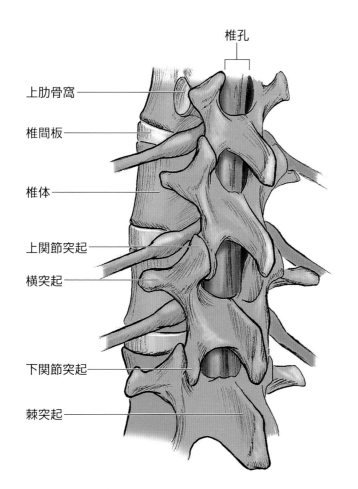

椎孔

上肋骨窩

椎間板

椎体

上関節突起

横突起

下関節突起

棘突起

図4-1　椎骨の構造

　それぞれの椎体の関節突起が次の関節突起と出合う部分は、椎間関節と呼ばれる滑走関節になります。これらの小さな関節では椎骨の突起は平らで、身体をひねったり曲げたりするときには、各面は相手の面に対してなめらかにスライドしなければなりません。これらの小さな椎間関節の損傷は通常、非対称性の、コントロールを伴っていない動きを繰り返すと起こります。椎間関節がなめらかに動かないと、動きは徐々に制限されて硬くなり、痛みを引き起こします。最終的には、他の部分で代償するようになってしまうのです。これから紹介するエクササイズを行うときには、すべての椎骨間でなめらかにスライドしていることをイメージして、それをコントロールできるようにしていってください。

脊柱の領域

脊柱には、頸椎、胸椎、腰椎・仙骨の３つの主な領域があります。図4-2に示されているように、脊柱のすべての領域と椎骨が、整然と積み重なっている様子に注目してみましょう。脊柱の健全性を保つには、良いバランスと姿勢の安定性のためにデザインされた、なだらかな脊柱のカーブを維持することが重要です。

頸椎

首（頸部）すなわち頸椎には、靭帯、腱、筋肉とともに７つの椎骨があります。およそ４～5kgもある、頭を支えています。頸椎にはC1～C7という名称が付けられています。他の椎骨に比べてやや小さいために、この領域は相対的に柔軟性があり、脆弱です。首にはさらに、頸神経であるC1～C8までが含まれます。頸神経は、脊髄からの指令を以下のように伝達します。

- ・C1とC2は、頭部と頸部の動きを支配します。
- ・C3は、横隔膜の動きを支配します。
- ・C4は、上肢の筋肉の一部を支配します。
- ・C5とC6は、手関節の筋肉の一部を支配します。
- ・C7は、上肢後面の筋肉を支配します。
- ・C8は、手の筋肉を支配します。

首の周辺のケガは重症になりやすく、特に頸神経の損傷に伴って、しびれやうずくような痛みが出ることがあります。こういった障害を防ぐためにも、頸椎のバランスを整え、強さを備えることが必要です。

最初の２つの椎骨は大変興味深いものです。C1は環椎と呼ばれ（英語ではatlasで、ギリシャ神話の天空を支えたAtlasに由来します）、頭蓋骨を支えている輪状の骨です。C2は軸椎と呼ばれ（英語ではaxisです）、C1の環の中に小さい骨が突出していることから、環椎と軸椎との間に生じる回旋のための軸となります。これが、うなずきや頭部の回旋の動きを生み出します。頸椎が緊張すると、回転のときのスポッティング（1点を見つめたまま回転すること）が制限されてしまいます。

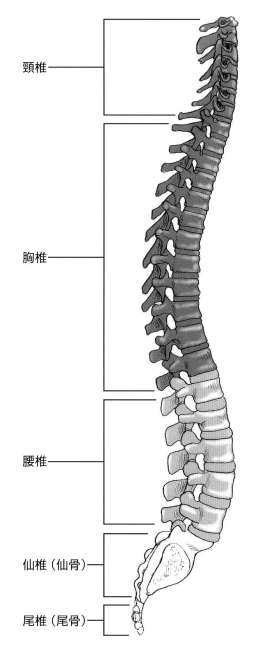

頸椎

胸椎

腰椎

仙椎（仙骨）

尾椎（尾骨）

図4-2　脊柱の３つの領域：
　　　　頸椎エリア、胸椎エリア、
　　　　腰椎・仙椎エリア

C1 と C2 の真上に、頭がバランス良くのっていることを想像してください。頭のバランスがとれて
いれば、動きをコントロールする首の筋肉は無理なく働くことができます。頭がこのバランスのとれ
た状態から外れて動くときはいつも、その動きの反対側の筋肉が、アライメントを維持しようとして
過剰に働かなければなりません。頭の位置は、回転のみならず上体の姿勢や振り付けを含む、美しい
外観のすべてに関わる重要な要素です。

胸椎

脊柱をさらに下へいくと、椎骨のサイズは大きくなります。胸椎には、T1 から T12 までの 12 の大
きな椎骨があります。この領域では、椎骨の横に肋骨の付着部があります。椎骨のサイズが大きくなっ
ている上に、肋骨の付着部があることから、この領域では柔軟性と可動性が制限されるため、胸郭（英
語では「鳥籠、おり」を意味する cage を使って、thoracic cage、rib cage）と呼ばれています。胸神
経は以下の領域を支配しています。

- ・T1 と T2 は、肩や腕の部分を支配しています。
- ・T3 〜 T6 は、胸部の一部を支配しています。
- ・T7 〜 T11 は、胸部や腹部の一部を支配しています。
- ・T12 は、腹壁と臀部を支配しています。

脊柱全体で動く方法を習得すると、胸椎の領域でも可動性を生み出せるようになります。本章での
すべてのエクササイズは、脊柱ができるだけ長い弧を描きながら、すべての運動の方向での軸の伸長
を強く意識するように考えられています。

腰椎・仙骨

腰椎、つまり腰の領域には 5 つの椎骨（L1 〜 L5）があり、この領域は胸椎と比べて柔軟性があり
ます。ここには体重のほとんどがかかり、最もストレスを受ける場所です。

下位脊椎は、回旋よりも伸展方向に動きやすいので、剪断力を受けます。つまり、下位脊椎の椎骨
は前後に滑りやすいので、不要で過剰な滑りの力や剪断力が椎骨にかかってしまうのです。このよう
な動きが起きてしまうと、やがて椎間板はすり減り、靭帯が弱くなって、腰のケガのリスクが大変大
きくなります。こういった脊柱の仕組みなどについての理解、身体のプレースメントについての意識、
そしてコア（体幹）の強化を行うことで、腰のケガのリスクを減らすことができます。

脊髄は L1 の高さで終わり、脊髄から枝分かれしている神経根は、身体のさまざまな部分をコント
ロールしています。

- ・L1 は、腹部の筋肉の一部を支配します。
- ・L2 と L3 は、大腿から膝を支配します。
- ・L2 〜 L4 は、大腿の内側から股関節の屈筋（腸腰筋など）、大腿の近位部を支配します。
- ・L5 は、大腿の後ろ外側を支配します。

腰椎の一番下の椎骨（L5）と、仙骨の間も大きく動きます。仙骨は三角形をしており、癒合した5つの椎骨(S1～S5)からなります。仙骨は上体の重量を受け、それを骨盤帯に伝達します。下位脊椎は、伸展方向により動きやすいために、多くの負荷がかかるということが分かれば、ケガのリスクを減らすためにも、コアと腰の強化が必要であることが理解できると思います。次の「ニュートラルな脊柱」の項でコアの筋肉群の重要性について触れますが、この原則については第6章で詳しく取り上げます。

筋肉のバランス

この項では、脊柱の正しいプレースメントで役割を果たす筋肉について説明します。それらの筋肉については、このテキスト全編にわたって詳しく説明していきます。脊柱の前面の主な筋肉は、胸骨柄、第5～7肋骨から恥骨まで走行する腹直筋、そして内腹斜筋と外腹斜筋です（これらも肋骨を恥骨とつないでいます）。最も深層にある腹筋は腹横筋と呼ばれており、これは主に姿勢を保持するための筋肉で、脊柱の安定にとても重要です。深層の腹横筋は第7～12の下位肋骨と骨盤とをつなぎ、筋線維は水平方向に走行します。

脊柱のプレースメントに関わっている、もう一つの筋肉は腸腰筋です。腸腰筋は、下位脊椎、骨盤、大腿骨と直接つながっています。腸腰筋が弱かったり硬かったりすると、下位脊椎の領域は不安定になります（この筋肉については第8章で取り上げます）。第8章で取り上げる、ヒップ・フレクサー・リフト（p170）を座位で行うことで、下位脊椎を不安定にすることなく腸腰筋を単独で鍛えることができます。腸腰筋のストレッチには、ヒップ・フレクサー・ストレッチ（第8章、p174）が有効です。

脊柱の後面は、仙棘筋（脊柱起立筋群）と深層にある多裂筋によってサポートされており、これらの筋肉は骨盤から頭蓋底に走行しています。深層の多裂筋は、収縮することで身体のプレースメントを整えるという、極めて重要な働きを担っています。多裂筋は脊柱を優しく締めることにより、体幹をコントロールし、脊柱を安定させます。

ここで骨盤底について触れておきます。骨盤底は、下位脊椎と骨盤にとっての非常に強力な支持基底面です。これについての詳しい説明は第5、6、8章で行いますが、今の時点では、骨盤底筋が骨盤と仙骨（仙骨は腰椎の下に付着しています）に付着部を持っていることを、心に留めておいてください。イスキアル・スクイーズ（p68）のエクササイズは、骨盤底筋に対する意識を強め、プレースメントを向上してくれます。

体幹の左右には腰方形筋が、第12肋骨から腸骨稜とその途中の下位脊椎へと走行しています。この筋肉は側屈と腰の伸展を助けますが、この筋肉が硬いと、特に脚を高く蹴り上げるタイプの動きでは、腰がつられて引き上がってしまう、ヒップハイクの原因になってしまいます。腰方形筋が脊柱の前後左右すべての動きに対して、適切な強さと柔軟性のバランスを持っていることが、正しく整ったプレースメントを獲得するのには必要です。

頭部と頸部を保護する筋肉の一部については、この章で触れます。頸半棘筋、頭棘筋、頭半棘筋、そして頸最長筋です。それぞれの筋肉は頭蓋底から頸椎にかけて付着しており、頭をのけぞらせたり、回したりする動きを助けます。改めて強調しますが、頸椎の運動においても軸方向への伸長を意識しながら、脊柱全体を動かさなければなりません。そうすることで、頸椎を過度に使ってしまうのを防ぐことができます。

ニュートラルな脊柱

脊柱は屈曲、伸展、側屈、回旋、そしてこれらの動きのさまざまな組み合わせを行うことができるので、あらゆるタイプの振り付けを踊ることを可能にしてくれます。矢状面内での4つのカーブが、身体のプレースメントでは重要になります（図4-3）。頸椎と腰椎の領域では、カーブは凹型（前方への動きを伴いやすい）なのに対して、胸椎と仙椎のカーブは凸型（後方への動きを伴いやすい）になります。椎間板は、このカーブ内での椎骨のクッションとして働きます。身体のプレースメントの基礎となるカーブが変わってしまうと、椎間板へ無理なストレスがかかり、また無理なカーブを保つために不要な筋肉活動が起こってしまいます。

正しいプレースメントを習得するには、自然なカーブを保ちながら、脊柱の強度と安定性をつくることが必要です。それが、ニュートラルな姿勢、ニュートラルな脊柱、ニュートラルな骨盤というものなのです。自然でニュートラルなカーブを維持しながら、軸方向へと伸長した状態で踊れば、椎間板と椎骨にかかるストレスは小さくなります。高度な振り付けでは、脊柱をあらゆる方向、またそれらを組み合わせて動く必要がありますが、優れたダンサーはそういった動きのなかでも、脊柱を自分でコントロールできるのです。ロケーティング・ニュートラル（p54）のエクササイズは、自然でニュートラルな骨盤のポジションを見つけることに焦点を絞っています。

横から身体を見たときには、耳の中央から外くるぶし（外果）まで、一直線でなければなりません。これは鉛直線（plumb line）と呼ばれています（図4-3）。鉛直線を下ろしていくと、肩の中央、大転子の中央と、膝を通って、外果まで到達します。このアライメントは、脚が平行であってもターン・アウトした状態であっても、保つことができなければいけません。

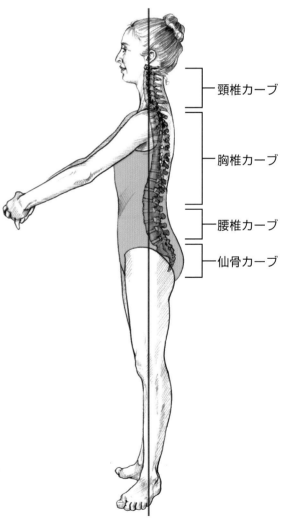

頸椎カーブ

胸椎カーブ

腰椎カーブ

仙骨カーブ

図4-3　脊柱の4つのカーブと鉛直線

残念ながら、腰のニュートラルで自然なポジションを維持できないダンサーもいます。例えば、腰椎がやや伸展して前弯（伸展が過度になった反り腰の状態）になることもあります。腰椎前弯にはさまざまな理由があります。その一つは腹筋の弱さで、弱いために下位脊椎がサポートされず、腰が伸展して前弯になってしまうのです。別の理由としては、脊椎の後面の筋肉が硬く短いため、下位脊椎が伸展方向へと引っ張られてしまうこともあります。また、腸腰筋が硬く短いことも（監訳者注：大腿直筋が硬く短いことも）、腰椎を前弯方向に引っ張ります。

正しいアライメントを維持するには、頭もニュートラルな位置に置いておく必要があります。具体的には、頭部は頸椎の真上で、正しい位置にバランス良くのっている必要があります。前から見た場合には、首がきれいに真っすぐ伸びていなければなりません。そして横から見た場合には、頸椎はわずかに凹型のカーブを描いていなければなりません。あごを前に出すような間違ったアライメントでは、首に過度なストレスを加え、美しくない姿勢を生み出してしまうのです。

ダンス・フォーカス・エクササイズ

これから紹介するエクササイズを行うときには、軸を伸長させて行うことを心がけてください。頸椎を、胸椎の延長と考えて行うことが大切です。脊柱の屈曲を含むエクササイズでは、頸椎は中背部から始まるカーブの終点と考えて行います。トランク・カール・アイソメトリックス（p60）のエクササイズでは、上背部をもっと動かそうとして、首を過度に曲げてはいけません。脊柱の伸展を含むエクササイズも同様です。首は、中背部から始まっているカーブの自然で美しい延長線上にあると考えて動かさなければいけません。

では、ニュートラルな脊柱のモデルを見て、脊柱がどのように積み重なっているかに注目してください。脊柱は緩やかにカーブした状態で安定して積み重なり、頭は頸椎の上にバランス良く、自然にのっています。脊柱の前面と後面の筋肉のバランスを意識してください。深層の多裂筋は、脊柱を軽く締めてサポートしています。下位脊椎の左右にある腰方形筋は、肋骨と骨盤との間のバランスを維持しています。そして腸腰筋が、下位脊椎を大腿や骨盤底筋（脊柱の基底面、骨盤の安定化に寄与する筋肉）につないでいることをイメージできれば、あなたの身体のプレースメントは向上していきます。実際に、正しいバランスを得られるようになると、必要とする全体の筋肉活動は少なくて済むようになり、脊柱もより機能的に動けるようになります。

本章で紹介するエクササイズの最後では、カンブレ・デリエールを踊る上でどのように筋肉を使うかについて、詳しく説明します。

ロケーティング・ニュートラル
LOCATING NEUTRAL

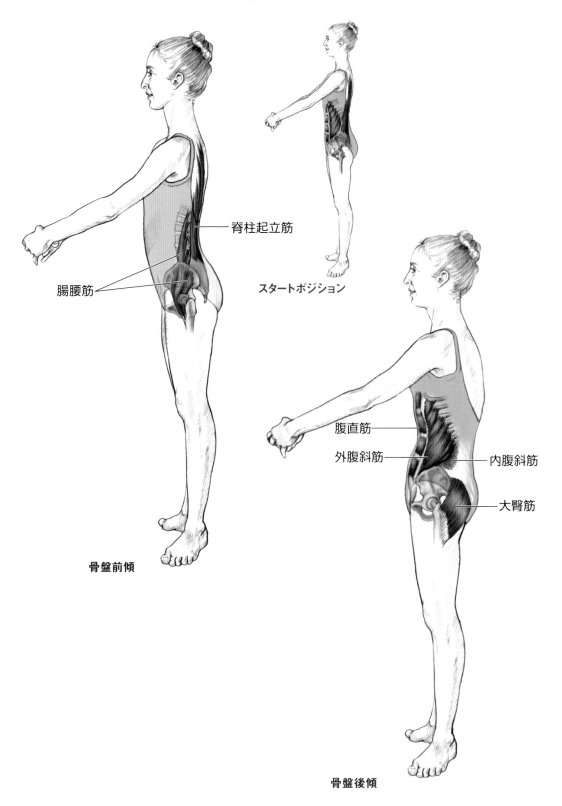

脊柱起立筋

腸腰筋

スタートポジション

骨盤前傾

腹直筋

外腹斜筋

内腹斜筋

大臀筋

骨盤後傾

エクササイズ

1. 脚と腕は1番ポジションにして立ちます。脊柱全体を引き上げるようにします。腹筋下部を優しく動員して、鉛直線をイメージしましょう。

2. 息を吸いながら、肋骨を引き上げ、腹筋を緩めて、骨盤の前を前方へ軽く揺らし腰をアーチさせて、骨盤前傾へと動きます。上背部と腰背部の硬さと、腹筋の緩さを感じましょう。

3. 息を吐きながら、骨盤の傾きを逆にし、腹筋を締めます。腰を平らにするようにし、大臀筋を動員します。股関節前部が締まって、胸の前面が下がるのを感じましょう。

4. ここで鉛直線をイメージしてウエストを軽く引き上げながら、ニュートラルポジションへと戻ります。腹筋と脊柱の筋肉はバランスがとれた状態で、脊柱がさらに伸びたような感覚があります。

5. 今度は、息を吸いながら骨盤前傾へと動きます。息を吐きながらニュートラルポジションに戻ります。腹筋の収縮と外腹斜筋にフォーカスして、ニュートラルへと動いてください。10～12回行います。

動員される筋肉

骨盤前傾：腸腰筋、脊柱起立筋（腸肋筋、最長筋、棘筋）

骨盤後傾：腹直筋、内腹斜筋、外腹斜筋、大臀筋、

ハムストリング（半腱様筋、半膜様筋、大腿二頭筋）

ダンス・フォーカス

このエクササイズを使って身体のセンターから動いてみて、脊柱に起こる変化を感じましょう。脊柱の他の部分よりも下部で柔軟性が大きいようであれば、腹筋を活性化させることを意識して、骨盤と脊柱をより自然でニュートラルなポジションにコントロールしなければなりません。指導者は、腸骨の前の骨（上前腸骨棘）と恥骨とが前額面上に配置されている状態を見れば、脊柱の自然なカーブはダンサーごとに異なっていることが分かります。腹筋の収縮は、そのカーブを維持しサポートするのを助けてくれます。外腹斜筋の、肋骨と骨盤へのつながりをイメージしましょう。脚が後方へ動く必要があるときには、そのつながりを機能させ続けてください。これが骨盤と腰を過伸展しないように保持してくれます。あらゆるスタイルのダンスが股関節と骨盤の3次元的な動きを必要とするので、これらの動きをコントロールすることが技術的向上の鍵の一つとなります。

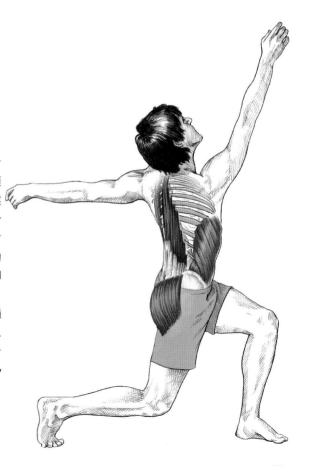

ヘッド・ニュートラル
HEAD NEUTRAL

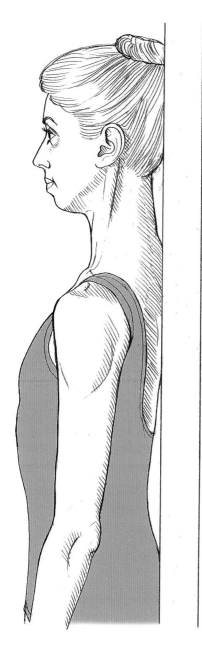

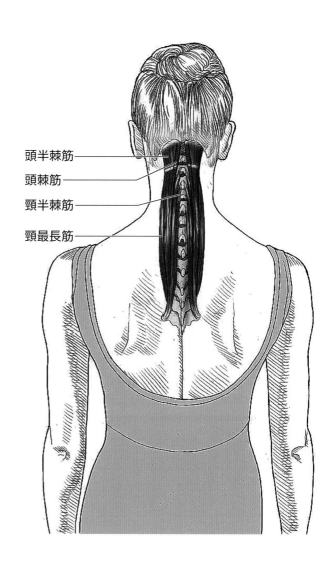

頭半棘筋

頭棘筋

頸半棘筋

頸最長筋

エクササイズ

1. 壁を背にして立ち、ニュートラルな脊柱のポジションを維持します。鉛直線をイメージしましょう。後頭部も壁につけます。

2. 息を吸って準備。息を吐きながら、頭部を優しく壁に押しつけて、後頸部の筋肉を動員します。このエクササイズでは、頭部をサポートして頭部を持ち上げて頸部を伸展させる、4つの首の筋肉にフォーカスします。

3. 後頸部の筋肉を収縮させるときは、6～8カウントの間キープしてから緩めます。10回繰り返します。

安全に行うために
あごのアライメントを維持します。あごを下げたり、上げたりしないこと。

動員される筋肉

とうはんきょくきん とうきょくきん けいはんきょくきん けいさいちょうきん
頭半棘筋、頭棘筋、頸半棘筋、頸最長筋

ダンス・フォーカス

　動く際には、上体を優雅に動かしましょう。頭を脊柱上に置いて、バランスをとることにフォーカスしてください。頸椎の伸長と後頸部の強度を感じましょう。舞台では、ヘッド・ピースやマスク、かつら、冠、またさまざまな大きさ・重さの帽子を着けることがあります。シンプルなティアラであれば数十グラムの重さでしょうが、大がかりなかぶり物となると15ポンド（約7kg）、もしくはそれ以上の重さにもなります。重いかぶり物を着けて踊ると、動的姿勢は変わります。首は頭を支えているので、効率良く楽に動き、筋緊張によるケガを防ぐためには強靭な首が必要になります。さらに、カンブレタイプの動きや過度な脊柱伸展を行っているときは、頭部と頸部をサポートし、できるだけ長い弧（アーク）で動かなければなりません。伸展動作のコントロールを保持しましょう。

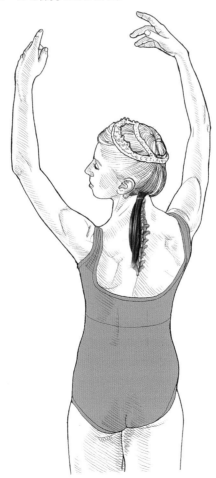

レッグ・グライド
LEG GLIDE

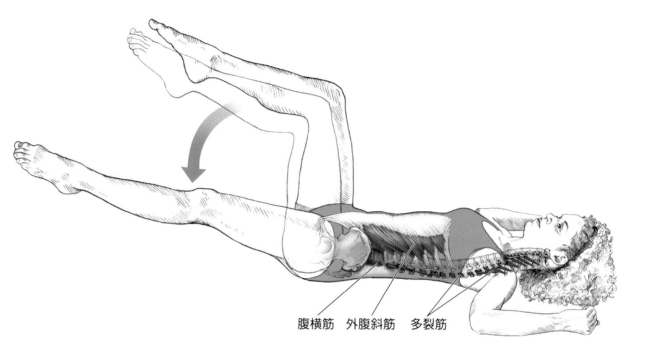

腹横筋　外腹斜筋　多裂筋

エクササイズ

1. 腕を1番ポジションにして、仰向けになります（イラストでは腹筋がよく見えるように腕の位置を変えています）。骨盤ニュートラルのアライメントにして、片脚ずつ90度の股関節屈曲、90度の膝屈曲（90/90）にします。膝が股関節の真上に来るようにします。

2. 息を吸って準備。息を吐きながら、腹筋の収縮を深め、片脚を60度ほど滑らせるように遠ざけます。脚は完全に伸展させてください。腹筋を使って腰を留めることにフォーカスして、骨盤が動かないようにします。骨盤の安定を助けるために、深層の腹横筋と外腹斜筋が活性化するのを感じましょう。

3. 息を吸って、脚をスタートポジションへと戻します。反対の脚で同じ動作を繰り返します。息を吐きながら、腹筋を平らにして骨盤を留めておくことにフォーカスしましょう。股関節屈筋群ではなく、深層の腹筋の収縮を改めて強調してください。左右の脚で10〜12回行います。

4. 脚が身体のセンターから遠ざかって膝を伸ばすとき、脚が矢状面で動いていることを意識して、骨盤が動かないようにするために腹筋の収縮を積極的に高めましょう。

安全に行うために

腰の安定性を維持すること。安定したニュートラルポジションで腰を保持することが難し過ぎるようであれば、脚をあまり下げてはいけません。もっと高い位置で脚を伸ばして、もう一度やってみてください。背中が安定するなら、脚の位置を低くしてもかまいません。

動員される筋肉

> ふくおうきん　がいふくしゃきん　たれつきん
> 腹横筋、外腹斜筋、多裂筋

ダンス・フォーカス

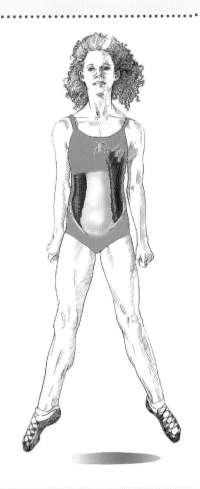

　このエクササイズは、腹筋エクササイズを何回できるかではなく、腹筋の強度をうまく使ってテクニックを向上させることが大切だ、ということを強調しています。例えばアイリッシュダンスでは、安定したポジションを維持するために、ニュートラルポジションでの非常に強い体幹コントロールが必要となります。多裂筋とともに深層の腹筋にフォーカスして、二重のサポートを得ましょう。この同時収縮によって、腕と脚の動きに先立って必要とするアンカー（留めておく力）がもたらされます。骨盤も脊柱も動くことなく、脚だけが動くということを思い出しましょう。

　それと同じ原則が、ジャンプのコンビネーションにも適用されます。サポートをさらに大きくするために、「へそ」が背骨のほうへ動いているのをイメージしましょう。エネルギーを腹筋に注いで、首や肩を緊張させないようにします。その場で2〜3回、小さなジャンプをしてみてください。コアの筋肉が脊柱を締めているのを感じ、外腹斜筋が働いて肋骨と骨盤とをつなげていることを感じましょう。リラックスして跳ぶのを楽しんで！　指導者はこのツールを使って、生徒が脊柱へのストレスを小さくして、身体の中心部から動くのを助けることができます。それを指導するためには、指導者自身がそれを感じて、説明することができなくてはなりません。

バリエーション

ローテーティッド・レッグ・グライド
Rotated Leg Glide

　脚を90/90にして始め、両脚をターン・アウトさせます。息を吐きながら、腹筋の収縮を再度深め、膝を伸ばしながら片脚を60度ほど下げます。ターン・アウトを維持し、骨盤と脊柱は動かさないで、脚の動きだけを改めて強調してください。戻ってくるときには息を吸って、股関節のターン・アウトを維持しながら、腹筋の収縮を深めることにフォーカスします。このエクササイズを左右それぞれ10〜12回行います。

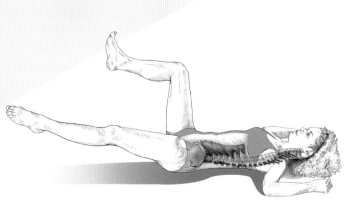

トランク・カール・アイソメトリックス
TRUNK CURL ISOMETRICS

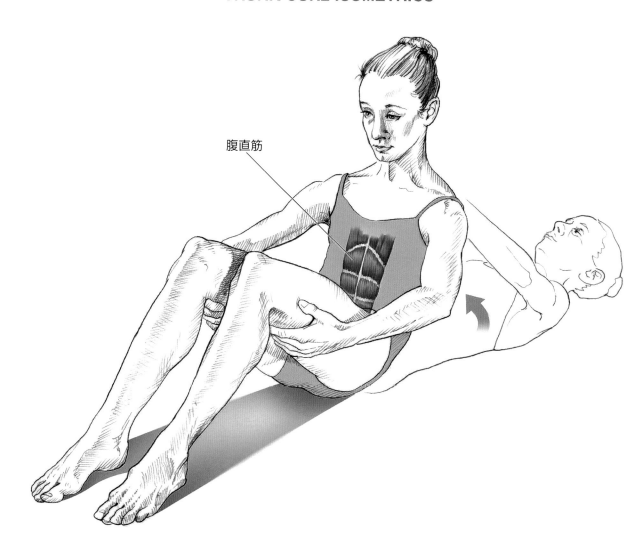

腹直筋

エクササイズ

1. 膝を曲げて足はフロア上、腕は体側に置いて仰向けに。息を吸って準備、息を吐きながら腹直筋を動員して、肩甲骨下角がフロアから離れるまで体幹を巻き上げます。あごを、のどぼとけのほうに軽く引き、腕を大腿の裏へ伸ばします。

2. 手を大腿の裏に置いて、等尺性収縮をキープ。胸椎全体をカールさせることを強調し、脊柱の筋肉を使ってカールの動きをサポートします。仙骨は、フロア上にしっかりとキープしてください。股関節屈筋群は使わないようにします。

3. このポジションをキープし、腹筋の強さを感じましょう。息を吸って、腹直筋の遠心性収縮を強調しながらゆっくりとフロアへ戻ります。カールしながら上がってくるときも、カールをほどきながら下がっていくときも、できるだけ上背部で動きを出すようにして矢状面で動きます。コントロールしながら、それぞれの動きには４カウントをかけて、10～12回行います。

安全に行うために

腹筋収縮を行うときには、首は脊柱の延長線上に置きます。首を過度に屈曲させないように。

動員される筋肉

ふくちょくきん
腹直筋

ダンス・フォーカス

　腹直筋を使うことを考えるときには、腹直筋の外見（「シックスパック」に割れた腹筋）だけでなく、腹直筋の果たすべき役割に関心を向けましょう。ご存じの通り、この筋肉は体幹を屈曲させるため、動きにくい胸椎に可動性を加えることもできます。モダンダンスでコントラクションをやっているならば、腹直筋の肋骨と恥骨とのつながりをイメージしてください。求心性収縮を生み出して脊柱をカールさせる筋肉として、このイメージを維持しましょう。後ろカンブレやアラベスクで脊柱を伸展させるときには、腹直筋を遠心的に動員して、脊柱にサポートと引き上げの効果をもたらしてください。これが動きを高めます。腹直筋を効果的に使えば、コアがさらに強化され股関節屈筋群の使い過ぎが軽減されます。腹筋は身体のセンターにあるので、あらゆる動きがこのポイントから広がっていくようにしましょう。このポイントが身体のプレースメントを改善してくれます。

ヒップ・フレクサー・アイソメトリックス
HIP FLEXOR ISOMETRICS

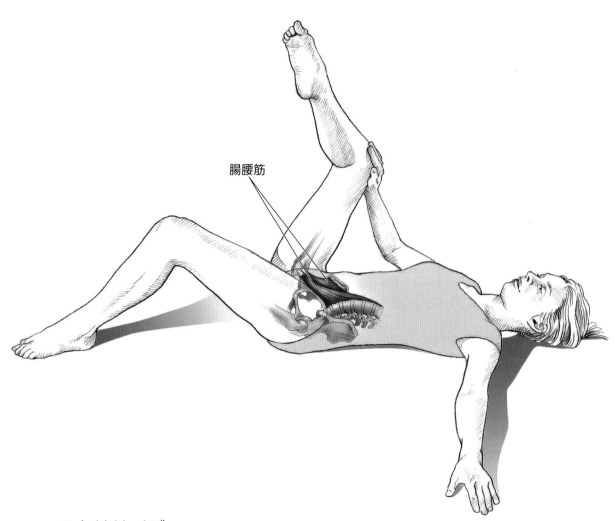

腸腰筋

エクササイズ

1. 両脚を曲げて足はフロア上に置き、仰向けに。腹筋下部を動員することによって骨盤を少し後傾させ、エクササイズの間ずっと、この若干の後傾を維持します。

2. 深層の腸腰筋にフォーカスして収縮させ、大腿を若干ターン・アウトにして、同側の肩方向へ上げます。脚の高さは90度より少し上でキープします。

3. 片手でその大腿を押して、腸腰筋の等尺性収縮を行います。4〜6カウントの間キープしてから緩めます。4回だけ繰り返してから反対側の脚で繰り返して、筋肉の位置にフォーカスしてください。

動員される筋肉

ちょうようきん
腸腰筋

ダンス・フォーカス

　このエクササイズは、腸腰筋をイメージ
し、場所を特定し、収縮させるのを助けて
くれるシンプルな等尺性収縮を含んでいま
す。脚を90度よりも高く上げるには、こ
の助けを必要とします。この筋肉が収縮
するときには、腰が筋線維に引っ張られて
アーチしないようにしましょう。骨盤が前
傾するのを防ぐために、腹筋も収縮させ
ます。腸腰筋が収縮しているとき、脊柱に
沿って縦方向に走行する筋肉が伸長し、ス
トレッチされているのをイメージしましょ
う。上体の緊張を緩めて、エネルギーを腸
腰筋へと送ってください。必要であれば、
腸腰筋の起始と停止をイメージしましょ
う。この筋肉が下位脊椎を大腿骨につない
でいることを知って、脊柱が大腿骨のほう
にではなく、大腿骨を脊柱のほうに引くこ
とをイメージしてください。このイメージ
が脊柱のアライメントへの意識を高め、脚
をより高く上げるのを助けてくれます。

バリエーション

ヒップ・フレクサー・ニュートラル
Hip Flexor Neutral

　ヒップフレクサー・アイソメトリックスを繰り返します。深層の腸腰筋の収縮を維持している間、骨
盤のポジションをよりニュートラルにします。これはなかなか大変です！　コントロールを維持したま
ま、ゆっくりと腹筋を伸長させ始め、骨盤を若干ロールさせてニュートラルへ戻します。腸腰筋の収縮
を維持しましょう。ニュートラルに達したときにも、腸腰筋の収縮を感じたら緩めて、このエクササイ
ズをあと4回繰り返します。

安全に行うために
ニュートラルへ動くときに腰が過伸展しないように。コントロールしながら動くこと。

ブリッジ
BRIDGE

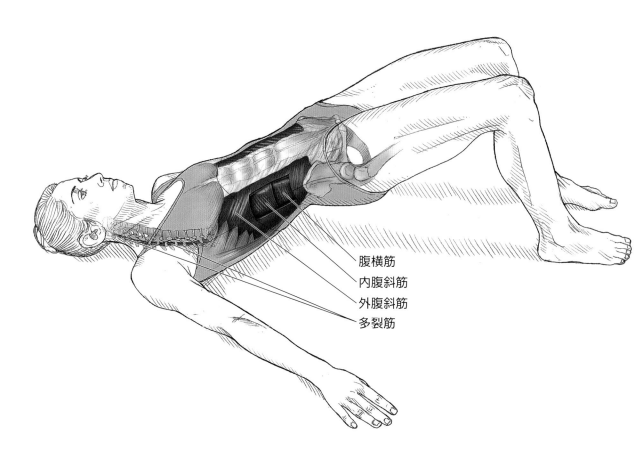

腹横筋
内腹斜筋
外腹斜筋
多裂筋

エクササイズ

1．脊柱をニュートラルポジションで、腕を体側に置いて仰向けになります。息を吸って準備。

2．息を吐きながら、腹筋を動員し、臀部を上げ始めます。腰椎をサポートするために、「へそ」を脊柱のほうへ引き込む感覚を維持してください。首と肩はリラックスさせましょう。

3．肩、股関節、膝が一直線上に並ぶまで、臀部を上げていきます。深層の腹横筋が脊柱をサポートしているのを感じてください。

4．息を吸いながらそのポジションをキープ。息を吐きながら、コントロールして臀部を下げていき、スタートポジションへ戻ります。1セット10回で、2セット行います。必要であれば、1セット目と2セット目の間は少し休んでください。

動員される筋肉

腹横筋、内腹斜筋、外腹斜筋、多裂筋
<small>ふくおうきん　ないふくしゃきん　がいふくしゃきん　たれつきん</small>

ダンス・フォーカス

　ブリッジは、脊柱を締めるのに優れたオプションです。本章では脊柱のためのサポートにフォーカスしているので、このエクササイズはそのサポートを提供するのに関わる深層のコアの筋肉を強調します。ところが、テキストを読み進めていくと、ブリッジは脊柱を締めるエクササイズにとどまらない、ということに気づくでしょう。それ以外のより多くの筋肉も関わっています。このエクササイズによって、腹筋で下位脊椎をサポートできるようにもなります。腹筋による下位脊椎のサポートは、脊柱の伸展を含むあらゆるダンスの動き、特にアラベスクとアティチュード・デリエールで役立つスキルです。

　脊柱のコントロールを強調することは、タンデュ・デリエールとともに始まります。タンデュから脚をアラベスクやアティチュード・デリエールに動かすときには、「へそ」を脊柱のほうへ引き込んで、下位脊椎をしっかりサポートすることを意識しましょう。アラベスクやアティチュードで、股関節を自由に動かしましょう。ベーシックなブリッジを行っているとき、股関節が伸展方向へ動くので、同様に股関節を自由に動かせることに気づくでしょう。腰椎のサポートと股関節の効率的な動きの両方が、脚を後方へ動かすコンテンポラリーの動き、フロアワーク、パートナーワークで必要とされます。

スパイナル・ブレース
SPINAL BRACE

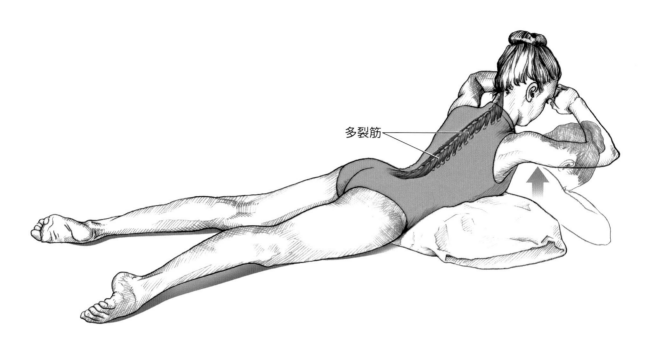

多裂筋

エクササイズ

1. サポート用にウエストの下に小さな枕を置いてうつ伏せになり、肘を曲げて、手は額の下に置きます。

2. 息を吸って準備。息を吐きながら、腹筋が締まって脊柱のほうへ引き上がるのを感じてください。枕にさらにサポートしてもらいましょう。脊柱に沿った深層の小さな筋肉を、等尺性に収縮させます。深層の多裂筋が脊柱に沿って、太いゴムひものように絡み合っているのをイメージしましょう。枕からふわりと浮くような感覚になるよう、脊柱に沿って優しく収縮させます。

3. 息を吸いながらそのポジションをキープ。強く息を吐きながら、深層の脊柱収縮を続け、上体を引き上げることによって、脊柱を若干伸展方向へとゆっくり動かします。脊柱を長めのアーチポジションになるように動かします。椎骨1つ1つの効果的な動きを強調しましょう。

4. 深層の脊柱多裂筋が収縮して、腹筋の収縮とともに若干の伸展をサポートし始めます。これらが組み合わさることで、脊柱に大きなサポートと安全性がもたらされます。4〜6カウントの間キープ。息を吐きながら、コントロールしてゆっくりと戻ります。10〜12回行います。

安全に行うために
首が過度に伸展しないように。腰の安定のために、腹筋のサポートを維持すること。

動員される筋肉

多裂筋
<ruby>多裂筋<rt>たれつきん</rt></ruby>

ダンス・フォーカス

　この小さくきめ細かいエクササイズは、体位を保つための脊柱のパワーと強靭さを感じさせてくれます。小さい深層の多裂筋が、脊柱を締めているかのように脊柱を優しく圧縮している、または抱きしめているのをイメージしましょう。大きな筋肉が脊柱の伸展を生み出しますが、このエクササイズを使って、ぎゅっと引き締められ保持されている脊柱を強調してください。多裂筋のパワーと腹筋との調和のとれた働きがないと、ダンスの動きによって生まれる圧力で、脊柱は崩れてしまうでしょう。この事実は、腕や脚の動きに先立つ脊柱のプレースメントと安定を理解するためには、極めて重要です。多裂筋を強化することは、脊柱の分節的な安定性を生み出すことによって、優れたプレースメント・スキルをもたらします。あらゆる腕の動き、脚の動きは深層の腹横筋と深層の多裂筋の収縮から始めましょう。

バリエーション

サイドホヴァァー
Side Hover

　スパイナル・ブレースを繰り返します。腹筋で下位脊椎を安定させることができれば、サポートを増やすための枕は必要ないでしょう。深層の腹筋を動員させ続けてください。息を吸いながら長い弧を描くようにして、脊柱をやや側屈方向へと動かします。このポジションを4カウントの間キープ。脊柱に沿った深部の安定筋、また肋骨と骨盤とをつなぐ深層の腰方形筋によるサポートも加わっているのをイメージしましょう（腰方形筋については第6章で詳しく学習します）。スタートポジションに戻ります。息を吐きながら、下にゆっくり戻りましょう。反対側も同様にして、左右交互に、それぞれ4回ずつ繰り返しましょう。

イスキアル・スクイーズ
ISCHIAL SQUEEZE

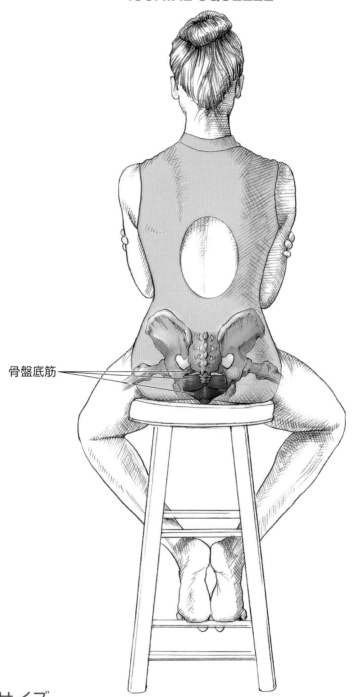

骨盤底筋

エクササイズ

1. 脚と股関節を若干ターン・アウトさせてスツールまたは椅子に座り、骨盤を左右に揺らし、骨盤下部の坐骨結節（坐骨）の位置を確認してください。座位のニュートラルのアライメントに戻ります。骨盤が後傾していないこと、前傾して腰を過伸展させていないことを確認してください。腕を身体の前で組んで、優しく息を吸います。

2.	息を吐きながら、骨盤底筋を動員して、左右の坐骨を引き寄せます。この筋肉の収縮を、呼気と連動させるようにしましょう。骨盤底筋が短縮しているのをイメージして、左右の坐骨を引き寄せます。この収縮がサポートに働いて、背骨が軽く上昇するのを感じましょう。

3.	リラックスし、筋肉が遠心的に伸長するのを感じてください。繰り返しますが、この収縮を感じ始めたら、恥骨と尾骨も引き寄せられてくるのをイメージしましょう。10 〜 12 回行います。

動員される筋肉

こつばんていきん　びこつきん　こうもんきょきん　ちこつびこつきん　ちこつちょうこつきん　ちょうこつびこつきん
骨盤底筋：尾骨筋、肛門挙筋（恥骨尾骨筋、恥骨腸骨筋、腸骨尾骨筋）

ダンス・フォーカス

　あらゆるクリエイティブなダンスの動きにおいて、骨盤底筋を使っているとはおそらく考えていないでしょう。ところが、骨盤底筋がどこにあるかを考えると、骨盤のためにボウル形のサポートを形成する能力の重要性が分かるでしょう。とはいえ、テクニックのクラスや振り付け、リハーサルの最中に、この筋肉について言及することはほとんどありません。そこで少し時間をとって、このエクササイズ、そしてこのエクササイズとプレースメントとの関係を理解しましょう。これは、身体への意識を強調するために優れたエクササイズです。すぐに分からなければ、坐骨に神経を集中させ、骨盤下のボウルが縮むのをイメージしてください。その動きは大変小さくかすかな動きですが、小さな動きによる変化が、大きなサポートの変化につながります。骨盤底筋については、第5章、6章、8章で引き続き取り上げます。それまでは、このエクササイズを導入とし、骨盤底筋にもたらされる引き上げとサポートになじんでください。

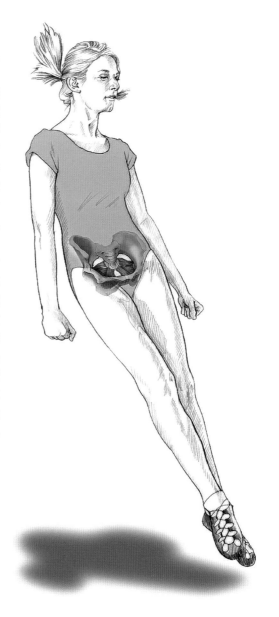

カンブレ・デリエール

Cambre Derriére

　健全なカンブレ・デリエールを行うための、最も安全な方法を見てみましょう。本章では脊柱にフォーカスしていますが、これから行うダンスの動きは焦点を広げ、他章で対象とされるさまざまな他の筋肉も含めます。脊柱伸展のためのサポートにはいくつかの要素が含まれており、その一つは腹腔内圧（次章でより詳しく取り上げます）に関するものです。ここで示す実施方法は、カンブレ・デリエールの機能性について全体的な知識を与えてくれます。

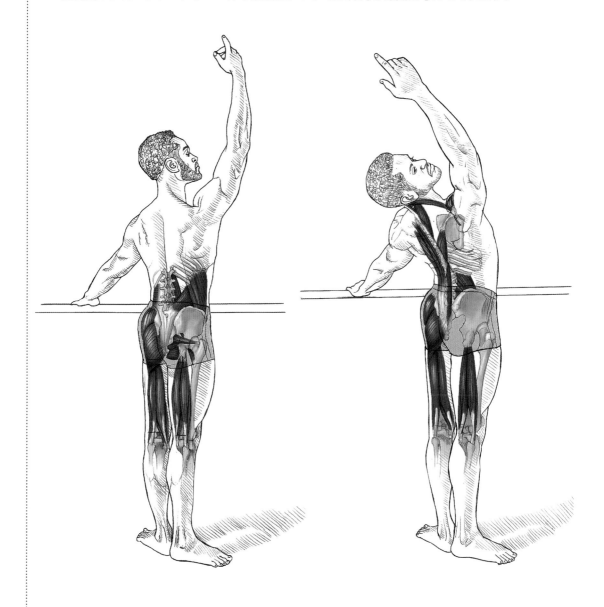

1. 左手をバーに置いて１番ポジションで始め、三角筋前部と大胸筋を使って、右腕を高い５番ポジションの位置に持ってきます。ニュートラルな脊柱ポジションにあることを確認しましょう。脚は股関節からターン・アウトさせます。大腿四頭筋、股関節内転筋（内もも）、骨盤底筋、深層の股関節外旋筋を活性化させます。ハムストリング、腓腹筋、ヒラメ筋、前脛骨筋、腓骨筋、足弓（足のアーチ）の内在筋の緊張を維持します。

2．息を吸うと、横隔膜は収縮し押し下がり始めます。脊柱全体を伸長、あるいは引き上げて、椎骨の関節に負荷がかからないようにします。背を高くするようにして、腹筋の伸長と腹腔内圧が下位脊椎を支えているのを感じましょう。骨盤底筋の緊張が、腰と骨盤をサポートしているのを感じてみましょう。

3．上背部、つまり胸椎からカンブレを始めます。頭と首は上背部のラインについていきます。腹筋の緊張を維持しながら、頸椎伸筋と脊柱伸筋を動員してください。僧帽筋下部と前鋸筋を使うことによって肩甲骨を耳から遠ざけて、腰方向へ滑らせます。

4．脊柱が伸展し始めたら、引き続き腹筋、骨盤底筋、股関節内転筋からサポートします。胸椎の動きも出してください。股関節が前方に揺れたり、首の姿勢が崩れたり過伸展したりすることのないように。右腕は高い5番ポジションのままです。

5．脊柱が伸展を続け長いアーク（弧）になったら、首のサポートとコントロールを維持したまま、頭を右へ向けます。胸骨を引き上げて胸椎の可動性を助けましょう。

6．息を吐きながら、腹筋を改めて動員して動きを戻していきます。脊柱全体の長さを維持し、できるだけ長いアークで動きながら、ゆっくりとスタートポジションに戻りましょう。

動員される筋肉

ニュートラル脊柱時：腹横筋、内腹斜筋、外腹斜筋、骨盤底筋、腸腰筋

股関節と脚：大腿四頭筋（大腿直筋、外側広筋、内側広筋、中間広筋）、縫工筋、

　　　　　ハムストリング（半腱様筋、半膜様筋、大腿二頭筋）、大臀筋、中臀筋、

　　　　　深層股関節外旋筋群、短内転筋、長内転筋、薄筋

脊柱伸展：横隔膜、腹筋（遠心性収縮）、多裂筋、脊柱起立筋（腸肋筋、最長筋、棘筋）、

　　　　　腰方形筋、胸棘筋、胸最長筋、腰腸肋筋

頸椎伸展：頭板状筋、頭半棘筋、頸板状筋、胸鎖乳突筋（頭部回旋開始時）

腕：三角筋前部、僧帽筋下部、大胸筋、前鋸筋

　カンブレ・デリエールを行っている間は、軸方向の伸長すなわち引き上げにフォーカスして、脊椎の椎体に負荷がかからないようにします。脊柱全体を伸長させ、背を高くするようにしましょう。腹筋を使って脊柱をサポートしながら、胸椎の動きも出してください。下位脊椎だけでなく脊柱全体を使って、カンブレを行いましょう。テクニックが不十分だと、微小外傷と使い過ぎを繰り返して、それが腰のケガにつながります。ケガを経験しないでダンサーとして向上し成長するためには、腹筋を使って安定性を維持すること、そして下位脊椎にかかるストレスを最小にすることを心がけてください。

RIBS AND BREATH

第5章

第　章

肋骨と呼吸

　呼吸は、肺に酸素を取り込むという自然なプロセスであるにもかかわらず、多くのダンサーは正しい呼吸のしかたがよく分かっていません。確かに、人間は大体1日に1万7000回、無意識のうちに呼吸をしてはいます。しかし、果たして私たちは緊張を減らしてコアを強くさせるような、効果的な呼吸をできているでしょうか?

　レッスンの最中に指導者から、お腹を引き上げなさいと、何度言われたことがあるでしょうか?実際にはそう指摘されると、お腹を中に引っ込めてしまって肋骨と胸が上がり、肩も上がってしまいます。そうなると、上半身に力が入り、より呼吸がしづらくなってしまいます!　では、どうすれば力まずに優雅に動くことができるのでしょうか?「引き上げる」という指示は、軸方向への伸びと、脊椎を伸ばす意識を持つことでうまくできます。軸方向への伸びを意識すると、肩を上げることなく、椎間関節にかかるストレスを軽減することができます。

　呼吸はダンスも含むすべての動きの一部分であり、横隔膜の使い方や正しい呼吸法のスキルは、脊柱を安定させる点では非常に重要です。指導者には、レッスンの際に呼吸のエクササイズを加えることをお勧めします。例えば、音楽に合わせた呼吸のエクササイズを入れることで、ダンサーは自分の呼吸パターンをより意識するようになります。系統立った、リズム感のある呼吸を行うことは、よりよい呼吸の習慣を身に付けるために非常に有効です。

呼吸の解剖学

　呼吸は、酸素が肺に入ってくる吸気と、二酸化炭素が肺から出ていく呼気との2つの時相からなります。安静時には呼吸のたびに0.5ℓ交換され、運動時にはその交換量は3ℓにまでなります。身体は酸素を必要としています。というのも、ダンスを含むすべての筋肉の活動を起こすための、エネル

73

ギーの源泉となるからです。

　呼気も吸気も、どちらにも受動的なものと強制的なものがあります。この本を読んでいる間、あなたはおそらく呼吸していることを意識していないでしょう。ウォーミングアップやレッスンの最初でも、身体を整えることに集中して、呼吸のメカニズムのことは意識していません。こういった呼吸は、静かで受動的な呼吸です。ルルベで美しいバランスをキープするためにも、こういった受動的な呼吸が必要です。

　一方、能動的な呼気や吸気は、強制的なパターンの呼吸になります。より深い呼吸で、呼気と吸気のために使う筋肉も多くなります。ジャンプのコンビネーションを行っているときや、より難しい筋肉の動きを必要とする振り付けを踊るときには、呼吸が深くなっていることが分かると思います。呼吸を正しく行えるようになると、上半身の筋肉の緊張が軽減されて、筋肉への酸素の供給も良くなり、コアの筋肉を有効に使えるようになります。本章のエクササイズは、呼吸を正しく行うのに役立つものばかりです。

　肺は軟らかく、スポンジ状の弾力性のある臓器で、空気の通り道です。肺は肋骨によって囲まれ、保護されています。本章は呼吸に関する筋肉をこと細かに分析するものではありませんが、呼吸の際に働く筋肉の働きが大まかに分かれば、ダンスの上達にもつながります。最初に注目すべき筋肉は、横隔膜、腹横筋、骨盤底筋です。

　息を吸うと、空気は鼻や口から入ってきて、気管を通り細気管支へと進みます。最終的に、肺胞という毛細血管に囲まれた小さな袋まで進み（図5-1）、毛細血管との間で酸素と二酸化炭素を交換します。いい換えると、酸素は空気中から血液へと吸収され、二酸化炭素は、血液中から取り出されて大気へと放出されます。肺から心臓へと向かう、酸素を多く含む血管は肺静脈と呼ばれ、心臓を通っ

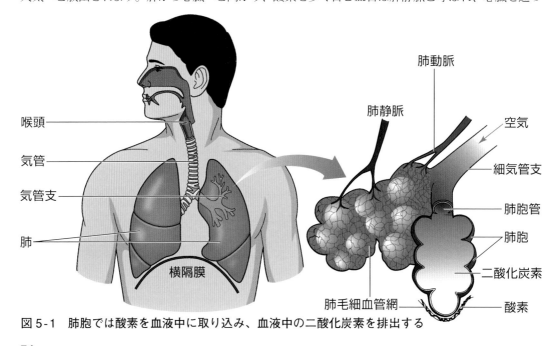

図 5-1　肺胞では酸素を血液中に取り込み、血液中の二酸化炭素を排出する

た後に全身へと酸素を送るのです。

　準備運動が終わり、センターレッスンに移って、ジャンプや激しいコンビネーションなどの練習が始まると、血液中の二酸化炭素濃度が上がり、呼吸数が増加します。呼吸数が増加することで、より酸素が供給されますが、この際の呼吸のしかたがより上手にできるようになれば、筋肉にはより多くの酸素が供給され、パフォーマンスも向上します。

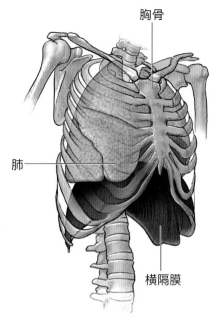

図5-2　横隔膜

　横隔膜は呼吸系では最も重要な筋肉です。胸郭内に収まっており、ドーム形状になっています（図5-2）。胸郭内に開いたパラシュートがあるとイメージすれば、分かりやすいでしょう。横隔膜の筋線維は上下方向に走っていて、これにより収縮方向が決まっています。横隔膜は胸骨の下端、第7～12肋骨（肋骨の下6つ）、そして椎骨に付着しています。この筋肉は、胸腔と腹腔の3次元的変化を生み出します。息を吸うと、横隔膜は収縮して下降し、平らに広がります。この収縮によって、肺と肋骨はすべての方向に徐々に広がっていき、胸腔の容積が大きくなります。この広がりで、肋骨も3次元方向へ動いていきます。

　腹壁は4層から構成されています。最も深い層は腹横筋で、これは体幹をコルセットのように保護します（女性用のきつめのコルセットをイメージしてみてください）。腹横筋の筋線維は水平方向に走っており、横隔膜の筋線維と絡み合っています。横隔膜と腹横筋は協働し、姿勢をコントロールして脊柱を安定させます（詳しくは2000年のHodges, P.W.とGandevia, S.C.の文献に記載されています。腹横筋と横隔膜との関係性と、これらが腹圧を上げることにより脊柱を安定化させることについて記載されています）。

　強制呼気をすると、腹横筋が収縮して腹圧を上げます。一般的には、強制呼気は着地などの、下降する動きの着地のコントロールを助けてくれます。ゆっくりしたテンポで、グラン・バットマンをやってみましょう。息を吸って準備をして、脚を上げます。そして脚を下ろすときに、能動的に息を吐きます。息を吐くことが、脚を下ろす動作をサポートしてくれる ─ 脚がコントロールしやすい ─ ことに気づいてください。脊柱とコアをサポートする上での腹壁の重要性は第6章で取り上げますが、強制呼気は、深層の腹横筋の収縮と直接関係があるということは覚えておいてください。

　骨盤は数層の筋肉によってサポートされており、これらの筋肉も強制呼気の影響を受けています。坐骨、恥骨、尾骨を結んでいるこれらの筋肉は、骨盤底筋と呼ばれています。ひし形をイメージしてください。坐骨がひし形の横の2つの頂点、恥骨が前の頂点、尾骨が後ろの頂点です。強制呼気のときには、ひし形の4点を結んでいる筋肉が収縮して骨盤を安定させます。この筋肉群の収縮は、ブリージング・プリエのエクササイズ（p90）を練習しているときにより顕著になります。プリエから

胸骨

肺

横隔膜

上がっていく際に、呼気とコアの筋肉、骨盤底筋の収縮をうまく協調させることが大事です。

横隔膜の動き

　振り付けのタイプによっては、疲れが激しいのはなぜだろう、と思ったことはありますか？　スタミナをつけるためには練習し続けなければいけない、と思い込んでいませんか？　十分に酸素を取り込めなければ、スタミナはつけることはできません。簡単にいうと、息を吸うときは肺と肋骨が広がり、横隔膜が下がって腹筋が伸長します（お腹は少しリラックスさせてもかまいません）。お腹は常に平らというわけではなく、息を吸うと膨らむようにしておかなければいけません。息を吐くときは横隔膜が上がり、肋骨は元の位置に戻って、腹筋が収縮（あるいは短縮）します。酸素を取り込むための十分なスペースを確保するために、肺や肋骨が3次元的に動くことを心に留めておいてください。

　スタミナが問題なのは、もしかしたらお腹を引き込もうとして、胸の上部を使うだけの浅い呼吸を繰り返しているからかもしれません。胸の上部を使っただけの呼吸では、空気は肺の上のほうにしか入っていかず、重心も上がってしまいます。重心が高くなり過ぎると、バランスが取りづらくなり、肩を自由に動かせなくなります。さらに、肺の下部に十分な酸素が入っていかないため、一見すると身体は細く見えますが、横隔膜と肺の正しい機能は損なわれたままになってしまいます。
　横隔膜は呼吸で働く筋肉のうち、80％の役割を果たしています。そのため、横隔膜を鍛えることはスタミナを向上させてくれるのです。

　横隔膜は腸腰筋にも付着していますが、腸腰筋は強力な股関節の屈筋です。強くお腹を引っ込めることを意識してしまうと、横隔膜だけでなく腸腰筋の動きも制限してしまい、股関節に不要なストレスがかかってしまいます。腸腰筋は、腸骨筋と大腰筋という2つの筋肉から構成されています。

・　腸骨筋は腸骨稜から起こり、大腿骨に停止します。
・　大腰筋は腰椎とT12から起こり、大腿骨に停止します。

　これら2つの筋肉のバランスが、ダンサーにとっては極めて重要です。腸腰筋は、脊柱と骨盤を脚につなげる働きがあります。腸腰筋の強さと柔軟性のバランスが良ければ、90度以上の高さに脚を上げることができ、腰の痛みも軽減します。脚を上げるときは、息を吸い込む際には脊柱の軸方向への伸長を意識し、息を吐く際には深層の腹筋を収縮させることで、股関節が自由に動かせるようになります。

　前カンブレ（前屈）のポジションでは、股関節前の深部での屈曲動作が腹筋を圧迫して、横隔膜を頭側へと押し上げるので、呼吸を効果的に行うには、胸郭の後ろ側をより多く使わなければなりません。酸素を取り込むのに十分なスペースを提供するために、下部肋骨の後ろ側へ息を吸い込んでいる感覚です。この際、腸腰筋などの股関節屈筋群が緊張していると呼吸に負担がかかり、酸素の取り込みが制限されてしまいます。

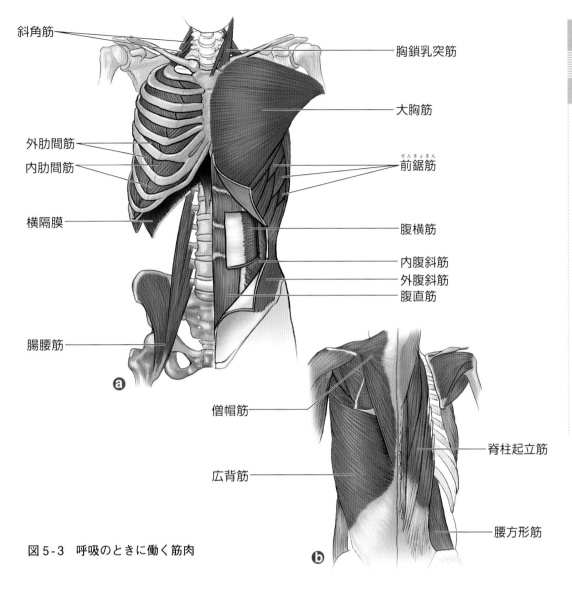

斜角筋

胸鎖乳突筋

大胸筋

外肋間筋

内肋間筋

前鋸筋（ぜんきょきん）

横隔膜

腹横筋

内腹斜筋
外腹斜筋
腹直筋

腸腰筋

ⓐ

僧帽筋

脊柱起立筋

広背筋

腰方形筋

ⓑ

図5-3　呼吸のときに働く筋肉

筋肉の活動

　呼吸のときに働く筋肉は他にもあります（**図5-3**）。外肋間筋は肋骨の間にある筋肉で、吸気時には収縮して肋骨を開き、胸骨を前方へと押し出します。肋骨の形状のため、肋間筋は側方、前方、後方に動いて胸を広げます。バケツの持ち手を上げる様子をイメージしてください。首の斜角筋と胸鎖乳突筋は、大胸筋とも協働して肋骨をさらに高く上げます。これらの筋肉の役割は他にもありますが、吸気時には肋骨を上昇させます。

- 斜角筋は頸椎から起こり、第1、2肋骨に停止します。
- 胸鎖乳突筋は胸骨と鎖骨から起こり、側頭骨（あご）に停止します。
- 大胸筋は鎖骨、胸骨、第1〜6肋骨の軟骨部から起こり、上腕骨に停止します。

これらの筋肉は吸気に深く関わっているので、過剰に活動すると、上半身に緊張が生まれるということが分かるでしょうか？　ダンスのポジションで腕を頭上に上げるときは、息を吸いながら脊柱を軸方向へと伸長させて、胸郭を広げてください。このときに、胸郭が上がらないように気を付けてください。吸気時には、肋骨を側方へと広げることを強く意識すると、胸椎の可動性が増し、肩が自由に動かせるようになります。

ここまでで、強制呼気を意識的に行うと、腹横筋などの深層の腹筋が、骨盤底筋とともに収縮することを学んできました。これに加えて、呼気の際には、肋骨内にある内肋間筋、広背筋、腰方形筋も収縮して肋骨を下げます。息を吐くことで、緊張を和らげ、深層の腹筋を活性化させる技術を身に付けていきましょう。緊張し、息を切らして苦しそうにあえいでいる姿を、観客には見せたくないと思います。観客はあなたが疲れた様子も見せずに、素晴らしい踊りを披露してくれることを望んでいます。

そのためにも、横隔膜が肋骨の動きのなかでふわふわと上下していることをイメージして、あごや首、肩を緊張させないようにします。肋骨が柔軟に動けるように、肺が柔らかく動いているのをイメージしてください。本章のエクササイズのすべてにおいて、息を吐くときには首と肩をリラックスさせながらも、腹圧を高めることを意識しましょう。

腹筋の残り2つの層は、内腹斜筋と外腹斜筋です。第6章で学ぶように、この2つの筋肉は体幹と、身体のプレースメントを保持する上で重要な役割を果たしています。内腹斜筋の筋線維は内肋間筋に、外腹斜筋の筋線維は外肋間筋に付着しており、この点においても、コアと呼吸は強く関わり合っていることが分かります。

身体のひねりを伴うダンスの動きには、腹斜筋が関わっています。上半身は、下半身の回転方向と逆方向に回旋することで、ひねりを生み出します。この体幹のひねりの動きをより効果的にするには、肩と腰を自由に動かせるようにしておく必要があります。さもないと、横隔膜、腹筋、肋骨を呼吸のために動かすことが難しくなってしまいます。すべてのステップに呼吸を振り付けで入れることは不可能に近いものですが、コントロールが必要な際には、意識的に息を吐く練習をしてください。息を吸って準備をして、息を吐きながら動くのです。

滑走関節について、以前説明したこと（p13）を覚えていますか？　肋骨、そして肋骨と脊柱のつなぎ目も滑走関節です。中背部の脊柱は通常、ほとんど動きません。したがって緊張を和らげるためには、これらの関節の可動性を高めるとよいでしょう。吸気の際に、脊柱全体がすべての方向へと伸長していくことを意識しましょう。この伸長効果によって椎骨の間が広がって、肋骨との結合部にも小さな動きが生まれてきます。呼気の際には、深層の腹筋と骨盤底筋を働かせることで骨盤を支えて、脊柱をサポートするようにしていきましょう。

鼻呼吸

鼻呼吸とは、鼻から息を吸って吐くことです。多くのヨガのエクササイズでは、鼻からの呼吸を

強調します。ピラティスでは、鼻から息を吸って口から吐くことを基本とするエクササイズもあります。アレクサンダーテクニック〔監訳者注：フレデリック・マサイアス・アレクサンダー（Frederick Matthias Alexander；1869〜1955年）が開発した、身体への気づきを高め、自分自身をよりよく使いこなすためのテクニックの1つ〕では、特に歌手のトレーニングにおいては、鼻呼吸と口呼吸とを組み合わせて使います。鼻から吸うと、肺へ取り込む前に空気内の不純物が濾過され、温められます。そして、鼻から吐くと、身体から出る二酸化炭素の量をコントロールできます。一方、口から吐くと深層の腹筋の収縮をより強く意識できるので、息が切れたときなどは、口で息をすると楽になるでしょう。息を止めることは得策ではありません。逆に、心臓へと戻る血液量を減らし、血圧を上げてしまいます。

　本テキストの目的に応じて、なかには両方の呼吸方法を使っているエクササイズもあります。優れた呼吸のテクニックを身に付けると、上半身をより自由に動かせるようになります。これから紹介するエクササイズを練習することで、肺や肋骨をより効果的に動かせるようになり、他のさまざまな関節に無理な緊張が出ないようになります。本章のエクササイズをウォーミングアップやクールダウンの一環として使ってください。

ダンス・フォーカス・エクササイズ

　エクササイズを始める前に、まず息を吸う練習をしてみましょう。息を吸いながら、肋骨を側方へ広げます。息を吐くときには、深層の腹筋が収縮しながら、肋骨が元に戻ることを意識しましょう。息を吸うたびに、胸上部の動きはできるだけ小さくして、肋骨と肺を広げます。息を吐くときには、首と肩の緊張が和らいでいき、へそが脊柱へと引き込まれていくことを意識してください。胸に手を当てることで、息を吸うときに胸上部の動きが抑えられているかをチェックできます。この呼吸方法を臥位（がい）、座位、立位と、さまざまな体勢をとって練習してみましょう。鏡の前でやってみて、首と肩の位置に注目します。肩の位置は上がっていませんか？（筋肉が緊張していることを意味します）首と肩の位置が極力変わらないようにすることが目標です。そして鏡を見ながら、肋骨が側方に動いているかをチェックしてください。

　胸は軽く、重さがなくなったようになり、首も長く、自由になったように感じてきます。この状態で、2〜3回腕を動かしてみましょう。息を吸いながら腕を上げて、息を吐きながら元に戻します。肺と肋骨を広げる動きとは別に、肩のスムーズな動きを心がけてください。

　今回紹介するエクササイズでは、臥位や座位、立位、ジャンプをするものや脊椎を伸展するものがありますが、どのエクササイズにおいても呼吸の意識が重要です。実際に音楽に乗った振り付けに合わせて踊る際に、どのようにして呼吸を意識すればよいのでしょうか？　この章の後半のブリージング・ソテ（p88）のエクササイズで、ジャンプの際の呼吸の方法について説明します。このエクササイズは、肋骨を側方へと広げる呼吸法（ラテラル・ブリージング、p80）をより高度にした、呼吸法の練習です。そして本章は、最後にブリージング・プリエというエクササイズの方法を詳しく説明して終了となります。

ラテラル・ブリージング（外側呼吸）
LATERAL BREATHING

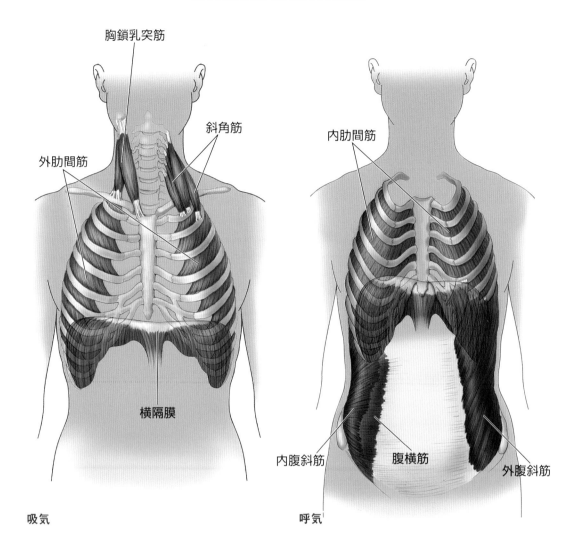

胸鎖乳突筋

斜角筋

外肋間筋

横隔膜

吸気

内肋間筋

内腹斜筋　　腹横筋

外腹斜筋

呼気

エクササイズ

1. 仰向けで膝を曲げて足はフロア上、腕は手のひらを上にして体側に。ニュートラルポジションになります。鼻から息を吸いながら、お腹をややリラックスさせ、肋骨が開いて広くなっているのを感じ、横隔膜が下方に動いているのをイメージしましょう。引き続き胸の中央と肋骨の後面を広げます。ゆっくり3カウントかけて息を吸います。4カウントの間キープ。胸の上部が上昇したり、脊柱が伸展したりしないように。

2. 口からの強制呼気で、肋骨が戻ってきて胸の中央がリラックスし横隔膜が上昇するのを感じましょう。深層の腹筋が収縮しているのを感じ、首の後ろの緊張を緩めます。肩が腰に向かって滑り落ちているような感覚です。4カウントかけて息を吐きます。このエクササイズを6回繰り返します。

3. 片方の手を肋骨、もう片方の手を胸に置いた状態でこのエクササイズをやってみることもできます。胸の上部は動かさずに肋骨を外側方向へ動かすことをしっかりと意識します。引き続き首、あご、のどをリラックスさせましょう。

動員される筋肉

吸気：横隔膜、外肋間筋、斜角筋、胸鎖乳突筋

呼気：外腹斜筋、内腹斜筋、腹横筋、内肋間筋、広背筋、腰方形筋

ダンス・フォーカス

　肋骨を外側方向へ動かすのが目で確認できるように、鏡の前に立ってこのエクササイズをやってみましょう。また2人組で行うこともできます。相手の肋骨の後ろに手を置きます。相手が息を吸うときには肋骨があなたの手を押してくるのを感じましょう。相手が息を吐くときには肋骨を優しく押して肋骨が元の位置に戻るのを助けましょう。

　踊るときには、首と胸はあまり緊張しないように。横隔膜と腹筋との相反する力に反応して脊柱を動かします。ジャンプのコンビネーションにも呼吸を使いましょう（これについては「ブリージング・ソテ」（p88）で詳しく取り上げます）。調和のとれた外側呼吸で身体が軽くなるのを感じてください。呼吸を心がけて、呼吸を使ってなめらかに深いところから動きましょう。

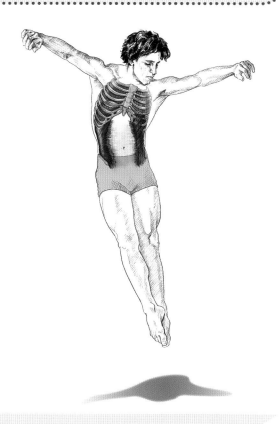

バリエーション

抵抗を加えた
ラテラル・ブリージング
Lateral Breathing With Resistance

　抵抗バンドを身体の後ろから肋骨の周りに巻きます。身体の前でバンドをクロスさせてバンドの端を手で握ります。座位でも立位でもできます。同じ呼吸サイクルを繰り返しますが、息を吸うときには肋骨を広げて抵抗バンドを押し返すようにします。強制呼気では、能動的にバンドを引いて、広がった胸郭が元に戻るのを補助してください。バンドを使って行うことで、吸気テクニックがより効果的となり、肺活量が向上します。深い呼吸、横隔膜の動き、深層の腹筋の活性をしっかりと意識しましょう。6回行います。

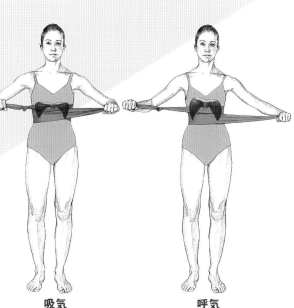

吸気　　　　　　　　　呼気

ブリージング＋サイドベンド
BREATHING WITH SIDE BEND

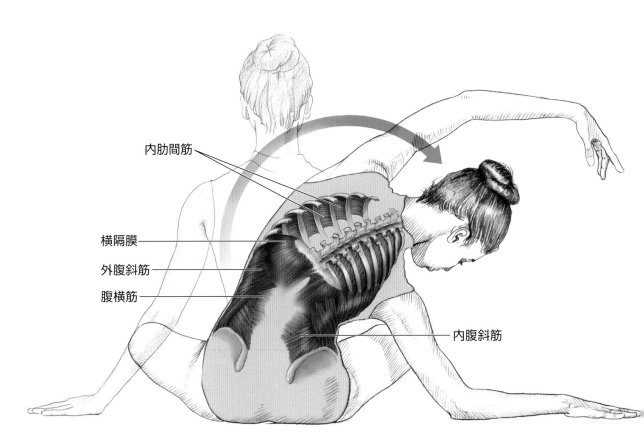

内肋間筋

横隔膜

外腹斜筋

腹横筋

内腹斜筋

エクササイズ

1. 脚を身体の前で楽に組んで手は横に置いて、座位で始めます。身体はニュートラルポジションにして、鼻から息を吸います。鼻から息を吐きながら、脊柱全体を伸長させます。コアの筋肉を動員してください。右手をフロア上に優しく滑らせて、前額面上で側屈しましょう。左右の坐骨はフロアにしっかりとつけておきます。胸の広さを維持したまま、左腕を頭上に持っていきます。頭は前を向いたままでも、軽く側屈方向に向けてもかまいません。

2. 右肘をフロアに軽くつけて、引き続き身体の中心から引き上げるようにします。肘に寄りかかってしまわないこと。呼吸サイクルの間キープ。息を吸うとき、左胸郭の下部肋骨が広がっているのを感じましょう。左胸郭の広がりと、右胸郭の圧縮の違いを感じてください。

3. 強制呼気で、左肋骨が引き寄せられて横隔膜が上昇するのを感じましょう。できるだけ大きな弧を描きながら、深層の腹横筋と腹斜筋を動員します。座位のスタートポジションに戻ります。左右2～4回行います。

安全に行うために

首の姿勢が崩れないように。軸の長さとサポートを維持しましょう。

動員される筋肉

呼気：横隔膜（おうかくまく）、内肋間筋（ないろっかんきん）、腹横筋（ふくおうきん）、外腹斜筋（がいふくしゃきん）、内腹斜筋（ないふくしゃきん）

ダンス・フォーカス

　呼吸系がもたらしてくれる柔軟性と安定性があればこそ、さまざまな面上をスムーズに動ける素晴らしさを、存分に味わってください。体幹をサイドに曲げるとき、肺の上部が上昇して、肺の下部が下方にスライドするのを感じましょう。身体の中にある弾性の原則を使って、上体のなめらかさと胸椎の可動性をより大きく出すようにします。動きに自由さを感じることができると、身体の中心から動くということが、あなたにとってより大きな意味を持つようになるでしょう。息を吸うたびに、肺の隅々を空気で満たしましょう。肺活量を高めてより楽に呼吸を続ければ、側屈でより大きな可動性を出せるようになります。呼気のたびに、腹筋が骨盤を留めて脊柱を支えていることを意識しましょう。サイドベンドの動きでは、できるだけ長い弧を描くことを強調するように心がけましょう。

ブリージング＋ポードブラ
BREATHING WITH PORT DE BRAS

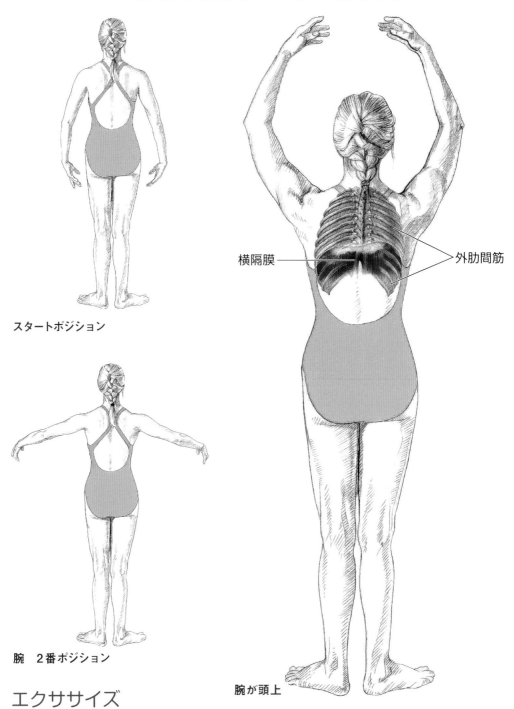

スタートポジション

横隔膜

外肋間筋

腕　2番ポジション

腕が頭上

エクササイズ

1. 広い2番ポジションで自然な感じで楽に立ちましょう。ニュートラルのアライメントにフォーカスし、バランスのためのしっかりしたベースを作ります。始める前に、サイドに長く伸ばした腕と首、肩周りのリラックス感を感じてください。脊柱のカーブをきちんと積み上げて、ウエストからの穏やかな上昇感を感じましょう。

2．鼻から息を吸い始めながら、腕を2番ポジションに広げ、さらに5番へと上げます。胸郭が空気で広がるのを感じましょう。腕が頭上に来たら、腕の重さで脊柱が下がり、首と肩の緊張が緩むのを感じましょう。

3．そのポジションを少しの間キープし、首の後ろがリラックスしていることを感じましょう。鼻から息を吐きながら、腕をサイドへ下ろし、肺と肋骨を元に戻します。4〜6回行います。4カウントかけて息を吸い、8カウントかけて息を吐きます。

安全に行うために

首の過伸展は頸椎椎間板を圧迫するので、首が過伸展しないように。首は脊柱の延長線上に来るようにしましょう。

動員される筋肉

吸気：横隔膜（おうかくまく）、外肋間筋（がいろっかんきん）

ダンス・フォーカス

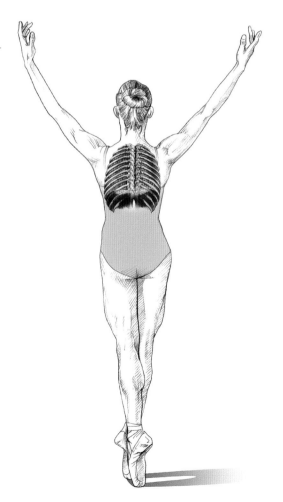

　この基本的な呼吸エクササイズで大切なことは、腕を上げることと、効果的な吸気とを調和させることです。この調和によって、首や肩周りが緊張せずに、上体が軽く引き上がる感覚がもたらされます。息を吸うときは、肺を酸素で満たし、胸郭が広がって横隔膜が滑るように下りていくのを感じましょう。こうすることで、肺は無理なく柔軟に動くことができます。胸の上部が上昇しないように、外肋間筋が収縮して肋骨を広げるのをイメージします。肋骨が椎骨と出合う箇所が、少し動くのを感じてください。この動きによって、胸椎の可動性と脊柱のアライメントが向上します。鼻から息を吸って、肋骨が膨らむのとともに、腕がふわりと上がるのをイメージしましょう。口から息を吐いて、腕をふわりと下ろします。脊柱が伸展方向へ動かないように。伸展方向に動くと、胸が上がって緊張が高まり、アライメントが乱れます。呼吸しやすくなり、また、腕を緊張なく上げることが容易になれば、ルルベを加え、そしてジャンプと跳躍（※）を加えて繰り返してください。

※ジャンプ（jump）は「縦方向への動き」、跳躍（leap）は「場所の移動」に主眼が置かれている。

ソラシック・エクステンション
THORACIC EXTENSION

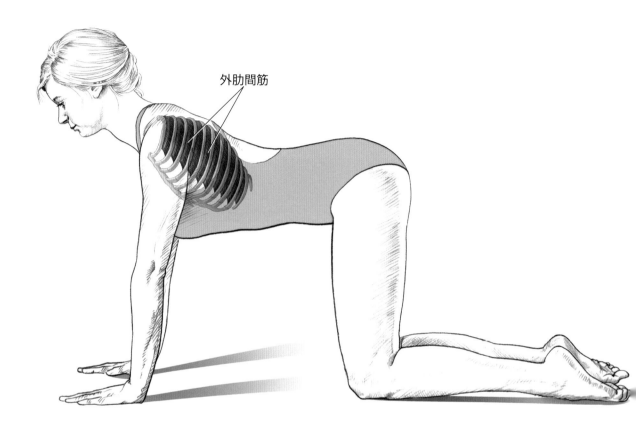

外肋間筋

エクササイズ

1. 四つ這いで、無理なく身体をセンターに整えます。肩は手首の上、股関節は膝の上に来るように。側方呼吸パターンを何度か行います。首の緊張を緩めるように心がけます。

2. 息を吸い始めながら、脊柱全体で弧をつくります。伸長することと、長い弧で動くことを心がけましょう。頭は脊柱の動きについていきます。首が過伸展しないように。下位肋骨を広げながら、腹筋がストレッチされるのを感じてください。4カウント、鼻から息を吸います。

3. 鼻から息を吐いて、弧をほどいていき、スタートポジションに戻ります。これを6回行って、脊柱の伸長と肋骨の広がりをしっかりと意識します。脊柱のすべての分節を均等に動かします。

安全に行うために

下位脊椎が過伸展しないように。

動員される筋肉

吸気：外肋間筋、腹直筋（遠心性収縮）、内腹斜筋、外腹斜筋、
脊椎起立筋（腸肋筋、最長筋、棘筋の求心性収縮）

ダンス・フォーカス

　多くの場合、身体を後ろに反らすポジションで吸気が起こります。ところが、皆さんが気づいているように、腹筋を締めたままにしようとすれば呼吸が難しくなります。そこで、腰を安全に保つためには、脊柱全体を使わなければなりません。腹筋を伸長させて、胸を側方に広げます。息を吸うことで、背骨が長い弧のポジションへ伸展していくのを助けましょう。肩甲骨を腰方向へ下方滑走させることを思い出し、首と肩をリラックスさせてください。腹筋を締めることで腹腔への圧力を生み出して、脊柱に必要とされるサポートを与えます。脚に体重がかかっているのを感じるように心がけます。下位脊椎と骨盤に安定感を感じることによって、安全を保ちます。肋骨の間のスペースに息を吸い込んでいるような感覚で、肋骨を広げましょう。胸の可動域が3次元で高まっていることを感じ始めるでしょう。

バリエーション

トランク・エクステンション
Trunk Extension

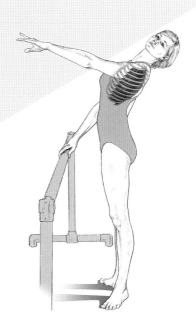

　片手はバランスをとるためにバーに置き、もう片方の手は高い5番ポジションで、立位から上背部の伸展を1回行います。息を吸って胸を広げます。長い弧を描き均等に動きながら、脊柱の長さを出して、伸展します。肩を上げたり首を緊張させたりしないように。腹筋がストレッチし続けるのを感じましょう。骨盤は、脚と足の真上の位置のままです。息を吐いて、動きをコントロールしながら戻り、脊柱が伸長するのを再び感じましょう。4〜6回繰り返します。

ブリージング・ソテ
BREATHING SAUTÉ

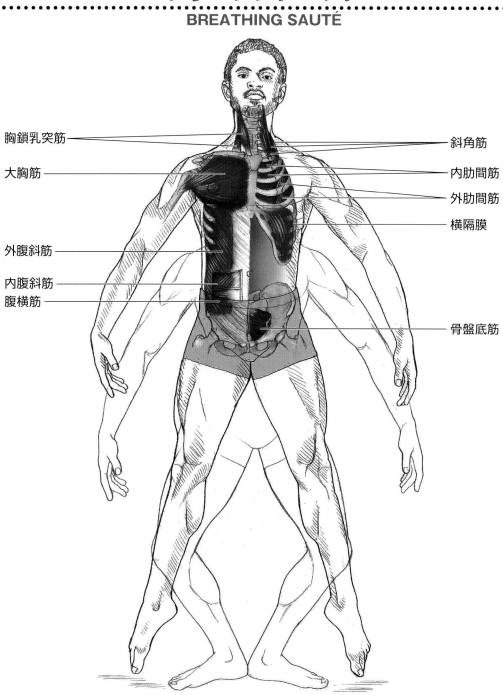

胸鎖乳突筋

大胸筋

外腹斜筋

内腹斜筋
腹横筋

斜角筋

内肋間筋

外肋間筋

横隔膜

骨盤底筋

エクササイズ

1．腕はアンバ、１番ポジションで始めます。身体の中心を長くし、軸の伸長を出しながら、ニュートラルで安定した状態を見つけましょう。

2．ドゥミ・プリエに合わせて、息を吸って吐きます。１番ポジションでソテを８回行います。息を吸って２回、息を吐いて２回跳びます。特に着地時、初めはゆっくりとコントロールしながら行います。空中と着地時でターン・アウトを維持するように。

3．ソテ8回の後、休みます。どのくらいジャンプがスムーズになっているでしょうか、どのくらい首と
肩が楽になっているでしょうか、を意識してください。

4．同じ呼吸パターンを繰り返して、ソテを 16 回行います。息を吸って2回、息を吐いて2回跳びます。
呼吸と筋肉に酸素を送り込むこととを調和させることによって、着地がスムーズになってジャンプが
軽く感じられ、疲れが少なくなることがわかるでしょう。

動員される筋肉

吸気：横隔膜、外肋間筋、斜角筋、胸鎖乳突筋、大胸筋

呼気：横隔膜、内肋間筋、腹横筋、外腹斜筋、内腹斜筋、骨盤底筋（尾骨筋、肛門挙筋）、
広背筋、腰方形筋

ダンス・フォーカス

　踊っているときでも呼吸を自在に操れて心地
良さを保てるようになると。横隔膜はより強くな
り、呼吸によって動きが向上するでしょう。筋肉
への酸素の供給が増すと持久力を助け、強制呼気
によって深層の腹横筋が活性化して、脊柱を安定
させます。調和のとれた呼吸でプティ・アレグロ
のコンビネーションを増やしても平気になるま
で、ブリージング・ソテの練習を続けてください。
呼吸パターンが強くなれば、息を吸って4回、息
を吐いて4回、ソテをやってみましょう。首と肩
の緊張が小さくなり、腰と骨盤の安定性が増して
いると感じるでしょう。疲れが少なく、より長時
間踊れるようになるでしょう。

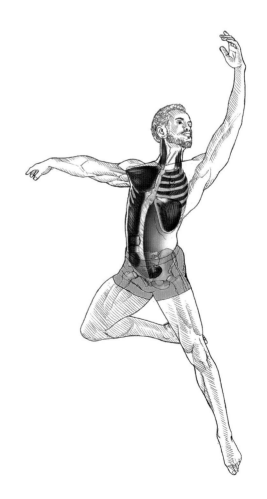

ブリージング・プリエ
Breathing Plié

　プリエは、ダンスのほとんどすべての動きの基礎です。指導者は、生徒にプリエの方法を指導する責任があります。プリエはルルベ、ポアントワーク、ターン、ジャンプの準備であり、着地時の衝撃力を吸収する準備でもあるからです。ダンサーにとってプリエを正しく行うことは、テクニックの向上、パフォーマンスの充実、ケガのリスクの軽減にとって、欠かすことができません。重要な要素には、第1および第5中足骨と踵に均等に体重を置くことと、プリエの全可動域を通して、ニュートラルの腰椎と骨盤のポジションを維持することが含まれます。プリエの間ずっと、体重の均等な配置を感じ、ハムストリングを動員するようにしましょう。

　では、正しく安全なドゥミ・プリエをやってみましょう。私たちは呼吸、そして脊柱と骨盤のプレースメントにフォーカスします。

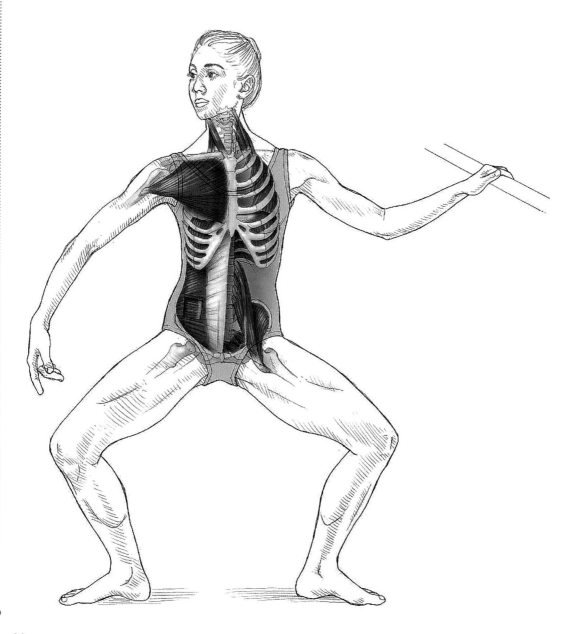

1. 腕を2番ポジションにして、ターン・アウトの2番ポジションでしっかりと立ちます。ニュートラルの脊柱と骨盤のポジションをとります。鼻から息を吸って、ドゥミ・プリエへ動いていきながら、肋骨と肺を広げます。軸の伸長にフォーカスし続けましょう。股関節と膝は屈曲します。

2. 左右の足趾5本と踵に、均等に体重を乗せます。骨盤と腰椎はニュートラルポジションのままです。股関節が屈曲するとき、大腿は前額面上、足趾の真上にターン・アウトします。

3. 股関節が、深層外旋筋と股関節内転筋の遠心性収縮でターン・アウトしています。膝は、大腿四頭筋の遠心性収縮で屈曲しています。

4. ふくらはぎが穏やかに長くなるにつれて、足首（足関節）は前脛骨筋を収縮させて背屈へと動きます。足弓の内在筋が締まって、足部をサポートします。踵はフロアについたままです。下腿部の前面の筋肉が収縮して、バランスを補助します。

5. 口からの強制呼気で、上昇を始めます。肺と肋骨が元に戻ってくるとき、腹筋を動員し、骨盤底筋が収縮するのを感じてください。左右の坐骨、また尾骨と恥骨を引き寄せるようにイメージしましょう。

6. 第1趾、第5趾、踵でフロアをしっかりと押します。深層股関節回旋筋がターン・アウトを維持することを助けるのを感じましょう。

7. 膝と股関節が伸展し始めると、大腿四頭筋、股関節伸筋、股関節内転筋、股関節外旋筋が求心性収縮を生み出します。引き続き、ニュートラルの腰椎と骨盤を維持し、プリエの全可動域を通して前額面で動いてください。

8. プリエのトップ（完了時）で、3秒間キープしてニュートラルの脊柱のプレースメント、股関節外旋、内転筋収縮、骨盤底の収縮にフォーカスします。プリエに合わせた呼吸のリズムで、身体にエネルギーを満たしましょう。

動員される筋肉

吸気：横隔膜、外肋間筋、斜角筋、胸鎖乳突筋、大胸筋

呼気：横隔膜、腹横筋、骨盤底筋（尾骨筋、肛門挙筋）

脊柱と骨盤の安定筋：腹横筋、内腹斜筋、腸腰筋、多裂筋、
脊柱起立筋（腸肋筋、最長筋、棘筋）、腰方形筋

プリエ　下がるとき

　プリエは重力で起こります。たとえそうであっても、前脛骨筋が求心的に収縮して足関節を背屈させ、以下の筋肉がコントロールのために遠心的に収縮します。

深層股関節外旋筋：外閉鎖筋、内閉鎖筋、梨状筋、大腿方形筋、上双子筋、下双子筋、大臀筋、
中臀筋後部線維

股関節内転筋：長内転筋、短内転筋、大内転筋

膝伸展筋：大腿四頭筋（大腿直筋、外側広筋、内側広筋、中間広筋）、縫工筋

股関節伸筋：ハムストリング（半膜様筋、半腱様筋、大腿二頭筋）、大臀筋

下腿後部：腓腹筋、ヒラメ筋

プリエ　上がるとき

以下の筋肉が求心的に収縮します。

深層股関節外旋筋：外閉鎖筋、内閉鎖筋、梨状筋、大腿方形筋、上双子筋、下双子筋、大臀筋、中臀筋後部線維

股関節内転筋：長内転筋、短内転筋、大内転筋

膝伸展筋：大腿四頭筋（大腿直筋、外側広筋、内側広筋、中間広筋）、縫工筋

股関節伸筋：大腿二頭筋、半膜様筋、半腱様筋、大臀筋

下腿後部：腓腹筋、ヒラメ筋

下腿前部：遠心的に収縮する前脛骨筋

　プリエは日常的に行う、最も見過ごされている動きかもしれません。確かに、プリエはあらゆるダンス・スタイルで一般に使われます。ルルベ、ジャンプのための準備となり、ステップ間の移行の動きともなります。しなやかなプリエがなければ、ぎこちなく硬いだけの移動ステップになってしまいます。

　プリエを始めるとき、吸気に伴う胸椎の3次元の動きをイメージしましょう。脊柱の軸の伸長を維持し、呼吸を正しく整えます。息を吸って、身体の準備を整え、息を吐いて、肺、腹筋、骨盤底を留めます。

　上昇のフェーズでは、骨盤底筋、腹筋、ハムストリング、股関節回旋筋が動員されます。上昇するとき、脚が寄ってくるにつれて、内ももの収縮を調和させるようにしましょう。この収縮が骨盤に対するサポートを加え、スムーズでコントロールされたテイクオフでのジャンプ・コンビネーションの準備となります。巧みな呼吸で行うしっかりとしたプリエは、骨盤と下位脊柱を安定させ、股関節を自由にして制限なくターン・アウトさせます。こうして、すべての動きのクオリティを向上させます。

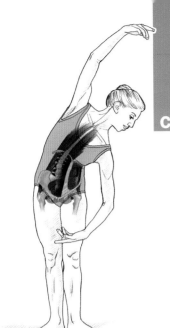

コア

　ダンスのすべての動きは、身体の基盤となる体幹から生み出されます。確固とした基盤があれば、姿勢への意識も高まり、脊柱は安定し、素晴らしい身体のプレースメントを生み出せます。皆さんのゴールは、非常に難度の高い魅力的なステップを、空間のなかで楽々と踊ってみせることですよね？そのように踊るためには、強い体幹の筋肉が必要です。ここでいう体幹とはセンター、つまり脊柱や骨盤を安定させている、深層のコアのことを指しています。

　ダンスのなかで最も基本的な動きの一つであるプリエは、それがパラレル、ターン・イン、ターン・アウトのいずれで行われようと、呼吸とコアの強さとの調和が必要です。体幹のバランスを崩した動きが求められる振り付けの場合には、センターの強さで、脊柱が崩れるのを防ぎます。さらに、脊柱を伸展しながらジャンプする際はいつでも、コアの筋肉群は脊柱を守るために収縮する必要があります。ダンスではあらゆる局面で、脊柱に負荷がかかります。ダンスの動きに備えるときには、コアの筋肉を活性化させることで、よりコントロールされた動きが可能になります。

　腹部のトレーニングはジムやリハビリの現場、またダンススタジオでも一般的によく行われるようになりましたが、ダンサーとして、テクニックを向上させるためにどうやって腹筋を使えばいいか、本当に分かっているでしょうか。毎日腹筋運動をすればいい、というわけではありません。身体のセンターの解剖学を理解して、コアを構成する筋肉の働きを調整できるようになることこそが大事なのです。

　ケガの予防と脊柱への負担を減らすという点で、脊柱を安定化させるコアの筋肉は非常に注目されています。今までにも数多くの医学的研究により、体幹の筋肉の協働収縮と腰のケガの減少について、関連性が報告されています。Hodges は 2003 年に、腹横筋と深層の多裂筋が、脊柱をコントロールし安定化させるために重要な働きをしていることを報告しました。他に、Gildea と Hides、Hodges

らは 2013 年に、腰痛のあるダンサーとないダンサーとを比較しました。その結果として、腰痛のないダンサーは、あるダンサーと比較して多裂筋が大きく、脊柱の安定をもたらしていると推察されました。これらの体幹の筋肉はすべて、美しい姿勢と引き締まったウエストに大きく関係しています。よって、これらの筋肉を鍛えて、動きへとつなげていくことが大事です。それが「センターから踊る」ということなのです。

　脊柱をサポートするためには、体幹の筋肉が協働収縮することが必要です。つまり、腹横筋、腹斜筋、骨盤底筋、多裂筋が協働して働くことが必要なのです。コアの筋肉群に関する呼び名はいろいろあり、センター、体幹、正中線、パワーハウス、脊柱安定筋群、トルソー、腹壁とさまざまです。しかし、コアの強さをダンスにつなげられないのであれば、これらの呼び名は何の意味も持ちません。もう一度いいますが、単に腹筋運動を繰り返すのではなく、ダンスの動きに合わせて機能的に働くように腹部を強化することが大事なのです。この章では、リバース・リフト（p112）やサイドリフト＋パッセ（p108）、2 番ポジションでのファンクショナル・オブリーク（p107）などの、全身を使ったより機能的なコアのエクササイズを紹介していきます。

コアの解剖学

　腹壁の筋肉は、最深層部から順番に腹横筋、内腹斜筋、外腹斜筋、腹直筋で構成されています（図6-1）。これらの筋肉が収縮することで、脊柱および脊柱の自然なカーブが守られています。

　深層の腹横筋の筋線維は第 7 〜 12 肋骨から起こり、脊柱へと水平に走り、厚い膜を形成しています。この層を触ったり収縮させたりすることは難しいのですが、鍛えると引き締まったお腹に見せてくれます。腹横筋がうまく使えていないと、踊る際に腰椎の前弯がついた状態で踊ることになってしまいます。腹横筋は脊柱の屈曲を促す働きはなく、むしろ姿勢を保持したり、腕や脚を動かす際に腹圧を高めて脊柱を安定化させたりする働きを持っています。深層のコアの筋肉群が、脊柱や骨盤を安定化させる働きについては、2004 年の Richardson と Hodges、Hides の書籍に詳しく記載されています。その本では、腰椎と骨盤の安定化のため、およびケガの予防のための、コアの筋肉群のトレー

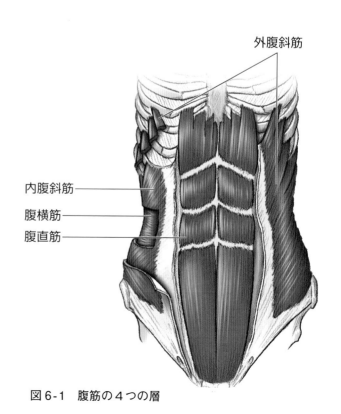

外腹斜筋

内腹斜筋

腹横筋

腹直筋

図 6-1　腹筋の 4 つの層

ニングの重要性について詳述しています。

内腹斜筋は、体幹の外側部に位置する薄い筋肉の層です。内腹斜筋が収縮すると、収縮している側への側屈、または回旋が起こります。横カンブレの動きや、ひねり、そしてジャズダンスの骨盤だけを動かすような動きなども、内腹斜筋の働きです。外腹斜筋は内腹斜筋より表層にあり、2つの腹斜筋のうちの大きなほうの筋肉です。2つの腹斜筋の筋線維は、反対方向に走っています。外腹斜筋が収縮すると、主に脊柱の屈曲と側屈に働きますが、収縮している側の反対側へと脊柱を回旋させます。腹斜筋は、肋骨と骨盤が連動して働くようにするのを助けます。踊っているときに肋骨が上がっているように感じたら、腹斜筋の対角線上の筋線維を収縮させて、肋骨を下方へと下げるように心がけてください。表層にある腹直筋は長くて平らな筋肉で、実際は4つの部分に分かれており、これが洗濯板効果（washboard effect）をもたらします。

腹直筋は、その中央を下降する、白線という線維組織によって左右に分けられています。腹直筋は重要な体幹の屈筋です。具体的には、モダンダンスでの収縮や、前カンブレから起き上がるとき（roll up）に働きます。腹壁は骨による補強がありませんが、腹部の筋肉がさまざまな方向へと線維を出しながら、層状に積み重なることで大きな力を生み出しています。

また、深層の多裂筋は脊柱の後面についていて、それぞれの椎骨を保護し、表層の脊柱起立筋群は脊柱が伸展するときのサポートをしています。したがって、多裂筋と脊柱起立筋群を鍛えると、脊椎の骨折のリスクを抑え、脊柱を強く安定化させることができるのです。多裂筋と脊柱起立筋群はタイプⅠ（遅筋）の筋線維の割合が多いので、姿勢のコントロールや安定化をもたらす点で、大きな力を発揮します。ただし、脊柱起立筋群が硬いと骨盤前傾につながります。

多裂筋も脊柱起立筋群も脊柱全体、肋骨の一部、仙骨に多くの付着部を持っているので、その間にある軟部組織とも複雑に絡み合い、微調整をすることで脊柱を保護しています。これらの深層の後ろ側のコアの筋肉は、大きな力強い動きだけでなく、細やかな動きにも安定性をもたらすことができます。ですから、小さな速い（プティ・アレグロ）フットワークや、大きく大胆な（グラン・アレグロ）コンビネーションを踊るときでも、脊柱を保護する深層の脊柱周辺の筋肉は、適切に収縮しなければなりません。

今まで紹介してきた筋肉が組み合わさって、コアの大部分を構成します。**図6-2**では、骨盤の安定を維持する上で重要な中臀筋と小臀筋も含まれていますが、骨盤の安定化はダンスの際の身体のプレースメントを保持するために非常に重要です。このテーマについては第8章で詳しく述べます。

骨盤の領域の深層の筋肉は、センタリング、骨盤の安定性、姿勢の意識を高めるために重要な役割を持ちます。この領域を構成している筋肉はいくつかありますが、このテキストではこれらをまとめて、骨盤底筋として表現します（**図6-3**、p96）。骨盤底筋は、骨盤の骨格内にあるいくつかの強い筋肉から構成されます。骨盤の解剖がどのようになっているかイメージするために、ボウルを想像してください。骨盤底筋はKegelエクササイズやドローインによって鍛えられ、尿漏れを防ぐ働きもあります。

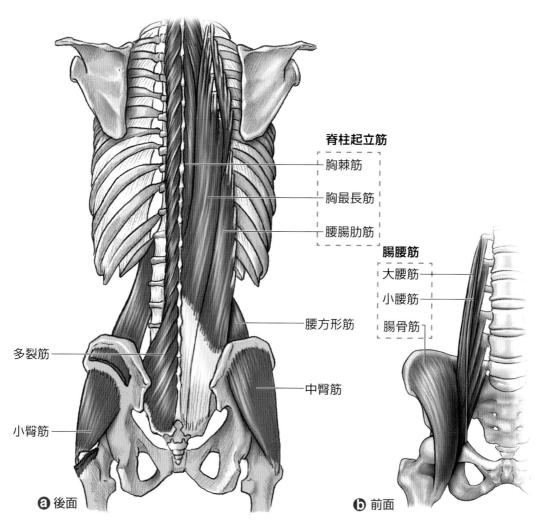

脊柱起立筋
- 胸棘筋
- 胸最長筋
- 腰腸肋筋

腸腰筋
- 大腰筋
- 小腰筋
- 腸骨筋

腰方形筋

多裂筋

中臀筋

小臀筋

ⓐ 後面

ⓑ 前面

図 6-2　腹部とコアの筋肉

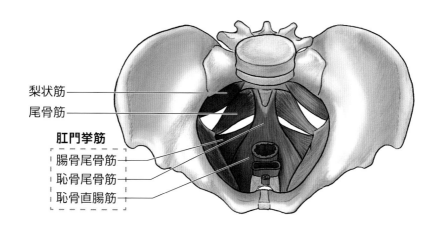

梨状筋

尾骨筋

肛門挙筋
- 腸骨尾骨筋
- 恥骨尾骨筋
- 恥骨直腸筋

図 6-3　骨盤底筋

　骨盤の骨は2つの丈夫な寛骨から構成されており、それぞれ腸骨、坐骨、恥骨と呼ばれています。これらの骨から構成されているボウルは、前方は恥骨結合によって、後方は下方の尾骨にまで続く仙骨と関節をなして閉じています。座位でエクササイズを行うときには、体重が乗っている2つの骨を意識してください。ジャズダンサーのなかには、これらをブーティーボーン（お尻の骨）と呼ぶ人もいます。この2つの骨は、坐骨結節と呼ばれる坐骨の基部です。

　もう一度、ボウルをイメージしましょう。そのボウルは、前に恥骨、横に坐骨結節、後ろに尾骨があり、ダイヤモンドのようなひし形の形をつくっています。ボウルの内側は筋肉が層状に重なって補強されており、伸びたり縮んだりします。第4章の最初のエクササイズ（ロケーティング・ニュートラル、p54）に戻ってみましょう。下背部を伸展して、骨盤を前に傾けたポジションに動かします。それから骨盤をニュートラルのポジションに動かして、ひし形が小さくなるのをイメージします。骨盤底筋を収縮させながら、これを続けて練習してください。体幹下部が、深層でしっかり守られているのを感じてください。

　筋膜も、体幹の意識を高める際に重要な役割を果たしています。筋膜は皮膚のすぐ下にある表層組織で、皮膚をその下にある内臓にある程度固定して、皮膚が自由に動けるようにしています。筋膜は衝撃吸収材として機能し、深層組織の熱放出を防ぎます。胸腰筋膜は、背部の筋肉を覆う線維の膜で、コアの筋肉、肋骨、脊柱の椎骨、仙骨につながっています。Willardら（2012）は、筋膜がコアの筋肉の収縮と協調して、腰椎と骨盤の安定性をもたらしていると報告しています。ところが、腹筋が弱くてうまく働かなければ、筋膜によって腰椎は伸展方向に引っ張られ、脊柱が傷つきやすい状態になってしまいます。サポートがない状態で脊柱を伸展すると、胸腰筋膜が緊張して、腰は硬くなってしまいます。

　腸骨筋と大腰筋は合わさって腸腰筋となり、脊柱を骨盤と大腿骨につなぎます。腸腰筋は、センターでのバランスの維持やセンターの強さ、柔軟性を生み出す際に特に働きます。腸腰筋は腰椎と腸骨を起始として、大腿骨の小転子に停止しており、下位腰椎の機能に大きく関わります。腸腰筋が硬く短縮すると、腰椎は伸展方向（前弯）に引かれ、逆に弱く伸び切っていると屈曲方向（後弯）に動きます。片側が硬いと、側弯も引き起こします。腸腰筋は腹横筋や骨盤底筋と協調して、脊柱と骨盤を安定化させるのです。

ダンステクニックにおけるコアの役割

　すべてのダンスのテクニックはしっかりコントロールされている必要がありますが、そのためにはコアが強くなければいけません。アイリッシュダンスを思い浮かべてください。アイリッシュダンサーは、あらゆるコンビネーションの動きの間、脊柱をしっかりと保ち続けなければいけません。脚と足を驚くべきスピードで動かすことができるように、体幹の姿勢は強く安定した状態でなければいけません。アイリッシュダンスに限らずどのダンスにおいても、テクニックを習得するには大変な努力が必要で、ケガをするとトレーニングやパフォーマンスができなくなってしまいます。身体のプレースメントを改善し、ケガのリスクを小さくするためにも、コアのコンディションづくりをダンスのトレー

ニングに含めてください。

　ボールルームダンス、社交ダンス、パートナーダンス（バレエのパドドゥなど）は流れるように美しく見えますが、スピード感とパワーにもあふれています。そのように踊るためには、男性ダンサーは常に、女性ダンサーのセンターがどこにあるかを把握していなければなりません。スウィング、ワルツ、サルサなども、非常に高度なコーディネーション（協調運動）を必要とします。男女共に、踊る際は素早いフットワークでパートナーとの高度な動きができるように、ウエストをしっかり保持して、骨盤を安定させなければなりません。コアの筋肉群が強ければ、脊柱上部を安全に、かつ効率的に引き上げることができます。上背部を安定させて伸展できれば、より効果的に脊柱のスパイラルな動きを引き出せます。

　ボールルームダンスは、フォーク、ラテン、ビンテージダンスなど、社交ダンスのすべての形態を含みます。この分野は競争が激しく、競技会では選手はフットワークやスタイルだけでなく、姿勢や身体のアライメント、スピードも審査されます。深層のコアの強化についての知識があれば、今回紹介する姿勢やアライメントを向上させるために考案されたエクササイズを行うことで、きっとリハーサルをより効率的に改善できることでしょう！　大会には出ていない社交ダンサーにとっても、コアのトレーニングはスキルを高める上で有益でしょう。身体のセンターを整えて、姿勢のコントロールを維持できるようになれば、社交ダンスを楽しむ人は誰でも、長期的に良い効果が得られるでしょう。

　ではここで、モディファイド・スワン（p114）のエクササイズを見てみましょう。このエクササイズを行うと、女性ダンサーは胸椎の緩やかな伸展のカーブをつくることができるようになり、背中のラインを美しく見せられるようになります。中背部は長い弧を描き、胸部がきれいに引き上がります。

　モダンダンスやコンテンポラリーダンスの振り付けは、より巧みで独創的なジャンプのコンビネーションや動きを要求するものであるため、脊柱への負担がより大きくなります。脊柱に対してコアを収縮することによって安定させられないダンサーでは、動きはだらしなく、弱いものになってしまいます。ジャンプからの着地なども、クラシックバレエとは異なり独創的なため、脊柱や骨盤の準備ができていないとケガをするリスクがあります。極端な振り付けに対しては、ダンサーも自分の身体を極限まで研ぎ澄ませて、コンディショニングを次のレベルに引き上げなければなりません。モダンダンスの収縮・リリースのスタイルを容易にできるダンサーもいますが、脊柱と骨盤の安定性を意識しながら、もっと練習しなければならないダンサーもいます。

　本章のエクササイズのなかには、伝統的なダンスにはない脊柱の動きの際に必要とされるコアの筋肉群を鍛えられるものもあります。オブリーク・リフトの上級バリエーション、2番ポジションでのファンクショナル・オブリーク（p107）と、ファンクショナル・トランク・ツイスト（p116）を見てください。この2つのエクササイズは共に、伝統的なダンスにはない脊柱の動きに注目しており、さまざまな面とパターンでの動きにおいて、腹筋の引き締め方（アブドミナル・ブレーシング、p101）にスポットを当てています。

　たとえプロのダンサーになるつもりはなくても、ダンスのトレーニングの一環として、バレエのクラスを受けるように求められることもあるでしょう。バレエを見るのが好きで、初心者向けのバレエクラスを週2回受けている人でも、脊柱はコントロールできるようにする必要があります。他のタイプのダンスはより地に足がついているものですが、クラシックバレエでは、軽々と宙を飛ぶような浮遊感を表現しています。

　ワガノワ、チェケッティ、バランシン、ブルノンヴィルなど、バレエにはさまざまなメソッドがありますが、その土台となっているのは、脚をターン・アウトさせた5つの基本のポジションです。これだけでも、センタリングと腹筋のコントロールを必要とします。バレエを踊るあらゆる年齢層のダンサーにとって、強いセンターは身体のプレースメント、ターン、ジャンプ、ジャンプからの着地、そしてもちろんポアントワークにとって極めて重要です（バレエのポアントの動きを生み出したパイオニアの一人、マリー・タリオーニに感謝しましょう！）。さらに、バレエでは関節の極限までの動きと体幹のコントロールが求められます。正しいアライメントは、脊柱のコントロールとケガの予防にとって極めて重要です（第4章の鉛直線を思い出してください）。正しいアライメントが身に付けば、あとは身体強化に集中することができます。

　すべてのダンスにいえることですが、動きは準備、上昇、跳躍、下降、着地というフェーズに分類されます。上昇のフェーズでは通常、筋肉を求心性収縮で使います。跳躍のフェーズでは「上昇した状態を保ちながら宙を舞う」ように見せる必要があり、そのためには非常に強いコアと等尺性収縮が求められます。下降のフェーズでは、筋肉の遠心性収縮を必要とします。一部の筋肉は伸長しながらも、着地時に動きをサポートします。下降のフェーズをコントロールするためには、この筋肉の遠心性収縮というものが、ケガを少なくするためには大切なのです。グランジュテからの着地は、体重の最高12倍もの力がかかるとする研究もあります。だからこそ、コントロールが大変重要であり、コントロールはコアから生まれます。

コアを使った呼吸

　体幹を強化する上で、呼吸が本当に重要な役割を果たしていることを忘れないでください。肺から意識的に息を吐き出し、へそを徐々に脊柱へと引き込んでいくと、腹腔内圧が高まってきます。腹腔内圧は体幹をサポートする役割を果たし、結果として脊柱もサポートします。難しい動きを行うときには、脊柱を安定化させるために、強制呼気をして腹部を平らにすることで腹腔内圧を上げて、深層筋を活性化させる必要があります。脚を高く蹴り上げる（グラン・バットマン）タイプの動きをするときには、1回1回の動きのたびに息を吐いてコアを動員します。ターンのコンビネーションをするときには、息を吸って準備し、息を吐いてターンします。そうすると、脊柱の安定をより感じることができます。小さな連続ジャンプのエクササイズを行うときには楽に呼吸して、コンビネーションのリズムを使って、吸気と呼気とのバランスをとってください。体幹をしっかりと保つことがうまくなるほど、呼吸がより楽になります。

　本章のエクササイズを行うときには、呼吸へのアプローチを意識して行ってください。どのエクサ

サイズでも呼吸を深くするほど、より腹筋が働きます。鼻から息を吸って、コアを安定させる深層筋を動員するために、強制呼気の原理を活用してください。そうすることで脊柱はより安定します。ほとんどのエクササイズでは息を鼻から吐くようにしますが、疲れていて口から息を吐く必要があれば、口から息を吐いてもかまいません。

ダンス・フォーカス・エクササイズ

これから紹介するエクササイズは、与えられた順序に沿って行っていきましょう。必ず解剖図の詳細に注意して、筋線維の配置をイメージしてください。そうすることで、コアが脊柱に対して持っている、ブレーシング（引き締め）効果を理解できます。筋肉がどこに付着しているか、またその部分がプレースメントに対してどのように安定したサポートを与えているかを、意識してください。ダンスが脊柱に及ぼす、いかなる物理的な力にも耐え得る強さを養いたいと思いますよね。コアの筋肉を深く強く収縮させてください。この章のエクササイズの多くでは他の筋肉も使いますが、私たちが重視しているのは脊柱の安定であり、あなたに脊柱の安定化をもたらしてくれるコアの筋肉の使い方について学んでもらいたいのです。

次ページで紹介するアブドミナル・ブレーシングは、コアのブレーシング効果を意識しながら、深層の腹筋のウォーミングアップとして使ってもらうためのものです。一連のエクササイズの準備をするために、この腹筋を引き締めるエクササイズを使ってください。

アブドミナル・ブレーシング
Abdominal Bracing

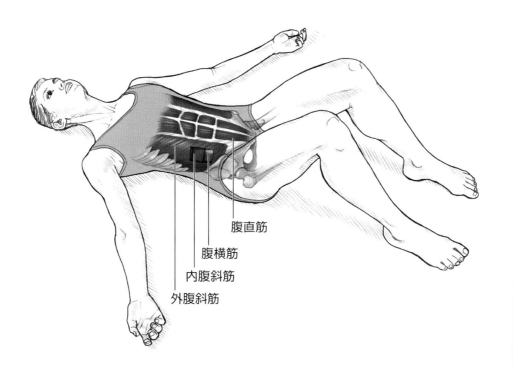

腹直筋

腹横筋

内腹斜筋

外腹斜筋

1. 仰向けで膝を曲げ、足（の両足の内側のライン）は平行で床の上に。腕は体側に置いて構いません。
2. 脊柱の伸長を感じてください。ただし、首の付け根はリラックス。ニュートラルポジションにします。肋骨と肺を広げながら、鼻から息を吸って準備します。
3. 強制呼気で、深層の腹筋が収縮すると、まるでコルセットで締めるかのようにウエストが平らになり始めますが、ニュートラルポジションは継続します。肋骨が浮き上がらないように注意しながら、ゆっくりとへそを脊柱のほうに引き込みます。

　このエクササイズを数回練習してから、バランスボールに座った状態、もしくは（バランスディスクやマットのような）不安定な表面の場所に立った状態で繰り返します。腹筋だけを使うことを覚える間は、脊柱と骨盤は動かさないようにしてください。これは腹筋のベーシックな等尺性収縮です。腹部の筋肉は締まりますが、脊柱の形状は変わりません（腹部を引き込んで床に腰を近づける動きはしません）。腹横筋を動員しながら、水平方向の筋線維（内腹斜筋）を締めていくイメージです（図6-1参照）。肋骨や胸が上がってしまわないようにコルセットを締めるようにします。

　安定性、共収縮、ブレーシング（引き締め）といった用語は、脊柱を固める印象を与えるので、誤解を招くことがあります。「固い」というのは、皆さんにもってほしいイメージではありません。このエクササイズはそれとは全く逆です。深層のコアの筋群を鍛えることは、脊柱のコントロールされた動きを促します。脊柱がしっかり守られるため、ジャンプが劇的に改善されます。そうすれば、跳ぶために股関節と脚のパワーを使うことができるでしょう。

サイドベンド
SIDE BEND

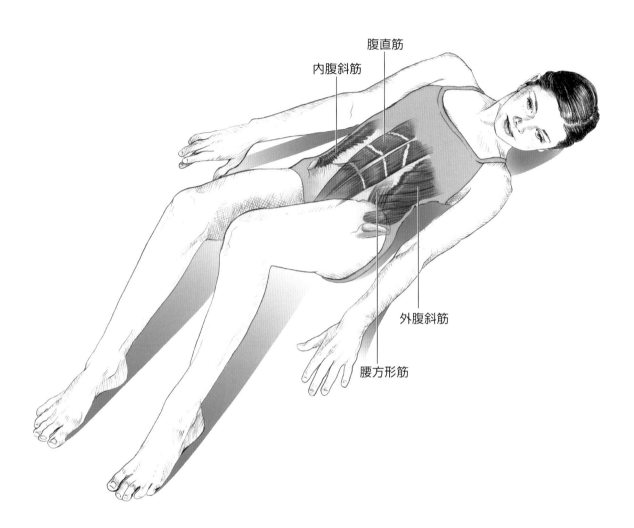

内腹斜筋

腹直筋

外腹斜筋

腰方形筋

エクササイズ

1. 膝を曲げて、足は股関節の幅で、フロアの上に寝ます。腕は体側に軽く置きます。ゆっくり息を吸って準備。

2. 息を吐きながら、軸の伸長を感じましょう。腹筋を動員して、体幹を少し持ち上げます。前額面上で左側屈を始めます。体幹はフロア上にやや浮いています。右の腰が腋方向へ上がる寸前まで動いてください。一番下の肋骨が、左の腰のほうへ引っ張られるのをしっかり感じましょう。

3. 息を吸って、コントロールしながらセンターに戻ります。側屈のときに使った力と、同量の力を使って戻りましょう。息を吐きながら、続けて反対側へ側屈します。左右8〜10回、10回を最大3セットまで。

安全に行うために

長い弧で動いて、椎間板のためのスペースを広げてください。そうすることで脊柱への圧迫を防ぎ、特定の分節だけを使い過ぎるリスクを軽減します。

動員される筋肉

_{ふくちょくきん}　_{がいふくしゃきん}　_{ないふくしゃきん}　_{ようほうけいきん}　_{おうかくまく}
腹直筋、外腹斜筋、内腹斜筋、腰方形筋、横隔膜

ダンス・フォーカス

　重力が身体を傾けるのを助けてくれるので、無理のない側屈を行うことは容易です。柔軟であれば、特にそうです。でも、安定して見た目にも美しいカンブレ・サイドを行うためには、腹斜筋と腰方形筋で動きを始めてください。これらの筋肉が収縮して側屈が起こっているのを、実際に感じましょう。このアプローチによって、次の動きに準備を整える間に必要とするサポートがもたらされます。カンブレの前に、脊柱全体を長くするように心がけましょう。重力に任せて身体を横に曲げると、筋肉は収縮していないので、椎骨の関節にストレスがかかります。さらに動きを続けるための筋肉を活性化させるのに、より力を必要とするでしょう。それでは音楽に乗り遅れてしまいます！　この動きでは横隔膜が穏やかに広がってから戻って、3次元の呼吸が強調されることをイメージしましょう。

　このエクササイズを練習した後、立位で最初はゆっくり、次に素早く側屈を行います。筋肉の準備が整っていることを感じましょう。体幹の引き上げとウエストの締まりを感じましょう。

バリエーション

90/90でのサイドベンド
Side Bend at 90/90

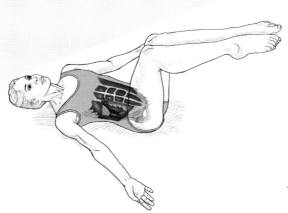

　脚をテーブルトップ、つまり90/90ポジションで同じエクササイズを行います。脚を上げて行うことで、骨盤と腰椎のコントロールの維持がより難しくなります。

トランク・カール・マーチング
TRANK CURL MARCHING

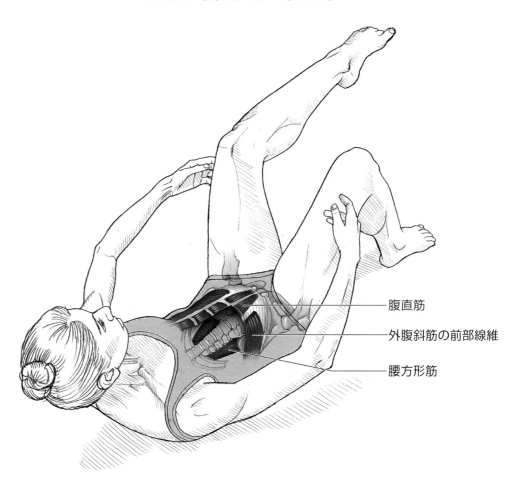

腹直筋

外腹斜筋の前部線維

腰方形筋

エクササイズ

1．膝を曲げて、足は股関節の幅でフロアに置いた状態で、フロアに寝ます。腕はバレエの１番ポジションにします。息を吸って準備します（このエクササイズは、腕のポジションを胸の前でクロス、体側、肩の上にしても行うことができます）。

2．息を吐いて、腹直筋を収縮させて、体幹をフロアから 45 度巻き上げます。骨盤は安定させます。仙骨はフロア上につけておきます。上体が屈曲方向へ動くことにフォーカスしてください。あごは「のどぼとけ」のほうへ、優しく引きましょう。

3．このポジションを８カウントの間キープし、腹直筋線維が短縮するのをイメージしてください。肩甲骨がフロアから離れるまで、身体を起こします。上位脊椎を巻き上げるように心がけましょう。

4．安定を維持しながら、片足ずつ小さくマーチング・ステップ（行進するときの足の動き）を行います。この脚の動きを腹筋の収縮と組み合わせることで、動的安定性がもたらされます。

5．息を吸って、コントロールしながら戻ります。重力に任せて身体をフロア上に下ろさないこと。体勢を再び整えて、８〜10 回繰り返します。体幹が安定した骨盤に向かって動くのを感じるようにしましょう。筋力がついてきたら、10 回を６セット行います。

安全に行うために

首で引いたり、股関節屈筋群を使い過ぎたりしないこと。体幹を 45 度以上上げようとすると、深層の股関節屈筋群を動員することになり、腹筋の収縮が小さくなります。マーチングの動きを行っているときは、足部と脚部は低い状態をキープして、股関節屈筋を使い過ぎないようにしましょう。コントロールとアライメントを維持することができなければ、繰り返しの回数を増やさないこと。

動員される筋肉

ふくちょくきん　がいふくしゃきんぜんぶせんい　ようほうけいきん
腹直筋、外腹斜筋前部線維、腰方形筋

ダンス・フォーカス

　本章で強調されている安定したセンター（身体の中心）は、ケガの予防を助けるだけでなく、見た目にも魅力的です。しかし、あくまでもダンスのテクニックを向上させるためにこのワークをやっている、ということを心に留めておいてください。具体的にいうと、腹直筋の強さは胸椎の可動性を大きくすることができます。体幹のこの部分が強いほど、上体の可動性が大きくなります。

　骨盤のニュートラルを維持しながら、体幹を屈曲させることが求められる動きを踊る場合は、腹直筋が縦方向に短縮して背骨を丸くするときに、腹直筋と、第 5 ～ 7 肋骨、そして胸骨との付着部をイメージする必要があります。このポジションをキープする（プロップまたはパートナーを持ち上げることもあるでしょう）必要があれば、さらに大きな筋力と筋緊張が必要になるでしょう。腹直筋を使って、体幹を屈曲する力そして脊柱後面の遠心性の長さを出しましょう。この動きが脊柱を圧縮させることのないように。脊柱の筋肉を伸長させることで、あなたの動きを生み出しているとイメージしましょう。

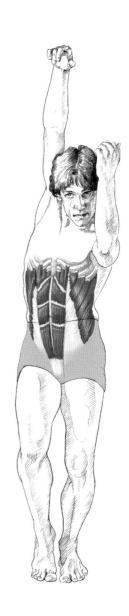

オブリーク・リフト
OBLIQUE LIFT

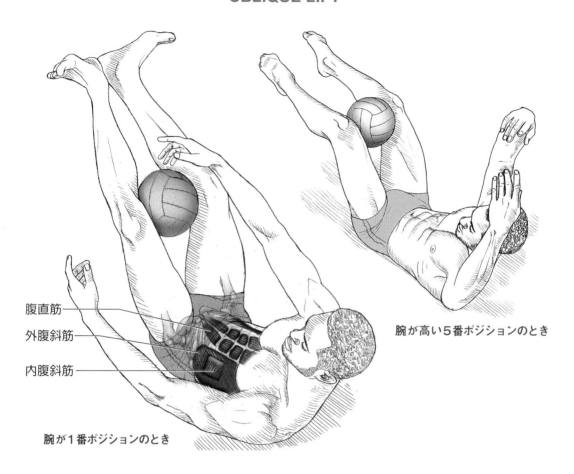

腹直筋
外腹斜筋
内腹斜筋

腕が高い5番ポジションのとき

腕が1番ポジションのとき

エクササイズ

1. 脚をターン・アウトさせ、フロアから90度の角度になるよう上げた状態でフロアに寝ます。ボール、リング、または枕を膝の間に挟みます。腕はベーシックなバレエの1番ポジション。ニュートラルポジションを整え、首の後ろをリラックスさせます。肋骨が開いていないことをチェックしましょう。肋骨が開いていると、上背部が伸展します。息を吸って準備。

2. 息を吐きながら、前のエクササイズ（トランク・カール・マーチング）でやったように体幹を巻き上げます。左への回旋を加えて、ウエストを水平面上で動かします。脊柱全体は伸長させた状態を保ってください。肩と胸を広げましょう。左腕を左大腿外側に沿って動かし、右腕を両脚の間へ動かします。ボールを優しく締めつけて、骨盤を安定させてください。腹斜筋が体幹を上げて回旋させているのを、しっかり意識しましょう。

3. より動的なエクササイズを取り入れるために、斜めに身体を浮かせた状態を維持し、腕を1番から高い5番ポジションへ動かし、その動きを繰り返します。3〜5回行って、身体を下ろします。回旋はキープします。骨盤をフロアにしっかりとつけておくことを、あらためて強調してください。

4. 息を吸いながら、ゆっくりとコントロールしながらスタートポジションに戻ります。反対側も、同様に繰り返します。左右8〜10回ずつ行ってください。最大で、左右それぞれ10回×3セット行います。

安全に行うために

下位脊椎の安定性を失うことにつながるので、骨盤をひねらないようにしてください。具体的にいうと、骨盤をひねると腹斜筋の収縮が減り、腰椎が（過度に）前弯または伸展しやすくなります。

動員される筋肉

> ふくちょくきん　がいふくしゃきん　ないふくしゃきん
> **腹直筋、外腹斜筋、内腹斜筋**

ダンス・フォーカス

　あらゆるターンの動きは、体幹からのパワーを必要とします。したがって、腹斜筋の強さは、より洗練されたターンを行うのを助けてくれます。モダンの振り付けには、側方への動きや回旋の動きを伴うフロアワークが多く含まれます。フォール＆ライズのテクニックも、腹斜筋からのサポートを必要とします。さらに、強靭な腹斜筋は、アイソレーションにフォーカスするジャズのウォーミングアップの効果を高めます。

　このエクササイズを行うときはいつも、「へそを脊柱に引き寄せる」そして、腹筋を「ブレーシングする（締める）」原則にフォーカスしてください。それによって下位脊椎へのサポートが大きくなり、ウエストも引き締まります。

　鉛直線の姿勢を思い出しましょう。腹斜筋の筋線維は胸椎領域と骨盤を適切なアライメントにするのに最適な位置に付着しています。腹直筋ばかりに注目するため、腹斜筋は見過ごされがちです。それを改善するために、すべてのコアの筋肉がしっかりと使われるように、エクササイズ・プログラムのバランスを心がけましょう。

上級バリエーション

2番ポジションでのファンクショナル・オブリーク
Functional Obliques Second Position

　内腹斜筋、外腹斜筋、腹直筋に加え、このバリエーションではコアの腹横筋、横隔膜、骨盤底筋、そして深層股関節回旋筋（外閉鎖筋、内閉鎖筋、梨状筋、大腿方形筋、上双子筋、下双子筋、中臀筋後部線維）に効きます。2番ポジションでしっかりと立ちます。右側上方に固定した抵抗バンド、ウエイト・ボール、あるいはハンド・ウエイトを両手で握ります。ニュートラルの脊柱ポジションで、足を股関節の幅よりも広くして2番ポジションの脚で立ちます。センター（身体の中心）を通る軸の伸長を感じましょう。息を吸って準備。

　息を吐きながら、腹筋を動員します。ドゥミ・プリエを始め、大腿をつま先の真上方向へ開きます。体幹を左回旋しやや屈曲させながら、バンドを右上から斜め方向に、身体の前をクロスして左下方へと引きます。回旋を助けるために、腹斜筋を収縮させましょう。肩は耳から遠ざけて下げておき、脚はつま先の真上にしっかりとターン・アウトさせておきます。下位脊椎だけでなく、脊柱全体を使って動きましょう。3カウントの間キープ。腹斜筋の収縮を強調し、2番ポジションのプリエでのしっかりとしたバランスを維持し、骨盤の安定を保ちましょう。息を吸って、スタートポジションに戻ります。こちら側で10回繰り返した後、反対側でも同様に行います。

サイドリフト＋パッセ
SIDE LIFT WITH PASSÉ

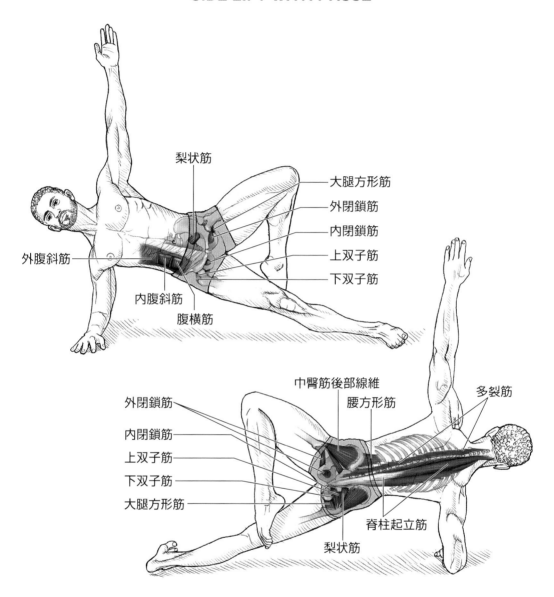

梨状筋

大腿方形筋

外閉鎖筋

内閉鎖筋

上双子筋

下双子筋

外腹斜筋

内腹斜筋

腹横筋

中臀筋後部線維

腰方形筋

多裂筋

外閉鎖筋

内閉鎖筋

上双子筋

下双子筋

大腿方形筋

脊柱起立筋

梨状筋

エクササイズ

1. 両脚を伸ばして重ねた状態で、身体の右側を下にして横になります。上体を上げて右肘で支えます。右前腕を前に置きます。コアをしっかり意識します。センター（身体の中心）とバランスを意識しましょう。肩は下げておきます。

2. 息を吸って準備。息を吐きながら右肩甲骨を引き下げます。体幹の筋肉を動員し、腰を上げます。センターに集中し、前額面内で動いてバランスを取りましょう。このポジションを２～４カウントの間キープ。

3. バランスがとれたら、肩を耳から遠ざけて安定させ、脊柱の動きをコントロールしながら上の脚をパッセにします。パッセ・リフト時には自然に呼吸します。ゆっくりと脚を下ろし、繰り返します。パッセ・リフトを3〜5回行います。反対側でも同じ動きを行ってください。

4. 息を吸って、コントロールしながらスタートポジションへ戻ります。重力にまかせて身体をフロアに落とさないように。安定を保つために、「へそ」の脊柱への引き込みを感じます。内・外腹斜筋が胸郭をサポートしているのをイメージしましょう。

安全に行うために

支えている腕の肩をすくめないように。支えている側の肩甲骨を押し下げながら、体幹が引き上がっている感覚を維持しましょう。

動員される筋肉

コア：腹横筋、外腹斜筋、内腹斜筋、腰方形筋、脊柱起立筋（腸肋筋、最長筋、棘筋）多裂筋

パッセ実施時の股関節外旋筋：外閉鎖筋、内閉鎖筋、梨状筋、大腿方形筋、上双子筋、下双子筋、中臀筋後部線維

ダンス・フォーカス

　これはコア全体にとって優れたエクササイズであり、確固とした基盤にしっかりとフォーカスしています。支持基底面が変化しているので、コントロールを維持するために強さとバランスを兼ね備えた技術を必要とします。身体の中心の安定を維持すれば、フロアワークを必要とするどんな振り付けスタイルも、安定感のある力強い印象を与えるでしょう。このエクササイズを行うときは、脊柱の周りを取り囲んでいる腹筋内のさまざまな筋線維の配置をイメージし、それらが深いところで収縮して、安定した脊柱を維持していることを感じましょう。1つ1つの椎骨の安定性を維持するために深層の多裂筋が活性化するのをイメージしてください。腹筋の強い収縮を維持しながら、軸の伸長の原則を思い出してください。

　このポーズで、パートナーにリフトされていると想像してみてください。リフトで、パートナーを持ち上げられるように、がっちりと身体を固めるためには強力な収縮を維持する必要があるでしょう。あなたとパートナーとのタイミング、コーディネーション、強さがあってこそ、素晴らしい動きが可能となるのです。

　このエクササイズは他の筋肉、特に僧帽筋下部も活性させます。第7章で述べるように、これらの筋肉が肩甲骨周りの安定性を維持することを助けます。

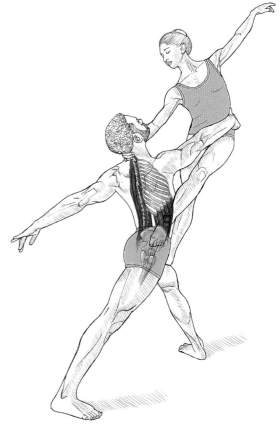

コクシック・バランス
COCCYX BALANCE

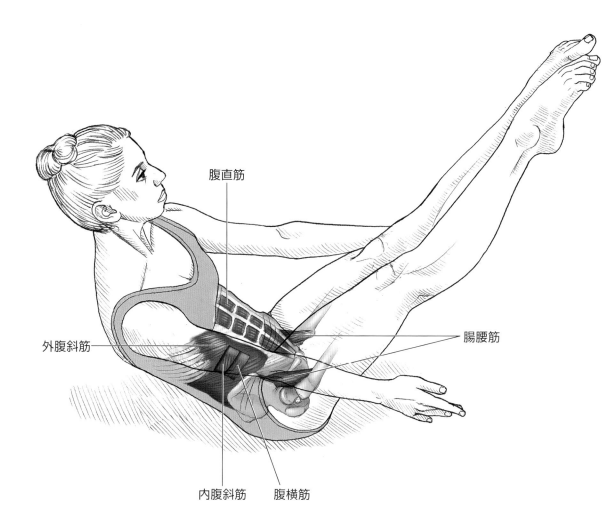

腹直筋

外腹斜筋

腸腰筋

内腹斜筋　　腹横筋

エクササイズ

1. 膝を曲げ、足は股関節幅でフロアに置き、フロアに寝ます。腕は1番ポジションで体側に置きます。体幹をニュートラルに整えます。息を吸って準備。
2. 息を吐きながら、深層の腹横筋が収縮するのを感じてから、骨盤を小さく後傾させます。腕を前方に伸ばしながら、体幹と膝を同時に上げます。
3. センターを見つけ、股関節屈筋の作用と腹筋の収縮でバランスをとります。腰の安定を感じましょう。バランスがとれたら、一方の膝を伸ばし、続いてもう一方の膝も伸ばします。息を吸って4カウントの間キープ。
4. 息を吐いて、コントロールしながらゆっくりスタートポジションへ戻ります。腹筋の収縮を再び強調して、腰を保護してください。8〜10回行います。

安全に行うために

このエクササイズは、腹筋が非常に強い人向けです。腹筋が弱い人は股関節屈筋が強く働き過ぎて、腰を伸展方向へ引っ張ってしまいます。

動員される筋肉

ちょうようきん　　ふくおうきん　　ふくちょくきん　　がいふくしゃきん　　ないふくしゃきん
腸腰筋、腹横筋、腹直筋、外腹斜筋、内腹斜筋

ダンス・フォーカス

　腹筋のコントロールと股関節屈筋の強さとの見事なバランスは、重力の影響を受けていないかのように見せてくれます。このコントロールと強度を持っていないと、こういったエクササイズでは脚がとても重く感じられるので、動き続けて、最後までやり抜くのに悪戦苦闘してしまいます。脚によってもたらされる抵抗は下位脊椎を引っ張って、ケガのリスクにつながったり、動きの美しさが損なわれたりします。動きを効果的に行うためには、体幹に調和のとれた土台を築く必要があります。ダンスでは、1度に1つの筋肉群だけにフォーカスすればよいというものではありません。筋肉群とそれらの活性化のタイミングとが、うまく協働する必要があります。難度の高いダンスのパターンのすべてがそうであるように、動きを勢いでコントロールしてはなりません。コントロールして戻ってくることや、別のポジションに移ることができるように、自分のパワーをうまく使いこなしましょう。コントロールの利点を理解すれば、重力の影響を受けていないかのように見せてくれる、素晴らしいクオリティを身につけることができるでしょう。

リバース・リフト
REVERSE LIFT

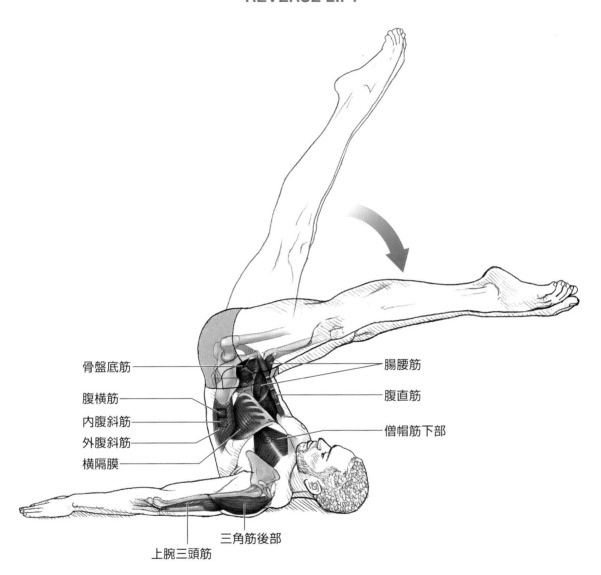

骨盤底筋

腹横筋

内腹斜筋

外腹斜筋

横隔膜

腸腰筋

腹直筋

僧帽筋下部

三角筋後部

上腕三頭筋

エクササイズ

1. 仰向けのときは、ニュートラルな脊柱のポジションにします。息を吐いて、両膝をテーブルトップ、すなわち90/90ポジションに上げます。腕は体側に置きます。首と肩はリラックスさせましょう。息を吸って準備。

2. 息を吐いて、腹筋を動員し、股関節は90度を維持した状態で膝を真っすぐに伸ばします。腹筋の収縮を強調しながら、骨盤をフロアからロールアップさせ始めます。

3. 中背部すなわち胸椎までが持ち上がるまで、臀部を上げます。股関節を伸展させ始め、両脚を天井方向へ上げます。勢いを使ったり腕でフロアを押し下げたりしないように。

4. 息を吸って、コントロールしながら穏やかに股関節を屈曲させ始めます。膝は伸ばしたまま、フロア
に対して水平になるまで、脚を矢状面で動かします。その状態をキープし、脊柱を安定させます。腰
と股関節の心地よいストレッチを感じましょう。息を吐いて、腹筋が収縮するのを感じ、上位胸椎で
しっかりとバランスをキープします。

5. 息を吸いながら、スタートポジションへロールダウンして戻り始めます。腹筋をしっかり収縮させた
状態を維持しながら、ゆっくりとコントロールしながら動きましょう。ニュートラルな脊柱のポジショ
ンまで戻り、脚を最初の 90/90 ポジションにします。10 回繰り返します。

安全に行うために
臀部を上げるのは、首でではなく中背部でバランスをとるところまでです。エクササイズの間ずっと、腹
筋の収縮を維持して脊柱をサポートします。

動員される筋肉

腹横筋、腹直筋、内腹斜筋、外腹斜筋、横隔膜、腸腰筋、骨盤底筋（肛門挙筋、尾骨筋）、
僧帽筋下部、三角筋後部、上腕三頭筋

ダンス・フォーカス

　振付師は、ダンサーに想定外の動きを求めることも
あります。コンテンポラリー・ダンスは、ヒップホップ、
ジャズ、モダンダンス、バレエなど、多くのジャンル
からの動きを組み合わせます。コンテンポラリー・ダ
ンスの振り付けでは、バランスが崩れた状態で踊るこ
とを含むため、その状態では強靭な体幹安定スキルが
必要になります。コンテンポラリー・ダンスでは、脊
柱にとってクリエイティブなポジションを使うことも
あれば、支持基底面もさまざまです。膝、手、背骨を
支点にして踊ることもあるのです！

　このエクササイズは、異なる支持基底面を使いなが
ら、脊柱の安定性のためにコアの筋肉を動員する、優
れた方法です。脊柱伸筋と股関節伸筋を伸長させ、ス
トレッチさせるためにも非常に有効です。また、コン
トロールとバランスを養う素晴らしいレッスンです。

モディファイド・スワン
MODIFIED SWAN

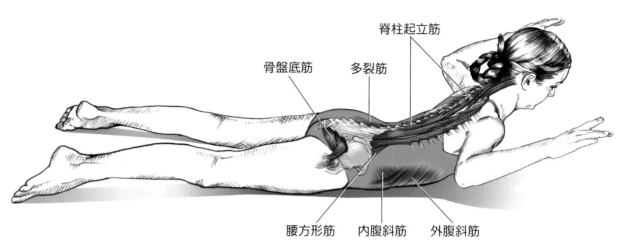

脊柱起立筋

骨盤底筋　　　多裂筋

腰方形筋　　内腹斜筋　　外腹斜筋

スタートポジション

エクササイズ

1. 肩と肘を90度に曲げた状態で腕をフロア上に置いて、フロアにうつ伏せになります。脚はややターン・アウトで、股関節幅よりも少し広くしてフロア上に伸ばします。脊柱を伸長させます。臀部下部と坐骨結節を穏やかに締めましょう。

2. 息を吸いながら、腕は前額面上にキープ、90/90のポジションを維持したまま上体を矢状面に沿って上げます。脊柱全体に均等なカーブを感じましょう。胸骨をフロアから浮かせるようにします。4カウントの間キープ。

3. 息を吐いて、軸の伸長を続け、スタートポジションにコントロールしながら戻ります。腹筋によるサポートと、骨盤底筋の収縮を改めて強調しましょう。8回行います。

安全に行うために

首の後ろを伸長させて、首が過伸展しないように、また、首に負担がかからないようにして、腰と首だけでなく、脊椎のすべての分節で動きを出すように心がけましょう。

動員される筋肉

脊柱起立筋、腸肋筋、最長筋、棘筋、多裂筋、腰方形筋、外腹斜筋、内腹斜筋、
骨盤底筋（肛門挙筋、尾骨筋）

ダンス・フォーカス

　脊柱の伸展は、あらゆるダンススタイルに見られます。スワン・クイーンは、上級のジャズ・ダンサーが特徴的なレイアウトで行うのと同じように、力みなく動く、脊柱の柔軟性を見せてくれます。大切なのはタイミングと軸の伸長です。どんなタイプの脊柱の伸展でも、伸展の動きに入る前に脊柱全体を伸長させるように心がけます。背が高くなっているような感じです。深部のコントロールのために、深層の長い多裂筋が活性化し、脊柱の伸展を助けるのに、脊柱起立筋が活性化しているのをイメージしましょう。腹筋の強さも、身体の前面で脊柱を締めてサポートをもたらします。これはアラベスクのための素晴らしい準備となります。上位脊椎の分節が1つ1つ伸展して、胸を美しく引き上げることで長いアーチを生み出していることをイメージしましょう。

　呼吸が助けてくれるということを、常に心に留めておきましょう。伸展しながら息を吸って、腹筋が伸長して横隔膜が下がるのを感じてください。これほど可動域を引き出せることに驚くことでしょう。息を吐くことを使って、腹筋による安定と骨盤底からのサポートを改めて強調することで、伸展位から戻ってくるのを助けてもらいましょう。準備完了。土台が安定して、力みのない脊柱の柔軟性を披露する準備は整いました。

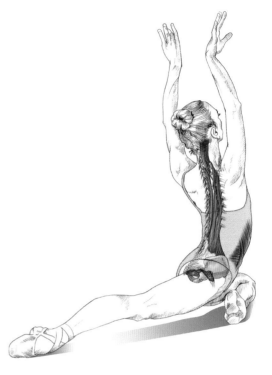

バリエーション

モディファイド・スワン＋腕の動き
Modified Swan With Arm Movement

　動的な要素を加えるには、上体を引き上げたら、腕を高い5番ポジションへ動かしてから2番ポジションにする間、脊柱伸展をキープし安定させます。腕の動きを5回以上行ってから、フロアへ戻ります。このバリエーションを10回行います。動的な腕の動きに対して、脊柱の安定性を強調しましょう。

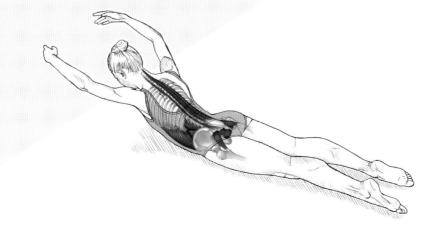

ファンクショナル・トランク・ツイスト
FUNCTIONAL TRUNK TWIST

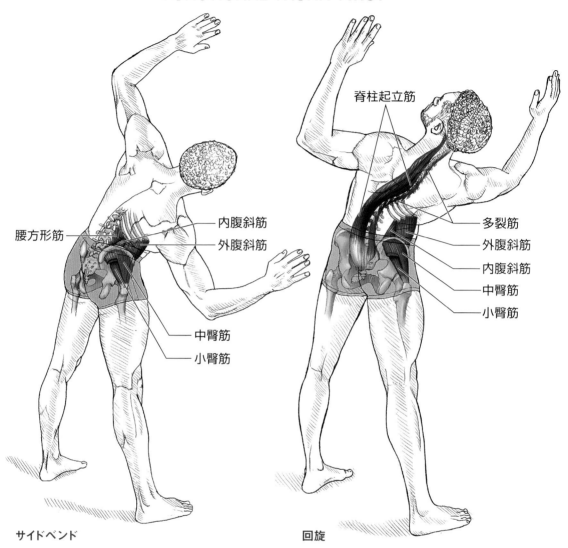

脊柱起立筋

内腹斜筋
外腹斜筋

腰方形筋

多裂筋
外腹斜筋
内腹斜筋
中臀筋
小臀筋

中臀筋
小臀筋

サイドベンド   回旋

エクササイズ

1. 脚はパラレル、腕は高い5番ポジションで頭上にして、立ちます。ニュートラルのポジションにして、軸を伸長させます。体幹をやや前方へ屈曲させた状態で、スクワットのポジションへ動きます。息を吸って準備。

2. 息を吐いて、身体を立てたニュートラルな脊柱のポジションへ動きます。身体の中心を引き上げ、そのまま前額面で右サイドベンドへ動きます。腕と肩は 90/90 ポジションへ動きます。胸椎全体の動きをイメージしましょう。

3. そのまま動きを続けて、左へ回旋します。体幹と骨盤でのコントロールを維持します。脊柱がサイドベンドそして回旋する間、腹筋のコントロールを強調しましょう。

4. ウエストを水平面で動かし、左肩を開きます。頭と首は動きについていきます。胸と肩の広さを維持してください。

5. コントロールしながら、息を吸って動きを戻し、腕を高い5番ポジションにしたスクワットのスタートポジションに戻ります。反対側で繰り返します。左右それぞれ計4～6回行います。

安全に行うために

エクササイズの間ずっと、腰のサポートを改めて強調して、下位脊椎の分節を保護してください。しっかりとした姿勢と強力なバランスを維持しましょう。このエクササイズには、分節的な脊椎の動きに対する腹筋のコントロールを強調するための、体重がかかる多関節の動きが含まれます。

動員される筋肉

サイドベンド：外腹斜筋、内腹斜筋、腰方形筋
回旋：多裂筋、脊柱起立筋（腸肋筋、最長筋、棘筋）、外腹斜筋、内腹斜筋
骨盤の安定：中臀筋、小臀筋

ダンス・フォーカス

　この動きを使って意識を広げましょう。どれだけサイドに曲げることができるかにこだわるのではなく、脊柱のすべての椎骨のアーティキュレーション（分節的な動き）をしっかり意識しましょう。体幹を右に側屈しているときには、左の腰が脇方向へ上がらないように、骨盤も安定させなければなりません。このエクササイズは、身体のある部分を他の部分から分離させてアイソレーション（孤立）をつくり出すことが求められる、ジャズのウォーミングアップと同様のスキルを促します。バレエでは、グランド・カンブレ・アン・ロンドが、上背部を効果的に動かすことと骨盤を安定させることを必要とします。

　動きの面を思い出してください。サイドに動くときは、前額面から外れないように。多くのダンサーに、腰がアーチする、肋骨が開く、前額面から外れて前に動く、という傾向があります。こういったことに陥らないようにするために、腹筋の4つの層、そしてさまざまな方向の筋線維が引き締め効果をもたらしていることをイメージしましょう。伸展に回旋を加えると、動きはより高度になります。動きの面をイメージして脊柱と胸を軸方向に伸長させるとき、動きが乱れなく整っていることに気づいてください。脊柱が生み出している美しいカーブを感じましょう。

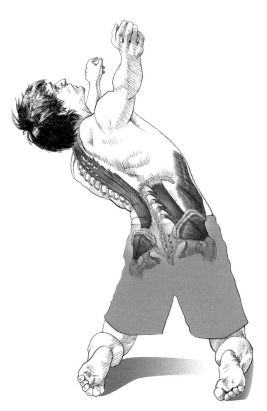

117

アブドミナル・ストレッチ
ABDOMINAL STRETCH

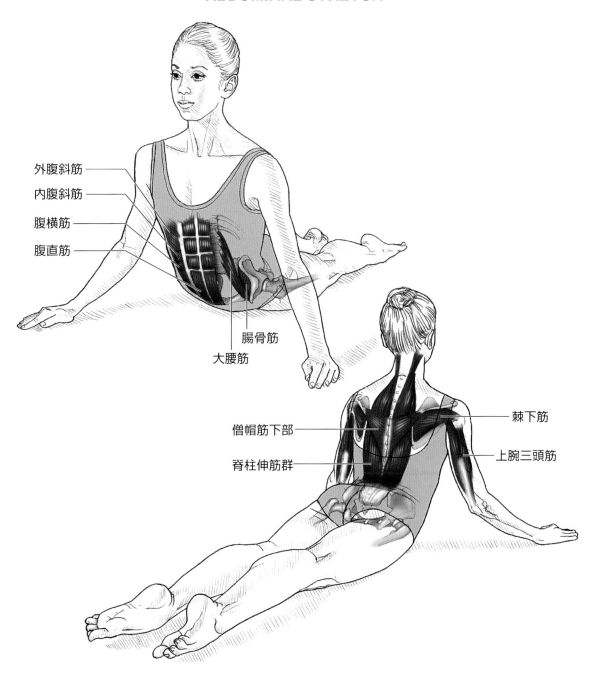

外腹斜筋
内腹斜筋
腹横筋
腹直筋

腸骨筋
大腰筋

僧帽筋下部
脊柱伸筋群

棘下筋
上腕三頭筋

エクササイズ

1. 手のひらをフロアにつけ、肘を曲げて体側に近づけ、腹這いになります。肩甲骨を腰のほうへ滑らせます。
2. 息を吸って、脊柱を伸長させ、手でフロアを押して、胸をフロアから離して持ち上げます。腹筋を動員して、脊柱方向へ引いておきます。

3. 胸椎ができるだけ長い弧になるように動かして、下位脊椎を使い過ぎないようにします。

4. 伸展の動きを続けていき、脊柱全体がサポートされて下位脊椎だけで動かないところまで、股関節を
   フロアから上げます。腹直筋の気持ちの良いストレッチを感じましょう。

5. 息を吐いて、動きを逆にして、コントロールしながらスタートポジションへ下りてきます。4〜6回
   行います。

動員される筋肉

肩：僧帽筋下部、上腕三頭筋、棘下筋
<small>そうぼうきん か ぶ　　じょうわんさんとうきん　きょくかきん</small>

体幹：腹横筋、内腹斜筋、外腹斜筋、腹直筋、腸骨筋、大腰筋、脊柱伸筋群
<small>ふくおうきん　ないふくしゃきん　がいふくしゃきん　ふくちょくきん　ちょうこつきん　だいようきん　せきちゅうしんきんぐん</small>

ダンス・フォーカス

　見てきたように、脊柱安定性のためには腹筋を強化する必要があります。腹筋はストレッチする必要も
あります。例えば、アラベスク、カンブレ・デリエール、トゥール・ジュテにおいては、脊柱の美しい伸
展が求められます。強靭ながらも美しい脊柱のアーチを獲得するために、このエクササイズは腹筋の伸長
を伴う、脊柱全体の伸展を強調します。腕を使ってストレッチを補助し、脊柱をサポートするために腹筋
を使っています。このエクササイズは、年齢を重ねるなかで姿勢を維持することも助けてくれます。

カンブレ・サイド

Cambré Side

　カンブレは背中のアーチ、またはウエストから前、横、後ろへ曲げることを含む、典型的なバレエの動きです。脊柱の安定、軸の伸長、効果的な呼吸を強調することによってなし得る、効率的なカンブレ・サイドを分かりやすく解説します。

1. 腕を2番ポジションにして、1番ポジションで立ちます。しっかりとした姿勢を維持しながら、脚をターン・アウトさせてニュートラルな脊柱のポジションにします。体重を、左右の足の第1、第5中足骨と踵に均等に分散させます。

2. 息を吸って、背を高くするように、脊柱を長くします。左腕を高い5番ポジションへ、右腕をアンバのポジションへ、動かし始めます。右へ側屈するとき腰椎を安定させるために、「へそ」を脊柱へ引く感覚を維持しましょう。頭と首は脊柱のラインに沿って動かします。

3. 側方へのシフトや前傾をさせないで、骨盤と股関節のニュートラルポジションを維持します。前額面上でカンブレ・サイドを行いながら、脊柱全体を伸長させておきましょう。

4. 胸や肋骨が上がらないように、胸郭をコントロールします。頭は右肩方向へやや回旋していても、センターのままでもかまいません。

5. 腹筋の収縮を維持して下位脊椎をサポートし、できるだけ長い弧で動いていることを感じましょう。肩甲骨は腰方向へ滑らせておきながら、左腕も頭上で長い弧を維持しましょう。

6. 息を吐いて、スタートポジションへ戻り始め、脊柱の軸の伸長を維持しながらカンブレをほどいていきます。動きの間ずっと腹筋の収縮を維持して、脊柱をサポートしましょう。

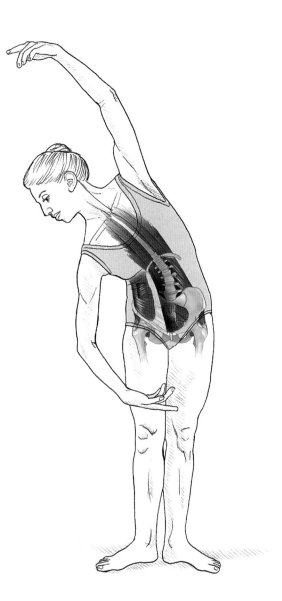

動員される筋肉

サイドベンド：（右サイドベンド時に求心性に収縮し、左サイドベンド時に遠心性に収縮する屈筋群、腸肋筋、最長筋、棘筋）

骨盤：中臀筋、小臀筋、深層外旋筋（外閉鎖筋、内閉鎖筋、梨状筋、大腿方形筋、上双子筋、下双子筋、中臀筋後部線維）、骨盤底筋（肛門挙筋、尾骨筋）

SHOULDERS AND ARMS

肩甲帯と腕

　ダンスの動きのすべてにおいて、力や見栄え、バランス、勢いを表現するためには、効率的な腕の動きが必要とされます。さらに、腕はターンや方向転換を行う際にも非常に重要です。指導者や振付師から「肩と腕を分離して」とか「肩を下げたままで」とかと言われることがあるでしょう。でも、それがどういうことか、本当に理解しているでしょうか？　本章では、肩甲骨の安定による、肩関節複合体のなかでの動きの効率性に焦点を絞ります。上半身と腕の動きとのコーディネーションを理解すれば、肩の安定性がさらに高まりますので、腕、肘、手首が美しく優雅に自由に動くようになるでしょう。

　肩関節は複雑な、そして大変可動性の高い関節で、筋肉によるコントロールも同様に複雑です。また、肘と手首は特に細やかに動かせるからこそ、腕のポジションを変えるときに、動きをなめらかに表現できるのです。肩をコントロールする筋肉を強化すれば、もっとセンターから動けるようになります。男性ダンサーは、リフトのために肩のコントロールを必要とし、女性ダンサーは、調和した動きのために肩のコントロールを必要とします。ダンサーのケガの多くは下肢のケガですが、肩のことを忘れてはなりません。肩に対しても相当の注意を払うことが求められます。

骨の解剖学

　肩関節複合体を構成する骨は鎖骨、肩甲骨、上腕骨です（**図7-1**）。上腕骨は下がっていくと、肘関節で橈骨と尺骨に面します。橈骨と尺骨は下がっていくと、手根骨（手首）、中手骨（手）、手指骨（指）につながっていきます。

　鎖骨は、胸の中央部分で胸骨と関節（胸鎖関節）を形成しています。鎖骨の外側端は、肩甲骨の肩峰という小さな骨の突起とともに、関節（肩鎖関節）をかたちづくっています。2本の鎖骨は、胸

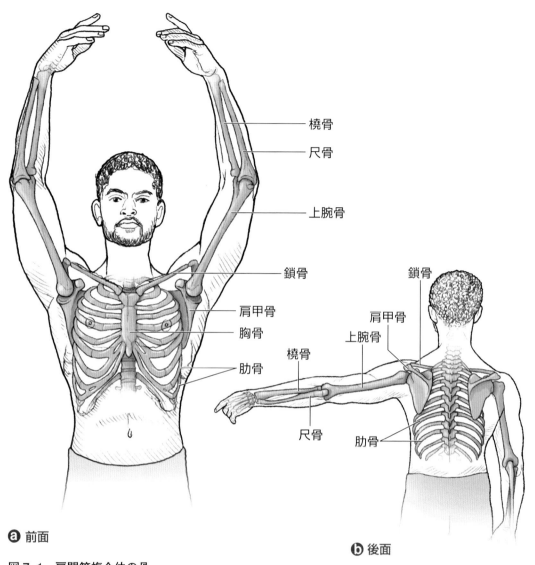

橈骨

尺骨

上腕骨

鎖骨

肩甲骨

胸骨

肋骨

鎖骨

肩甲骨

上腕骨

橈骨

尺骨

肋骨

ⓐ 前面

ⓑ 後面

図 7-1　肩関節複合体の骨

骨の前を通って美しいラインを描き、皮膚の上からもはっきりと見えます。胸の前を広くするために指導者が通常指導するのはこの部分であり、鎖骨を広くすることで、観客に見事な存在感を示すことができます。

　肩甲骨は、肋骨の後面を滑走する三角形の骨です。肩甲骨には関節窩と呼ばれる浅いソケットがあり、そこに上腕骨頭がはまっています。肩甲骨には、前面（肋骨に接している面）と後面（肩甲棘と呼ばれる、若干隆起している部分がある面）があります。肩甲棘の末端は肩峰になります。肩甲骨にはもう一つ、烏口突起と呼ばれる骨の突起があり、ここはたくさんの筋肉が付着している重要な部分です。肩甲骨それ自体は多くの筋肉が付着しており、肩関節における要ともいえる役割を果たしているすごい骨です。したがって、肩甲骨を効果的に動かせないと、肩関節のケガを引き起こしてしまうのです。

鍵となる関節の動き

　肩関節複合体に関係して動きを生み出すことができる関節はいくつかありますが、ここでは特に2つの関節、肩甲胸郭関節（肩甲骨と胸椎、胸郭により形成される）と、肩甲上腕関節（上腕骨と肩甲骨の関節窩により形成される）にスポットを当てます。肩甲胸郭関節の肋骨に接している部分では、肩甲骨は挙上、下制（下方に動く）、外転（中心から遠ざかる）、内転（中心に向かって動く）することができます。肩甲骨は上方へカーブを描く、また下方へ回旋するパターンで動くこともできます。翼状肩甲骨（ウインギング）を目にしたことがあるでしょう。これは肩甲骨の内側縁が外に隆起することで生じ、上背部に小さな翼があるように見えます。若くてやせた女性ダンサーのなかには軽度の筋バランス不全により、この翼状肩甲骨が見られることがありますが、これは肩甲骨が胸郭にしっかりと接していないことにより起こります。

　肩甲上腕関節は、強力な筋肉によって保たれている球関節です。比較的強い関節ですが、関節窩は浅く、上腕骨頭のわずか4分の1、ないしは3分の1しか関節窩に収まっていません。肩甲上腕関節は、矢状面では屈曲と伸展、前額面では外転と内転、水平面では内旋と外旋が可能です。また、水平外転、水平内転も可能です。肩甲上腕関節はあまり深くないので、ケガのリスクを減らすためには安定性が重要です。

　では、肩を上げたり下げたりしてみてください。左右の肩甲骨と肋骨で起きている動きをイメージしてください。腕を前額面に沿って横に上げて、下ろしてください。肋骨の上を、肩甲骨が動く様子をイメージしてください。上腕骨を、関節窩の中で回旋させてください。このときの関節での可動域に着目してください。肩甲上腕関節での動きを生み出す筋肉は、上腕骨と肩甲骨をつないでいます。肩甲骨周りの動きを生み出す筋肉は、肩甲骨と上腕骨、胸骨、鎖骨、椎骨、肋骨をつないでいます。

　肩甲骨周りに付着している筋肉を強化すれば、上半身のプレースメントと肩のアライメントが向上し、肩甲上腕関節を通してエネルギーと最終可動域の力を、より効率的に分配して伝えることができるようになります。これによってコントロールが良くなり、よりセンターから動けるようになります。それぞれのダンスのテクニックで行われている基本的なウォーミングアップでは、さらに難しい振り付けの要求に十分に応えるだけの肩の安定性を獲得することはできません。本章で、非常に多くの肩のエクササイズを紹介しているのはそのためです。これらのエクササイズを、ウォーミングアップと強化、両方のために利用してください。

　上腕骨と尺骨との間の関節と上腕骨と橈骨との間の関節は、蝶番関節として協働します。橈骨と尺骨の間の下端と手根骨とがつくる関節では、蝶番＋回転の動きが生じます。これが、回内（手のひらを下に向ける）や回外（手のひらを上に向ける）を可能にします。ダンサーのなかには、腕と前腕を真っすぐ伸ばしたときに、過伸展（完全伸展を超える、過度な動き）になる人がいます。過伸展は靭帯に負担がかかり、特に肘を伸ばした状態で転倒したときに、大きなストレスがかかります。肘関節での動きのコントロールを良くするために、肘屈筋群と伸筋群の強さのバランスを整えることが大事です。

この原理原則は、手首にあるたくさんの骨にも当てはまります。特に舟状骨は、転倒のときに痛めるリスクがありますが、（骨折しても）レントゲンでは確認しにくいのです。前腕の柔軟性と筋緊張とのバランスを整えることで、優雅なポードブラに求められる美しい流れのある動きや、また今の時代にふさわしい新しい腕の動き、しっかりとパートナーに対応するスキル、そして感情表現の動作を生み出すことができるようになります。

筋肉の仕組み

ポードブラの美しさとスタイルは、バランスが整った強い肩の筋肉群から生まれます。腕で独特のデザインを生み出すことが、どんなに素晴らしいことであるかは分かるでしょうが、どうやってそのデザインを生み出すのか、知っていますか？　ここでも、どの筋肉が働くかを理解すれば、動きをよりよく理解することができます。その結果、動きの質は高まり、動きの量は少なくて済むようになるのです。

ローテーターカフ

仕組みを理解するために、まずは肩のなかで動きを生み出す、2つの主要な関節を見てみましょう。肩甲上腕関節は、ローテーターカフ（腱板）筋肉と呼ばれる4つの深層筋肉（図7-2）によって安定しています。それらの筋肉は、棘上筋、棘下筋、小円筋、肩甲下筋です。それらの付着部が上腕骨頭を肩甲骨に引きつけて、安定性、ある程度の回旋動作、外転を可能にしています。棘上筋、棘下筋、

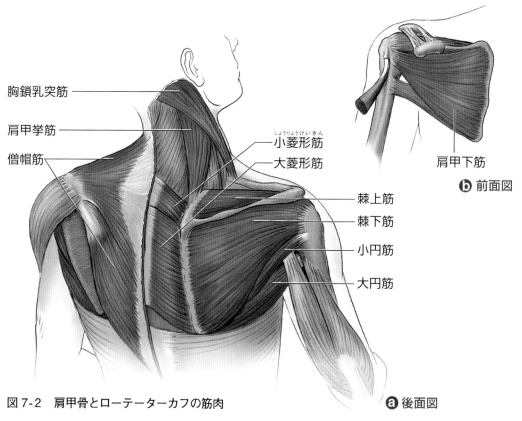

胸鎖乳突筋

肩甲挙筋

僧帽筋

小菱形筋

大菱形筋

肩甲下筋

ⓑ 前面図

棘上筋

棘下筋

小円筋

大円筋

図7-2　肩甲骨とローテーターカフの筋肉　　　　　　　　　　ⓐ 後面図

小円筋は協働して強い力を生み出し、肩関節を安定した状態に維持するので、腕を上げても、上腕骨頭が肩峰に衝突せずに済みます。ローテーターカフの筋肉が弱いと、この力を十分に発揮できず、上腕骨頭と肩峰が衝突することになります。慢性的に衝突していると痛みや腫れをもたらして、インピンジメント症候群と呼ばれる症状につながります。

肩甲骨

肩甲骨が、多方向の平面で動くことは学習しました。上腕骨が動き始めるときは、まず上腕骨が最初に上がり、肩甲骨がそれに続きます。例えば、腕を前方に屈曲するときは45〜60度くらいまで、腕を横に上げるときには30度くらいまでは肩甲上腕関節が動いて、それから肩甲骨も動き始めます。肩甲上腕関節と肩甲骨の、動きの比率は2対1です。上腕骨が肩峰に衝突しないようにするためには、肩甲骨と上腕骨はこの動きの比率内で協働しなければなりません。肩甲骨につながっている筋肉が弱いと、肩甲骨は肩関節を十分にコントロールする力を発揮することができません。このあと出てくる筋肉の強化に努めれば、肩甲骨は腕の動きのための要としての機能をより果たしやすくなるでしょう。

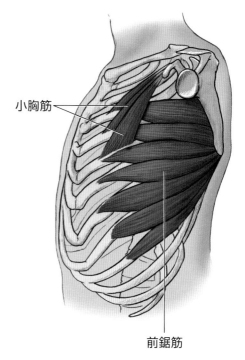

図7-3　筋肉の付着部

小胸筋

前鋸筋

特定の筋肉が上半身のプレースメントにおいて重要な役割を果たし、肩甲骨を安定化させたり、効率の良い動きを生み出したりします。僧帽筋は頭蓋基底を起始として、すべての頸椎および胸椎から鎖骨外側、肩峰上部、肩甲棘上部に停止します。僧帽筋は上部、中部、下部の3つの部分に分かれています。僧帽筋上部が中部、下部よりも強いと、肩甲骨は挙上して、緊張、不均衡、疲労を生み出します。この緊張が、ジャンプやターン、コンビネーションでのバランスを狂わせることになります。僧帽筋の中部と下部は肩甲骨を下制し、内向きに寄せてバランスを生み出す役割を担っています。肩を引き下げる必要があるときは、肩甲骨を下に滑らせるように心がけてください。ターンのとき、パートナーをリフトするとき、プロップ（小道具）を握るとき、腕を上げるときも同様です。

肩甲挙筋と菱形筋は、僧帽筋の深層にあります。これらの筋肉は頸椎、胸椎を起始とし、肩甲骨の内側縁に停止しています。停止部の位置から、これらの筋肉は肩甲骨を挙上させ、下方回旋と内転（内向きに寄せること）を生み出すことができます。前鋸筋は第8、9肋骨を肩甲骨につなぎ、小胸筋は第2〜5肋骨を肩甲骨につないでいます（図7-3）。翼状肩甲骨は、前鋸筋と僧帽筋下部の弱さに関係しています。

肩甲上腕筋群

　上腕骨を体幹につなぐ筋群は、腕に大きくダイナミックな動きを与えています。胸の前部の大胸筋は、胸骨、鎖骨、複数の肋骨を上腕骨につなぐ筋肉です（**図7-4a**）。大胸筋は腕を前に引き、両腕を引き寄せる働きがあります。ほぼすべてのターンのコンビネーションにおいて、腕は大胸筋によって内側に引かれます。この動きにより、ターンのためのパワーを効率良く調整して生み出します。

　三角筋（さんかくきん）は、前部、中部、後部の3つの部分に分かれます。それぞれの部分が前方、側方、後方への動きを生み出します。大胸筋と三角筋前部の深層に隠れているのが、小さい筋肉でありながら肩の屈曲と内転を生み出している烏口腕筋（うこうわんきん）です。

　広背筋は、上腕骨を7～12番目の胸椎、5つすべての腰椎、腸骨、仙骨、10～12番目の肋骨につないでいる背中の大きな筋肉です（**図7-4b**）。この筋肉は肩の内転、内旋、伸展、上腕骨の下制（かせい）を

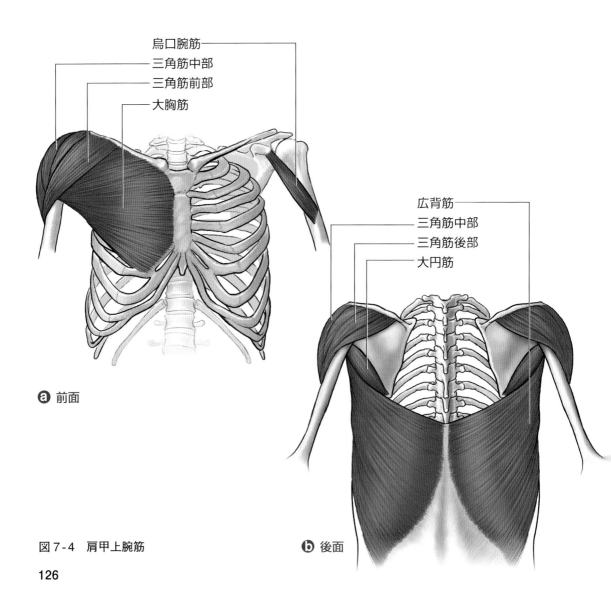

烏口腕筋
三角筋中部
三角筋前部
大胸筋

広背筋
三角筋中部
三角筋後部
大円筋

ⓐ 前面

図7-4　肩甲上腕筋　　　　　**ⓑ** 後面

生み出します。

　これで肩関節複合体のそれぞれの筋肉がいかに重要であるか、ダンスの振り付けに求められる細かい精密な動きを生み出すために、筋肉の強さと柔軟性とのバランスをとることがいかに大切であるか、お分かりでしょう。

腕の筋肉

　肘関節は、屈曲と伸展が可能です。これは特定の筋肉によってコントロールされます。上腕二頭筋は肩甲骨を橈骨とつないでいますが、肘を屈曲させる働きがあります（**図7-5a**）。上腕三頭筋は肩甲骨と上腕骨上部を尺骨とつないでおり、肘と肩を伸展させる働きがあります（**図7-5b**）。二頭筋と三頭筋は、共に「頭」と呼ばれる起始の付着部が複数あります。二頭筋には付着頭部が2つ、三頭筋には付着頭部が3つあります。二頭筋の深層に隠れているのは上腕筋で、これは上腕骨下部を尺骨

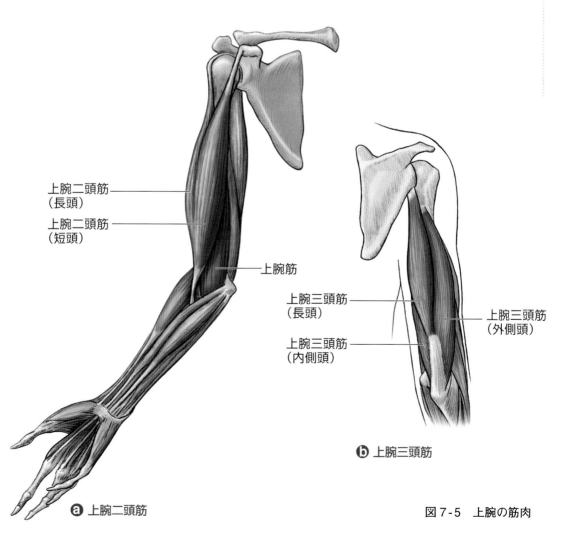

上腕二頭筋
（長頭）

上腕二頭筋
（短頭）

上腕筋

上腕三頭筋
（長頭）

上腕三頭筋
（内側頭）

上腕三頭筋
（外側頭）

ⓑ 上腕三頭筋

ⓐ 上腕二頭筋

図7-5　上腕の筋肉

につないでいます。

　前腕の筋肉群は、手首の屈曲と伸展に加えて、前腕の回内と回外を行うことができます。（図7-6）これらのさまざまな小さな筋肉を強化することは、極限の動きを求めるダンスの振り付け（逆立ちをする、他のダンサーをリフトする、倒れながら手をついて身体を支えるなど）の際に、重要です。前腕の筋肉群の強さは、プロップ（小道具）を握るときやパドゥゥのスキルでも重要です。ペアで踊るさまざまなスタイルのダンスの多くは、手および前腕の調和のとれた動きを必要とします。本章のエクササイズは、肩、肘、手首を安定させます。

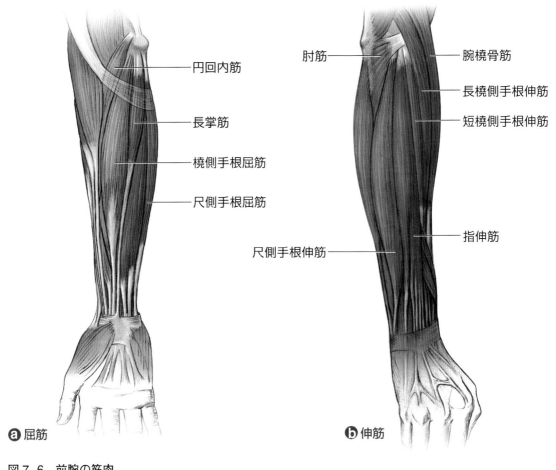

円回内筋
長掌筋
橈側手根屈筋
尺側手根屈筋

肘筋
腕橈骨筋
長橈側手根伸筋
短橈側手根伸筋
尺側手根伸筋
指伸筋

ⓐ 屈筋　　　　　　　　　　　　　　　　　ⓑ 伸筋

図7-6　前腕の筋肉

腕の構え

　クラシックバレエでは、腕の構えはポードブラという用語を使いますが、どのダンススタイルでも腕の構えが、動きを完成させます。クラシックバレエのポードブラでは常になめらかに動く必要があり、肩甲骨が安定していなければなりません。腕を5番ポジションに上げるときは、三角筋前部と大胸筋が主動筋です。肩甲骨は安定した状態で、挙上ではなく、上方回旋のパターンで動かなければなりません。前鋸筋と僧帽筋下部は、肩甲骨と上腕骨のバランスのとれた動きができるように働かなければ

なりません。私たちは、コントロールが不十分な状態で腕を上げがちで、上腕骨と肩甲骨が挙上してしまい、結果として僧帽筋上部を使い過ぎてしまいます。2対1の比率を思い出してください。肩甲骨を安定させて、僧帽筋下部と前鋸筋を動員するように意識します。その上で、上腕骨を自由に動かしていくのです。

この動かし方は、すべてのダンスのテクニックとトレーニングに共通しています。ヒップホップの振り付けで出てくるコンテンポラリー・ジャズの動きでも、2対1の原則が当てはまります。また、アイリッシュダンスを取り上げますが、アイリッシュダンスのダンサーは本来、両腕を体側にぴったりとつけて踊ります。よって、上半身を安定させていなければなりません。肩甲骨は肋骨の後面に固定されていなければなりません。さらに、肘は完全伸展されているので、上腕三頭筋は強くなければなりません。両腕が身体の横で動かない状態を保つためには、大胸筋を等尺性収縮した状態で保っていなければなりません。肩甲骨を安定させるために、肩甲骨周囲のすべての筋肉が収縮していなければなりません。

伝統的なモダンダンスでは、正常の可動域を超えて腕を動かします。腕は屈曲、伸展、内旋、外旋、またそれらすべてを組み合わせたバリエーションの動きをするように求められます。腕と肩を伸展方向に動かすときにどうなるかを、検証してみましょう。三角筋後部と広背筋は収縮し、肩甲骨は下方回旋と、若干内転する必要があります。したがって、菱形筋と僧帽筋下部が収縮する必要があります。ですから、上半身のすべての筋肉を鍛えることが、どんなに大切であるかが分かると思います。

ダンス・フォーカス・エクササイズ

多くの場合、ダンサーは前鋸筋、菱形筋、僧帽筋下部が弱い傾向にあります。本章の多くのエクササイズは、強度を高めるために繰り返し回数を増やしています。しかし、正しいフォームを維持できないのであれば、繰り返しの回数を増やしてはいけません。肩関節のアライメントに注意して行い、首と肩の上部は楽にします。第5章の呼吸パターンを使って、エクササイズの際にコアも動員させましょう。呼吸をするときには、肋骨を3次元に動かすことを心がけましょう。強くなってきたと感じたら、よりセンターから効果的に動けていることを感じられるでしょう。指導者も、あなたが指導者からのキュー（指示）に合わせた修正が、うまくできるようになっていることに気づくでしょう。

「腕を肩から分離して使いなさい」というようなキューがあったときには、肩甲骨には、上腕骨や肘、手首が自由に動くようにコントロールする筋肉が、たくさんついていることを思い出してください。「肩を下げて」と言われたら、僧帽筋上部はあまり使わないようにして、僧帽筋下部、前鋸筋、菱形筋をもっと使うようにします。翼状肩甲骨にどう対処したらよいか苦労しているのであれば、僧帽筋下部と前鋸筋を鍛えるエクササイズを重点的に行ってください。

本章のエクササイズの最後には、1番ポジションから5番ポジションまでの美しいアンバーにおいて、ダンスの演技ではどのように筋肉が動員されているかを見ていきます。

外旋と内旋
EXTERNAL AND INTERNAL ROTATION

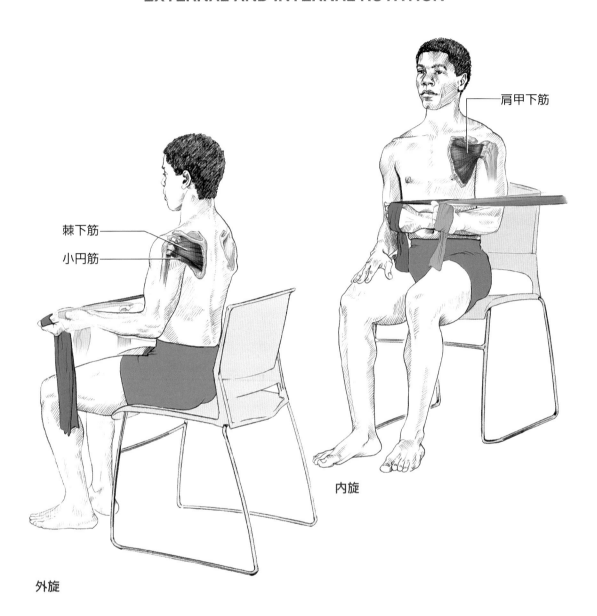

棘下筋

小円筋

肩甲下筋

内旋

外旋

外旋のエクササイズ

1. 肘は90度に屈曲させ体側につけて、椅子に座ります。手のひらを内側に向けて、前腕を前に出します。両手にゴムバンドを握ってぴんと張らせます。息を吸って準備。

2. 息を吐きながら、肩甲骨を下へ滑らせ、肘をウエストにぴったりとつけたままで、バンドの抵抗に逆らって腕を外旋し始めます。2～4カウントの間キープし、肩関節内に力が入っていることを感じてください。胸の前を広げましょう。

3. 息を吸いながら、肩甲骨は下げたまま、ゆっくりとコントロールしながら戻します。12回行います。12回を最大3セットまで。

内旋のエクササイズ

1. 動かすほうの腕の肘を90度に屈曲させ体側につけて、椅子に座ります。動かすほうの手に、抵抗が外側から来るようにして抵抗バンドを握ります。息を吸って準備。肩甲骨は下げておきます。
2. 息を吐きながら、バンドの抵抗に逆らって内向きに引っ張ります。肘をウエストにつけたまま2～4カウントの間キープ。
3. 息を吸ってコントロールしながら戻します。12回行います。12回を最大3セットまで。

動員される筋肉

外旋：小円筋、棘下筋
内旋：肩甲下筋

ダンス・フォーカス

　ダンスのクラスだけではローテーターカフ（回旋筋腱板）を強化するには十分ではありませんが、特別なトレーニングによってこの関節の働きが向上します。肩のケガはダンスで最も多いというわけではありませんが、肩を痛めると治療、休養、リハビリ、テクニックの改善を必要とし、キャリアにブランクが生じます。肩甲上腕関節は関節窩が浅いために、元来は脆弱です。一部のダンサーがそうであるように、もしこの関節の柔軟性が大きいと、関節の安定性を高めることがなおさら重要になってきます。さまざまなスタイルのダンスで、肩に非常に強い負荷がかかります。例えば、パドゥやリフトを行うには、肩のあらゆる動きでの強度を必要とします。手をついて倒れ込んで、腕で全体重を支えなければならないこともあるでしょう。肩にストレスのかかるダンスの動きを行うときには、深層のローテーターカフの筋肉がしっかりと締まって肩関節の安定性を守ってくれていることをイメージしてください。これにより、上体に必要とされるなめらかさを失わずに肩関節の安定性を保てます。

抵抗を加えたオーバーヘッド・リフト
OVERHEAD LIFT WITH RESISTANCE

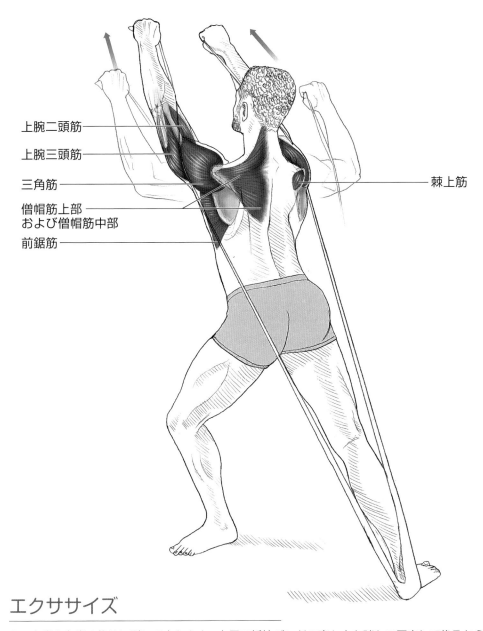

上腕二頭筋
上腕三頭筋
三角筋
僧帽筋上部
および僧帽筋中部
前鋸筋

棘上筋

エクササイズ

1. 右脚を左脚の後ろに引いて立ちます。右足で抵抗バンドの真ん中を踏んで固定して後ろから伸ばした
   長いバンドの端を、左右の手で握ります。脊柱をしっかりとニュートラルにした状態で、「外旋と内旋」
   で使った 90/90 のスタートポジション（肩関節の 90 度外転・外旋、肘関節 90 度屈曲・内旋もし
   くは前腕回内）へ腕を持っていきます。

2. 息を吸って準備。息を吐きながら、腹筋を動員して脊柱を安定させます。バンドの抵抗に逆らって、
   前額面上で肘を伸展して、両腕を頭上に上げます。

3. 腕を頭上に真っすぐ伸ばした状態を 2 ～ 4 カウントの間キープ。息を吸って準備。息を吐きながら、
   腕をスタートポジションへゆっくりと下ろします。クオリティの高いアライメントを維持しながら、
   6 ～ 8 回行います。もう 2 セット行いましょう。

動員される筋肉

さんかくきん きょくじょうきん じょうわんにとうきん そうぼうきん そうぼうきん ぜんきょきん じょうわんさんとうきん
三角筋、棘上筋、上腕二頭筋、僧帽筋上部と僧帽筋中部、前鋸筋、上腕三頭筋

ダンス・フォーカス

　肩関節は、浅い関節窩と、ローテーターカフ（回旋筋腱板）の筋肉によってサポートされている上腕骨頭から構成されます。クラシックバレエ、コンテンポラリー・ダンス、サーカスでは頭上へのリフトがあるので、これらのダンサーは、腕を上げた際にローテーターカフが肩峰で擦れる、挟まれるといった、肩のインピンジメント関連のケガのリスクを軽減するために、強靭な肩関節を維持する必要があります。インピンジメントが慢性化すると、ローテーターカフの断裂を起こすことがあります。男性ダンサーであれば、ローテーターカフを強化し、関節窩での上腕骨頭の良好な動きを維持することによって、ダンサーを頭上に持ち上げたときも強く安定していると感じることができます。ローテーターカフが弱いと上腕骨頭の上方化の原因となります。ローテーターカフの筋肉を強化することは、上腕骨頭の安定の維持と正しく機能すること助けて、インピンジメントを回避します。

　「外旋と内旋」エクササイズでローテーターカフのトレーニングを始めてから「抵抗を加えたオーバーヘッド・リフト」、そして「90/90での外旋」へと進みましょう。腕を上げてすぐに、肩甲骨を挙上させることのないように心がけてください。肩甲骨が上方回旋で動くときは、まずはじめに腕のほうが先に30度以上動く必要があります。このバランスのとれた肩甲上腕の動きが、頭上へのリフトを安全に保ち、ローテーターカフの筋肉がより効率よく機能することを可能にします。

バリエーション

90/90 での外旋
Exterminal Rotation at 90/90

　先生から繰り返し「肩を後ろに引いて下げなさい」と言われるダンサーには、これは素晴らしいエクササイズです。腕を90度で横に上げて、肘を90度に曲げた状態で立ちます。前腕と手のひらは下に向けます。左右の手で前方からの抵抗バンドを握ります。肩と肘の90度の角度を維持しましょう。息を吸って準備。息を吐き腹筋を動員しながら、上腕骨を下げずに、バンドの抵抗に逆らって腕を外旋させます。2～4カウントの間キープ。息を吸って、ゆっくりとスタートポジションへ戻ります。上腕骨の高さは変わらず、胸が落ちないように。上背部と首の長さは維持し、胸の前は広くしておきます。

ウォール・プレス
WALL PRESS

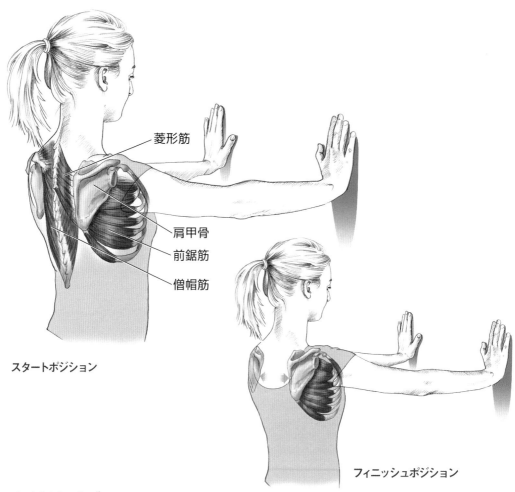

菱形筋

肩甲骨

前鋸筋

僧帽筋

スタートポジション

フィニッシュポジション

エクササイズ

1. 壁に向かって立ち、肩の高さで手を広げて壁にもたれかかります。肘は真っすぐ伸ばしたままです。コア・コントロールを強調し、息を吸って準備。

2. 息を吐きながら、真っすぐ伸ばした肘は維持したままで壁を押します。左右の肩甲骨の外縁が身体の前方に引っ張られるように、肩甲骨を胸郭に沿って動かしましょう（突き出し）。上背部は、若干丸くなっても構いません。

3. 息を吸いながら肩甲骨を元の位置に戻し、ぎゅっと寄せます（引き込み）。肩甲骨だけを動かすようにします。10〜12回行います。最大3セットまで。

動員される筋肉

突き出し：前鋸筋（ぜんきょきん）

引き込み：菱形筋（りょうけいきん）、僧帽筋中部（そうぼうきんちゅうぶ）、僧帽筋下部（そうぼうきんかぶ）

ダンス・フォーカス

　この動きは、男性ダンサーにとってだけ重要であると思うかもしれません。ところが、前鋸筋の弱さは翼状肩甲骨の原因となり、菱形筋と僧帽筋下部の弱さは猫背の原因となります。こういったアライメントの崩れはいずれも、女性ダンサーにも多く起こります。あなたが指導者であれば、この情報は重要なフィードバックを与えてくれます。肩甲骨が胸郭に沿って動くときに、肩甲骨がどのように機能しているかをイメージすることによって、生徒がエクササイズを行って翼状肩甲骨や猫背を軽減するのを助けることができます。

　どの筋肉を使うのかがはっきり分かっていないと、肩を引き下げることについての修正を理解しづらいでしょう。左右の肩甲骨を、反対側のバックポケット（お尻のポケット）のほうに下げていくようにして、下方、内側へ滑らせることにフォーカスしましょう。その動きになじんだら、胸を広くして、肩甲骨が肋骨上にあるのをイメージ

してください。ウォーミングアップ時に行うジャズのアイソレーションと同様、脊柱は動かさず、肩甲骨だけを前後に動かすことを考えてください。肩甲骨を、脊柱とは別に動かしています。呼吸をいつも（この動きの）サポートとして使いましょう。

上級バリエーション

プランク・プラス
Plank Plus

　腕を伸ばした、ベーシックなプランクのポジションで始めます。コアの筋肉を動員して、脊柱の安定をつくり出します。手首は肩の真下に来るように置きます。肩甲骨を臀部方向へ滑らせましょう。息を吸って準備、体幹の安定を維持しながら、息を吐き、フロアを遠ざけているような感覚で押して、前鋸筋を動員し、肩甲骨を肋骨に沿わせて突き出し方向へ動かします。肘は優しく固定しておきます。息を吸いながら肩甲骨を後ろへ動かし、ぎゅっと寄せて、肩甲骨の引き込みを強調しましょう。体幹の安定を維持し、10～12回行います。腰椎がフロア方向へ落ちないこと。安定したニュートラル脊柱ポジションを維持できなくなったら、やめて、体勢を整えて、最初から始めましょう。

ポードブラ
PORT DE BRAS

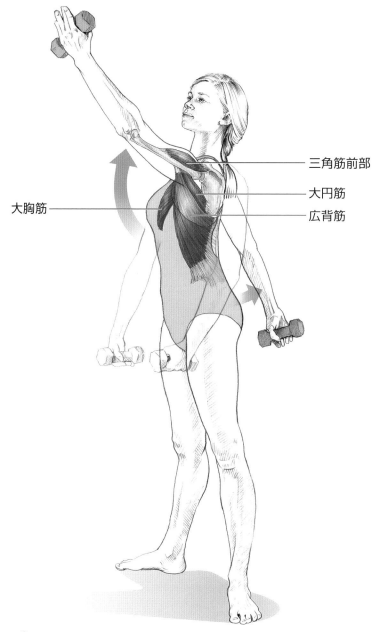

三角筋前部

大円筋

大胸筋

広背筋

エクササイズ

1. 脚は股関節幅、足はパラレルまたはターン・アウトでしっかりと立ちます。両手に小さなウエイトを持ちます。脊柱と骨盤はニュートラルポジションに。

2. 右腕を肩伸展位へ動かしながら、左腕を5番ポジションに上げます。肩甲骨の安定性を強調します。肩と視線は、上の腕の動きを追います。動きの間ずっと、自然に呼吸をしましょう。

3. 2～4カウントの間キープ。胸上部の広さを感じましょう。コントロールしながら戻り、反対側で同じ動きを繰り返します。左右それぞれ12回以上行います。

安全に行うために

安全のために、安定した脊柱を保つよう姿勢を整えてください。腕を動かしている間、胸を上げないように、また腰を伸展させないように。

動員される筋肉

肩の屈曲：三角筋前部、大胸筋

肩の伸展：大胸筋、広背筋、大円筋

ダンス・フォーカス

　バレエの基礎では、肩から独立させた型通りの腕のポジションを強調します。上背部は、軽く引き上げた状態で安定しています。肩甲骨は肩関節から独立していて、安定した身体の姿勢を強調しています。肩が前方へ動くときは、肩を挙上させる僧帽筋上部ではなく、三角筋前部と大胸筋が働いていることを意識しましょう。高い5番ポジションから腕が下がるときには、主に重力が補助します。ところが、腕が身体の後ろへ行くときには肩の伸筋群が収縮します。エポールマンは、体幹をややひねることによって意識が向上して、腕の構えにさらに空間的な広がりが出ます。体幹の動きの変化の有無にかかわらず、肩甲骨の安定性を強調することによって、腕はその優雅さを維持します。腕が下がるときと後ろに動くときは、関節で若干内旋が生じます。穏やかにこの動きを起こしてください。関節内での、なめらかで無理のない動きを感じましょう。

バイセプス・カール
BICEPS CURL

上腕二頭筋

上腕筋

腕橈骨筋

エクササイズ

1. 右脚は膝立ちにして、小さなウエイトを左手に持ち、肘を左大腿の上に乗せます。息を吸って準備。

2. 息を吐きながら、上腕は安定させたまま、肘を屈曲させます。肩甲骨の安定を改めて強調しましょう。

3. 2〜4カウントの間キープ。上腕二頭筋の線維が短縮していることにフォーカスしてから、ゆっくりとコントロールしながらスタートポジションに戻ります。10〜12回行います。最大3セットまで。軽いウエイトから始めて、筋力がついてきたら徐々に重くしましょう。

安全に行うために

肘を過伸展させないこと。過伸展すると、関節内の小さな靭帯にストレスがかかります。手首を過伸展させたり、また手や前腕を痛めたりしないように、手首はしっかりと安定させておきます。

動員される筋肉

じょうわんにとうきん　じょうわんきん　わんとうこつきん
上腕二頭筋、上腕筋、腕橈骨筋

ダンス・フォーカス

　肘の屈曲は、パドゥ、リフト、フロアへのフォール（倒れ込み）、別のダンサーとのレジスタンス・ダンス、パントマイムの動きなど、さまざまなダンスの動きで使われます。上腕二頭筋の強さは、肘を過伸展によるケガから守るだけでなく、さまざまな肩の屈曲運動を補助してくれます。相手のダンサーを抱えることは、肩と前腕の前面の筋肉で、特に全体重を支えているときは大変です。ですから、体重を支えているパートナーにとって、肩の安定と調和させて、上腕二頭筋を使ってケガのリスクを小さくすることが極めて重要です。上腕二頭筋が弱いと、誤ったアライメントと他の部位の使い過ぎを引き起こします。肘の可動性が大きい一部の女性では、上腕二頭筋と肘の伸筋群の筋力が肘関節の安定を高め、肘の過伸展によって生じるケガのリスクを減らします。

トライセプス・プル
TRICEPS PULL

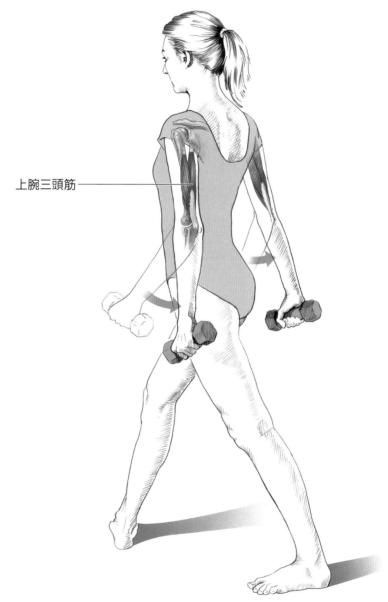

上腕三頭筋

エクササイズ

1. 脚はパラレルまたはターン・アウトにして、片脚を少し前に踏み出したショートランジで、直立姿勢で立ちます。両手に小さなウエイトを持ちます。腕は体側に伸ばしますが、若干肩を伸展させます。

2. 息を吸いながら肘を屈曲。息を吐きながら、身体よりも後ろにいくまで肘を伸ばしますが、このときに肘関節をロックしてしまわないように。2～4カウントの間キープ。肩甲骨から上腕骨の上部を通って肘の後ろまで、上腕三頭筋の強さと収縮を感じましょう。

3. コントロールしながらスタートポジションへ戻ります。肩甲骨の安定を維持しましょう。動きの間は、上腕三頭筋線維の短縮を強調するために上腕骨を（動かさないで）孤立させます。10～12回行います。最大3セットまで。このエクササイズでも、軽いウエイトから始めて徐々に重くしていきます。

安全に行うために

肘を過伸展させないこと。筋肉を使って肘関節をサポートしましょう。過伸展は関節の靭帯へのストレスを増大させます。

動員される筋肉

じょうわんさんとうきん
上腕三頭筋

ダンス・フォーカス

　上腕三頭筋は肘のサポートにおいて重要な役割を果たし、肩の伸展と内転にも関わっています。上腕三頭筋は肘を安全な伸展へ導くことによって、腕立て伏せの上昇時に助けてくれます。ダンスでは数多くのコンテンポラリーのコンビネーションが、肘の伸筋を使って、身体をフロアから押し上げることを必要とします。さらに伝統的なアイリッシュダンスの姿勢は、腕を体側に伸ばした状態で、肘の安定を維持するための揺らぐことのない肘の伸展を取り入れています。反対にこの部位が弱いと、アイリッシュダンスを特徴づける、高度で速い足さばきを行っている間に肘が曲がって動いてしまいます。上腕の安定性を生み出すためには、上腕の筋肉の3つの付着部（上腕骨上部、肩甲骨、肘）をイメージしましょう。

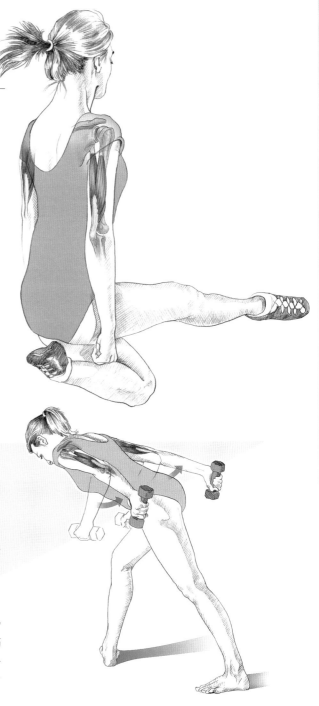

バリエーション

トライセプス・キックバック
Triceps Kickback

　上半身をフラットバック（平らな背中）にして、しっかりと安定するように片脚を少し前に踏み出し、腕を体側にして、このエクササイズを行うことができます。このバリエーションでは、手に持っているウエイトに重力の抵抗が加わります。息を吸って、腕は体側のまま肘を屈曲。上腕骨は動かしません。息を吐きながら、上腕三頭筋の収縮だけで肘を伸展。2～4カウントの間キープし、ゆっくりとコントロールしながら戻ります。10～12回行います。最大3セットまで。

Vs
Vs

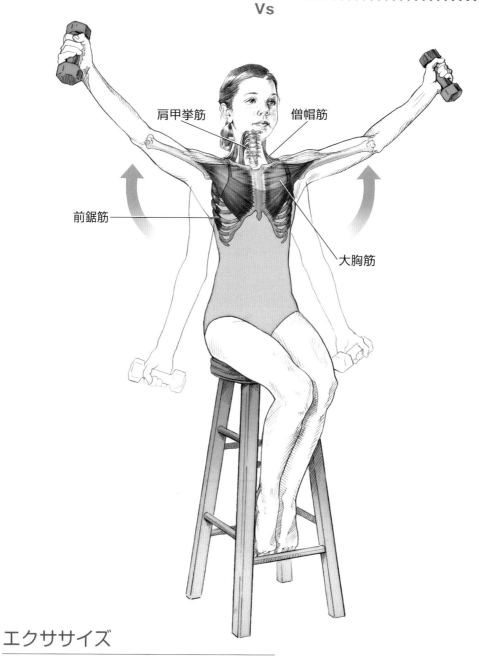

肩甲挙筋　　僧帽筋

前鋸筋

大胸筋

エクササイズ

1. ニュートラルポジションで、身体を真っすぐに立てて椅子に座ります。腕は体側に、手にウエイトを持って手のひらは前に向けます。動きは前額面の動きになります。

2. 息を吸いながら、腕を横に上げ始めて、高い位置でV字のポジションになります。肩甲骨の安定を強調して、胸を広くします。動きの間ずっと、軸の伸長を感じてください。骨盤は安定した状態を保ちましょう。

3. 動きの一番高いところで、2～4カウントの間キープ。肩甲骨を腰に向かって、下・内向きに滑らせることを改めて強調します。息を吐きながら、ゆっくりとコントロールしながら戻ります。10～12回行います。最大3セットまで。

安全に行うために

ニュートラルで、身体を真っすぐに立てた姿勢を維持してください。コア・コントロールの欠落を意味する脊柱の伸展やアーチが起こらないようにしましょう。胸や肋骨が上がらずに、腕を上げる練習をします。腕が上がるときに、腹斜筋と骨盤の周縁とのしっかりとしたつながりを維持します。脊柱を伸展させずに腕を上げるのが難し過ぎるのであれば、ウエイトを持たないで、息を吐きながら腕を上げましょう。息を吸うと胸が上がり、脊柱が伸展しやすくなるので、息を吐きながら腕を上げるようにします。

動員される筋肉

腕を上げるとき：三角筋中部、棘上筋、前鋸筋、僧帽筋
腕を下げるとき：大胸筋、菱形筋、肩甲挙筋

ダンス・フォーカス

　この動きは大変美しく、あらゆるスタイルのダンスに見られます。ジャンプしながら、ルルベで、パドゥで、この動きを行うことができますが、いつも爽快感を与えてくれます。肩関節の自由度の高さが、この腕の動きの優雅さを可能にします。その自由度を達成するには、肩関節が無理なく動けるように、調和のとれた上方回旋を伴う肩甲骨の安定に、意識を集中させます。身体のセンターから姿勢を維持して、肩を体幹から独立させてみせてください。腕を上げるときには、首を緊張させずに、僧帽筋上部を使い過ぎずに、肩の広さを感じましょう。腕を下ろし始めるときは、重力に逆らって上背部の強さを感じましょう。腕を上げるときは深く息を吸うこと、下げるときは吐くことを、改めて強調しましょう。腕を上げてのジャンプで、ウエイトを持たずにやってみましょう。ここでは姿勢をコントロールして、脊柱をアーチさせないようにします。腕を上方へ滑らせるように動かし、ステージ上で跳んで（身体が）ふわりと浮いたままでいるかのようにしましょう。

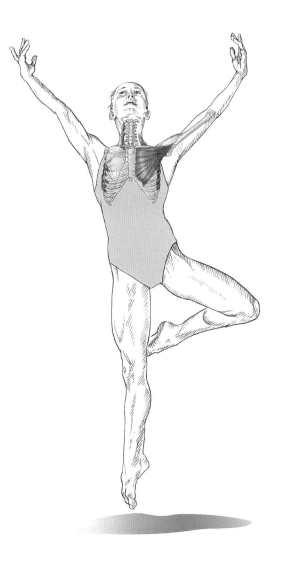

ロウイング
ROWING

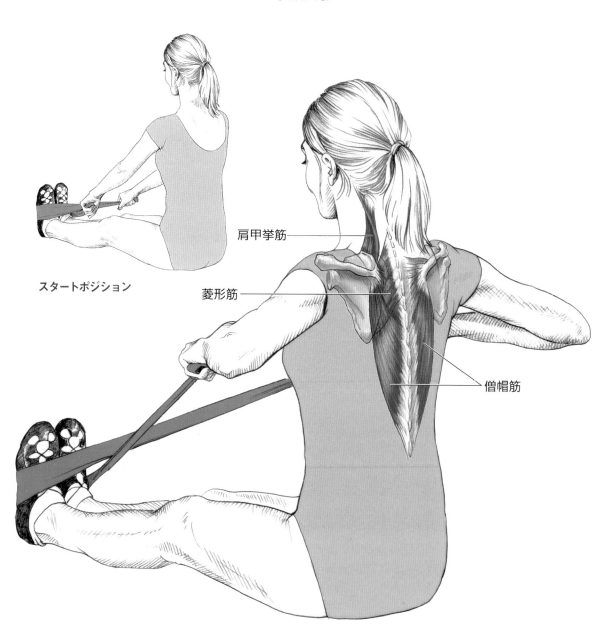

肩甲挙筋

菱形筋

僧帽筋

スタートポジション

エクササイズ

1. 身体を真っすぐに立てたニュートラルの姿勢でフロアに座り、脚は前に伸ばして、抵抗バンドを足に掛けて伸ばします。バンドを交差させて、手で端を持ちます。腕は身体の前で、肘を伸ばします。

2. 息を吸って、バンドの抵抗に逆らって肘を肩の高さで曲げ、背中方向へ引きます。左右の肩甲骨が寄るのを感じてください。胸を広くして、身体のセンターをしっかりと保ちましょう。

3. 2〜4カウントの間キープ。肩甲骨内転を強調してから、息を吐きながら、ゆっくりとスタートポジションに戻ります。10〜12回行います。最大3セットまで。

安全に行うために

脊柱が伸展しそうになるのに抵抗してください。腕を後方へ漕ぐとき、コア・コントロールをあらためて強調して、安定した脊柱を維持しましょう。僧帽筋上部ではなく、僧帽筋中部・下部を使って動きます。

動員される筋肉

引き込み：僧帽筋、菱形筋、肩甲挙筋
そうぼうきん　りょうけいきん　けんこうきょきん

ダンス・フォーカス

　腕を身体の後ろへ動かすことは、ダンスではよくある動きで、ここでも肩甲骨のコントロールを維持することが、ケガの予防にとって非常に重要です。肩の自由度と上半身の安定性は、あらゆるスタイルのダンス、特にジャズにおけるなめらかな動きを生み出します。肩甲骨を引き込んで動かすときは、この動きとともに胸の前を開いてください。体幹からの代償に抵抗しましょう。この動きを生む筋肉だけを使って、動くことを心がけましょう。そのためには、コアを強く保ちます。漕ぐスピードを変えて、テンポを変化させることをシミュレーションしてみましょう。そうすることで、効率的な肩甲骨の動きと身体のプレースメントに対する負荷が高くなります。しっかりとしたバランスのとれた上体を維持すると、腕はより効果的に機能します。代償を伴わずにロウイングができていることを強く実感できれば、バンドの抵抗を上げて、負荷を高くしてください。

バリエーション

ナロウ・ロウイング
Narrow Rowing

　ロウイングのエクササイズは、肘を体側に近づけたままで行うので、僧帽筋下部を強調します。胸と肩を使ったこの動きは、強度と柔軟性を反映します。肺を3次元パターンで動かしましょう。パワーで満たされる感じがするでしょう。

プランク・トゥ・スター
PLANK TO STAR

三角筋前部　　前鋸筋

僧帽筋下部

上腕三頭筋

プランク

小胸筋

前鋸筋

大胸筋

三角筋前部

上腕三頭筋

スター

エクササイズ

1. 四つ這いで始めます。身体の中心でコントロールを維持しながら、腕でゆっくりと歩いて、膝が完全に伸展して肩が手首の真上に来るプランク・ポジションになります。つま先は、フロア上にハイルルべのポジションです。

2. 肩甲骨を臀部に向かって、滑らせて引き下げるような感覚です。脊柱を長くし、頭は脊柱の延長線上に保ちます。

146

3．自然な呼吸をしながら、このポジションを5カウントの間キープ。肩関節と肩甲骨回周りの筋肉に安定性を感じましょう。

4．息を吐きながら、深層の腹筋の収縮をあらためて強調します。右の肩を耳から遠ざけるように滑らせて、伸ばした右腕で支えるサイドプランクになります。足部は回旋し、左足を右足に重ねます。左腕は体側に移動します。2～4カウントの間キープしてから、ゆっくりと最初のプランク・ポジションに戻ります。

5．安定したプランク・ポジションの体勢を整えたら、反対側で同じ動きを繰り返します。左右それぞれ6～8回行います。

安全に行うために

このエクササイズは上級のエクササイズで、身体のセンターでしっかりとコントロールできることを必要とします。重力が腰をフロア方向へ引っ張って、脊柱に伸展を生み出すと、悪影響を及ぼします。脊柱が反らないように深層の腹筋の収縮を再び強調しましょう。スターのポジションへ動くときは、肩甲骨を臀部方向へ引き下げる強い収縮を維持しましょう。安全で安定したプレースメントを維持することができなければ、休んで、体勢を整え直しましょう。

動員される筋肉

肩の屈曲：三角筋前部（さんかくきん）、大胸筋（だいきょうきん）

肘の伸展：上腕三頭筋（じょうわんさんとうきん）

肩甲骨の下制：僧帽筋下部（そうぼうきんかぶ）、小胸筋（しょうきょうきん）、前鋸筋（ぜんきょきん）

ダンス・フォーカス

　これは、肩関節複合体とコアの強度を必要とする、大変難度の高い動きです。強度と柔軟性を獲得していくにつれ、より難度の高い動きで踊ることが求められるかもしれません。腕で体重を支える動きを行うことを求める振付師もいるでしょう。ケガのリスクを減らすには、プランクそしてこのスターのエクササイズを行うとき、肩甲骨の安定を改めて強調してください。背中の深層の安定筋群が脊柱をぎゅっと締めて、サポートしてくれているのを感じましょう。安定のために腹筋によるブレーシング（締め）の効果を思い出しましょう。フロア方向に引っ張る重力に負けないように。手でフロアを押し返して、前腕の強さを感じてください。

　モダンのテクニックで使われることがあるフロントフォール（前に倒れ込んで手で支える動き）は、コアの強さに加えて、しっかりとした上体の強さとコントロールを必要とします。身体が宙に浮いているような瞬間があってから、手と腕がフロアにつきます。肩周りの強さがないと、フロントフォールは不運な事故のようになってしまいます！　テクニックのクラスでは、肩に必要とされる強さは養成することはできないということを心に留めて、上体のコンディションを整える時間をとりましょう。

リバース・プランク
REVERSE PLANK

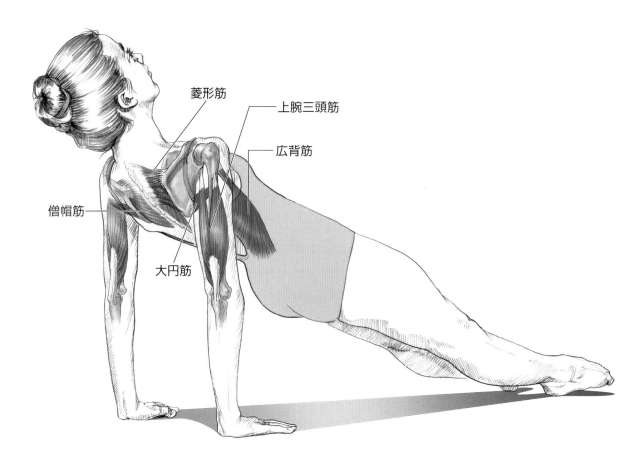

菱形筋

上腕三頭筋

広背筋

僧帽筋

大円筋

エクササイズ

1. 脚を前に伸ばして座ります。指を前に向けて手をつき、身体を若干後ろへ傾けます。肘は手首の真上、ロックさせない安定したポジションにあります。息を吸って準備。

2. 息を吐きながら、肩甲骨を下方へ引いて腹筋を動員して、臀部を持ち上げて足先まで一直線になります。臀部を上げるときは、股関節伸筋群が動員されてサポートを提供しているのを感じましょう。軸の伸長と、肩と肩甲骨の安定性を感じ続けましょう。5カウントの間キープ。

3. 息を吸って、重力に抵抗しながらゆっくりとフロアへ戻ります。コントロールとプレースメントを維持しましょう。6〜8回行います。

安全に行うために

肘や膝を過伸展させないこと。肘の小さい靭帯を使い過ぎないように、上腕二頭筋と上腕三頭筋の、強い等尺性収縮を維持しましょう。膝関節内の靭帯の過用を防ぐために、ハムストリングと大腿四頭筋の強い等尺性収縮を維持しましょう。

動員される筋肉

肘の伸展：上腕三頭筋
じょうわんさんとうきん

肩の伸展：大円筋、広背筋
だいえんきん　こうはいきん

肩甲骨の内転：僧帽筋中部、僧帽筋下部、菱形筋
そうぼうきんちゅうぶ　そうぼうきん か ぶ　りょうけいきん

ダンス・フォーカス

　このような創造的なポーズは一般的なダンスの動きではないため、観客にとってエキサイティングで刺激的です。手首と手に体重がかかる難度の高いスキルを行うことは、上体に荷重を支えるだけの強さがなければ難しいことです。手首を痛めないように、かかる力を手と前腕全体に配分するように心がけましょう。前腕にもっとパワーを感じるために、手でフロアを押し返しましょう。身体が上昇を始めるとき、肩甲骨を下げて上体を安定させましょう。ここが、多くのダンサーが弱いところです。肩関節の前側に素晴らしいストレッチを感じるでしょう。このストレッチは上腕二頭筋、大胸筋、ローテーターカフ前面が、遠心的に引っ張られていることに由来します。呼吸を忘れずに。肩甲骨が下へ引っ張られて、腹筋が遠心的に伸長するため、胸郭上部での呼吸を心がける必要があるでしょう。

バリエーション

上級リバース・プランク
Advanced Reverse Plank

　臀部を持ち上げたら、肩甲骨の安定と、上腕三頭筋の強力な収縮を維持しましょう。膝を曲げて、臀部の上がったブリッジのポジションになるまで、歩いて足の位置をバックさせます。膝の角度は90度になります。腹筋、股関節伸筋群、肩甲骨の安定筋の、強力な収縮を維持しましょう。10～12秒間等尺性収縮をキープしてから、ゆっくりと足を元の位置に戻します。臀部を、スタートポジションにゆっくりと下ろしましょう。

アンバー　1番を通って5番へ

　腕を、アンバーから1番を通って頭上の5番ポジションへ
動かすことの、基礎を見てみましょう。

1. 脚を1番ポジションにして、ニュートラル脊柱の姿勢で始めます。少し背が高くなるようにして、脊柱全体を伸長させることをイメージします。腕は、股関節からやや遠ざけた位置で、アンバーを始めます。上腕骨はやや内旋、肘はやや屈曲、手首と指はソフトにして前腕のラインを完成させます。

2. 1番ポジションに動き始めるとき、三角筋前部と大胸筋を動員して肩が屈曲し始めます。ローターターカフの筋肉が収縮し始めて、上腕骨頭を関節窩内に安定させます。僧帽筋と前鋸筋も動員されて肩甲骨を外転し、上方回旋させます。

3. 腕が頭上5番ポジションになると、僧帽筋上部が収縮し続けます。肩甲骨が挙上し過ぎないようにするために、僧帽筋下部も動員するようにしましょう。僧帽筋上部を過動員しないで、首が長くなるのを感じましょう。よけいな緊張は緩めること。腕で顔の周りに優しくフレームをつくれば、美しいポードブラをマスターしたことになります！

4. 脊柱が伸長している感覚を維持し、自然な呼吸をします。上腕骨頭を関節窩内で自由に動かしましょう。肩は耳から遠ざけますが、深層の肩甲骨安定筋の緊張は維持してください。

動員される筋肉

^{さんかくきんぜんぶ}三角筋前部、^{だいきょうきん}大胸筋、^{じょうわんにとうきん}上腕二頭筋、^{うこうじょうわんきん}烏口上腕筋、^{けんこうかきん}肩甲下筋、^{そうぼうきんじょうぶ}僧帽筋上部、^{そうぼうきんちゅうぶ}僧帽筋中部

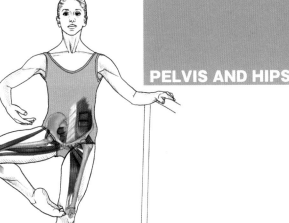

第 8 章

PELVIS AND HIPS

骨盤と
股関節

　ダンスでは、股関節周りは日常とは異なった動きの繰り返しが求められ、その動きは、通常のレベルをはるかに超えたコントロールを必要とします。例えば、素早く巧みな股関節の動きなどは、切れ味鋭いラテンダンスの真骨頂です。モダンダンスのダンサーは、バランスを保ちつつ体重を移動させながら、股関節をすべての面（監訳者注：矢状面、前額面、横断面）で使うことができる、強さと俊敏さを備えています。タップダンサーは、骨盤を安定させたまま、足部と脚部を見事なスピードで動かすことができます。バレエダンサーは、股関節の強さと柔軟性を維持することで、デヴェロペの高さを見せつけます。したがって、すべてのダンサーは、脚の動きの力がどのように股関節と骨盤にかかるのか、を理解する必要があります。どのダンススタイルでも、平行、内旋、外旋のポジションで、大腿を何度も動かさなければなりません。骨盤が脚と連動している仕組みを理解すれば、テクニックも向上します。皆さんのゴールは、骨盤のコントロールを失わずに脚を思い通りに動かすことです。

　本章では、骨盤のアライメントと大腿骨の動きを理解することに注目します。骨盤は、整った状態でバランスがとれているときに力を発揮します。すべてのコアの筋肉群は骨盤部に付着していて、大腿のほとんどの筋肉は骨盤部を起始とします。これは大変強いつながりです。考えてみてください。皆さんの身体のコアの筋肉群は骨盤に付着していて、脚の筋肉は骨盤から始まっています。骨盤は、体幹と脚との連結部なのです。

　あなたは、自分のセンターから動く、ということを身に付けなければいけませんが、その土台となるのが骨盤です。骨盤は左右1対の腸骨、坐骨、恥骨から構成されます（**図8-1**）。仙骨は脊柱と骨盤をつないでいるので、骨盤を形成するグループの一部として考えられています。仙骨は脊柱の基部にあって、骨盤の2つの骨の間にくさび状に挟まっています。仙骨のすぐ前に、身体の重心があります。片足でバランスをとるためには、足を通って床に延びる垂直なライン上に、身体の重心を保たなければなりません。安定したバランスをとるために、骨盤と仙骨が軸脚の上にあるのをイメージしてください。

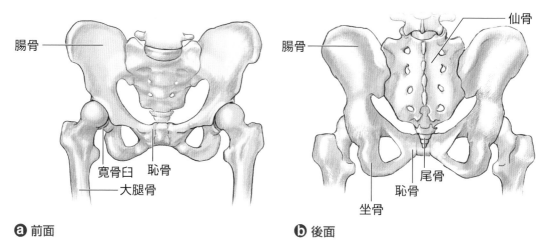

腸骨

寛骨臼　恥骨

大腿骨

仙骨

腸骨

尾骨

恥骨

坐骨

ⓐ 前面　　　　　　　　　　　　　　　　ⓑ 後面

図 8-1　骨盤の骨：（a）前面、（b）後面

　骨盤の側面には寛骨臼（かんこつきゅう）、すなわち股関節の深いソケット（くぼみ）があります。これはカップ状のソケットで、大腿骨の骨頭が収まっています。大腿骨は、身体のなかで最も強くて長い骨です。この深いソケットがある股関節のおかげで、大腿骨は前方に上がり、後方に伸展してアラベスクになることができます。また寛骨臼は、大腿を側方へキック（バットマン）したり（battement to the side）、ターン・イン、ターン・アウトさせたりすることも可能にしています。

　大腿骨頭は斜め下方へと向かい、大腿骨頸部（けいぶ）を形成しています。そしてさらに外側へ向かうと、大転子と小転子という骨の突起があります。小転子は内側に、大転子は外側に位置します。大転子と小転子にはさまざまな筋肉が付着しており、非常に重要です。大転子・小転子に付着している筋肉は、軸脚にのっている際の骨盤の安定性を生み出したり、動かすほうの脚の動きを生み出したりしています。

　アライメントと筋肉の話を続ける前に、「股関節の分離」という用語になじんでおきましょう。これは、骨盤や脊椎とは別に、股関節だけを動かすことを意味します。大臀筋（だいでんきん）を硬くして、その硬さを維持したまま、脚を前方にキックしてみてください。どうなりますか？　臀部の筋肉が硬いままだと、大腿を高く上げるのは不可能に近いことです。今度は、同じ動作を、脚を上げるときに臀部の筋肉を長くするようにしてやってみてください。コアの筋肉群が骨盤部に付着していて、脚の動きは骨盤部から始まるという原則を理解できていたら、股関節だけで大腿を動かすということをイメージできるはずです。大きく、思い切り脚をキックするように意識してください。骨盤が安定していれば、動かす脚は股関節のソケット内でリラックスできているので、なめらかで大きな可動域が生まれます。股関節は、腰背部の下位脊椎に悪影響を及ぼす力もうまく吸収してくれます。

　脚を前方にキック（バットマン）するときには、脚の前面の筋肉は収縮し、後面の筋肉は緩んで遠心的に伸長しています。第1章で取り上げた、筋肉の求心性収縮と遠心性収縮を思い出してください。求心性収縮とは収縮に伴う筋肉の短縮のことで、遠心性収縮とは、筋線維は伸長するものの強度と筋緊張は維持している状態をいいます。脚を前方にキックするときには、腰背部と骨盤の安定性を維持するためにコアの筋肉を使いながら、大臀筋と腰背部の脊柱起立筋は遠心的に伸長されているのです。股関節の分離とは、骨盤や脊柱とは別に、股関節だけを動かす能力なのです。

骨盤のリンク

　ダンサーのケガの大多数は下肢のケガであることは、既にご存じだと思います。これらのケガが急性（突然生じたもの）でない場合は、誤ったテクニックが原因です（監訳者註：急性の場合でも、誤ったテクニックが原因のことが多々ある）。誤ったテクニックは通常、腰椎や骨盤の不完全なアライメントから生じます。腸腰筋（**図8-2a**）は、腰椎・骨盤と大腿骨とを結ぶ魔法のリンクです。大腰筋は、小転子に付着して腰椎と大腿骨をつなぎ、腸骨筋は、小転子に付着して骨盤と大腿骨をつないでいます。腸腰筋が弱かったり硬かったりすると、腰背部や骨盤のアライメントの崩れにつながることがあり、ひいてはこれが脚にまで及びます。

　例えば、腸腰筋は股関節をまたぐので、デヴェロペやグラン・バットマンから脚を下げるときに、スナッピング（弾発現象）を起こすことがあります。スナッピングは通常、腸腰筋腱が大腿骨頭または小転子の上を通過するときに起こります。痛みを伴うことがあり、医師の診断を必要とする損傷にまで発展することもあります。腸腰筋は、硬く弱いのが一般的です。しかし、可動域全域にわたってターン・アウトを強く維持できれば、スナッピングを起こさないポジションで腸腰筋を機能させることができます。また、柔軟性を維持することも、スナッピングを予防するのに効果的です。

　腸腰筋は主要な股関節屈筋です。腸腰筋が屈曲することで、脚を90度よりも高く上げることができます。腰椎を起始として、大腿骨上部の内側に停止する腸腰筋の場所をイメージしてください。筋

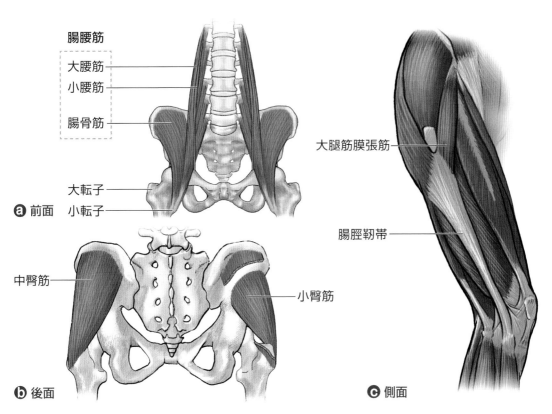

図 8-2　骨盤の筋肉：（a）前面、（b）後面、（c）側面

線維が収縮することで、大腿骨を体幹に引き寄せていくのを想像してください。コンクールやオーディションに出るため、そしてダンサーとして上達するためにも、脚を空中高く上げなければならないのはご存じですね。脚を90度より高く上げようとして大腿と格闘することほど、いらだたしいことはありません（この件については第9章で詳しく取り上げます）。

腸腰筋は下位腰椎の前面を起始としているので、腸腰筋が硬いと腰椎が伸展方向に引っ張られて、骨盤が前傾します。骨盤をニュートラルポジションに保とうと頭では理解していても、腸腰筋が硬いと、骨盤をニュートラルに保つのは非常に難しくなります。骨盤が前傾し、腰椎が伸展した状態でダンスをしていると、腹筋も内転筋（内ももの筋肉）も使われません。また、この骨盤前傾によって腰背部の筋肉は硬くなり、椎骨に対して剪断力が発生します。

本書ではダンスに特化したエクササイズに重点を置いていますが、本章にあるヒップ・フレクサー・ストレッチ（p174）は重要な追加エクササイズです。このストレッチは日常的に行うことができます。センターワークを始める前に、股関節を効果的に動かせるようにするために、ウォーミングアップの後にやってみましょう。第4章で取り上げた鉛直線と、第6章で取り上げたコアワークを思い出してください。骨盤をニュートラルにするには、コアの筋肉を動員する必要があることを改めて強調します。

指導者から「腰背部をアーチしてはいけません」という注意を受けると、無理に骨盤を後傾させて、アーチを小さくしようとすることがあります。骨盤を後傾させることの問題点としては、大臀筋を使い過ぎることにあります。筋肉を使い過ぎるとどうなるか、ご存じですか？　筋肉が大きくなってしまうのです。骨盤を後傾すると、さらにハムストリングが硬くなったり、腰椎の椎間板に異常な圧力がかかったりします。身体のプレースメントを見つけるのに常に悪戦苦闘しているようでは、どうやってテクニックを向上させることができるでしょう？　脊柱全体を長くするように心がけましょう。腰背部をサポートするために、コアの深層の筋肉を動員して骨盤をニュートラルに保ちます。腸腰筋と腰背部をストレッチするとともに腹筋を強化することで、腰に過剰なアーチが出るのを防ぐことができます。身体のプレースメントが再び整えば、次のステップに進んで技術を向上させることができます。

ラテラルヒップ（股関節側方の）パワー

小臀筋と中臀筋（図8-2b）は、腸骨の外側面と大転子の外側の領域をつないでいます。この2つの筋肉は、外転と股関節の安定に働きます。例えば、平行でのサイドランジやサイドへのシャッセ、タップダンサーがサイドにウイングを行うときなどに使われるのが、この2つの筋肉です。モダンダンスのダンサーは、脚をサイドに上げる動きや平行での脚の動きが非常に多いので、この2つの筋肉が大変強くなっています。股関節外転筋群が弱いと、足関節のケガが多くなる傾向にあります。

大腿筋膜張筋は、腸骨の外側と腸脛靭帯とをつなぐ、小さな筋肉です（図8-2c）。腸脛靭帯は、腸骨を起始として大腿の外側を通り、大腿骨の外側、膝蓋骨、脛骨に付着しています。腸脛靭帯は、大腿筋膜張筋と一緒に外旋筋として働くこともある、大変強力な筋膜のバンドです。しかし、脚の強さを支えるために必要な骨盤の安定性の大部分は、中臀筋と小臀筋が担っています。本章の側臥位で

のパッセ・プレス（p164）のエクササイズを行うときは、脊柱と骨盤の安定性に注意しながら、股関節外転筋群の場所をイメージしてください。

骨盤底筋群のコントロール

骨盤底筋群はコアの底面を形成し、骨盤をサポートする上で極めて重要にもかかわらず、骨盤底筋群はダンステクニックのなかでは見過ごされています。多くの指導者は骨盤底筋群の機能に精通していませんし、ダンサーも、その領域の話題を出すことを嫌がります。テクニックのクラスで、指導者が骨盤底筋群について話すのを耳にすることはないですね。

骨盤底筋は骨盤の底を形成する筋肉群です。骨盤のひし形を覚えていますか？　2つの坐骨、恥骨、尾骨をイメージしてください。その4点を結んで、ボウルをかたちづくる筋肉をイメージしてください。腹筋群の収縮により骨盤が後傾して、骨盤底筋群が収縮すると、骨盤のひし形の左右の坐骨幅は若干狭くなります。腰背部をアーチさせて骨盤を前傾させると、坐骨幅は広くなって（監訳者注：この坐骨幅の動きは通常、数ミリ単位程度のごくわずかな動きだが、大切な動き）、骨盤底筋群は遠心性に伸長します。仙骨もごくわずかに動いて、これによって尾骨から恥骨へのひし形のつながりが生まれます。

例えば、2番ポジションでのドゥミ・プリエは、骨盤がニュートラルな状態から始めます。下がっていくときには股関節が分離して坐骨幅は広くなり、恥骨と尾骨との距離も広がります。上がってくるときはその反対です。つまり、下がっていくときには骨盤はニュートラルのままでひし形が広がって、上がってくるときには骨盤はニュートラルのままでひし形が小さくなっていくのです。

大腿骨の回旋

大腿骨はあらゆるスタイルのダンスに対応するためにターン・イン、ターン・アウトする必要があります。そのためには、内旋筋群と外旋筋群との間での、強度と柔軟性の絶妙なバランスが求められます。臀筋の深層には、股関節のターン・アウトと安定に大きな役割を果たす、6つの小さな筋肉があります。これら6つのうちの一つである梨状筋は、仙骨と腸骨の後面を大転子とつないでいます。その他の2つの筋肉である内閉鎖筋と外閉鎖筋は、坐骨と恥骨を大転子につなげています。4つ目と5つ目の筋肉である下双子筋と上双子筋は、坐骨の下方と坐骨結節を大転子につないでいます。大腿方形筋は、坐骨結節と大転子をつないでいます。これらのターン・アウトの筋肉を「深層外旋六筋」と呼びます。

大腿骨の内旋は、いくつかの筋肉によりなされます。一部は次の章でも紹介しますが、ここでまず紹介します。ハムストリングの2つの筋肉（半腱様筋と半膜様筋）は、内旋する役割を持っています。これに加えて、中臀筋と小臀筋の前方線維、大腿筋膜張筋は、内旋を補助することができます。大腿骨は、骨盤を後傾・前傾させないで、さまざまな方向に動かせることを思い出してください。股関節分離のスキルが優れていれば、股関節をより効果的に動かして、コアをより安定させることができます。

ターン・アウト

　バレエダンサーの動きは、脚部はターン・アウトした状態で行われます。ターン・アウトを決定づける、いくつかの解剖学的な要素があります。外旋筋群の強さ、内旋筋群の柔軟性、そして大腿骨頭と頸部の形態です。ターン・アウトの大部分は、股関節のソケット（寛骨臼）内の動きから起こるものです。国際ダンス医科学会（International Association of Dance Medicine and Science）によれば、ターン・アウトの60%は股関節から起こり、20〜30%は足関節が、残りの10〜20%は膝や脛骨が担っています。深層外旋六筋が強ければ、きれいなターン・アウトができます。ターン・アウトした状態で脚を上げる必要があるときは必ず外旋筋群を収縮させて、股関節のソケット内でターン・アウトをまず行ってから、動きを始めなければいけません。他の筋肉は補助しながらも、脚の動きの全域にわたって、外旋筋群は収縮させていなければなりません。

　例えば、アラベスクでは、深層外旋六筋はターン・アウトするために収縮しますが、股関節を伸展させるために、大臀筋が補助します。深層外旋六筋の収縮がなければ、平行のままで脚を後ろにスウィングすることになってしまうのです！　プリエを行うときには、深層外旋六筋が収縮して、大腿骨を前額面上でつま先と同じ方向に開きます。下がっていくときには、内ももの筋肉（内転筋）が遠心性に収縮することで補助し、上がってくるときには、内転筋が求心性に収縮します。

　大腿部を仙骨と骨盤下方につないでいる、小さな外旋筋の場所をイメージしてください。その筋線維が収縮して短縮すると、大腿骨は股関節のソケット内で外旋します。大腿骨は、股関節分離の理論を裏づけるように、腰背部や骨盤の望ましくない動きを伴わずに、股関節のソケット内でターン・アウトすることができます。座った姿勢、寝た姿勢、立った姿勢で、大腿骨を内向き・外向きに動かす練習をしてください。その際に、股関節のソケット内の深いところでの動きだけに注意を向けてください。大腿骨を股関節内で能動的に回旋させるのに、骨盤をひねったり後傾したりする必要はないことに気づいてください。骨盤や脊柱は動かさないで、大腿部だけを動かしましょう。

　普段の股関節の回旋の状態を知るためには、他動的に動かすことのできる股関節の可動域を理解していることは大事ですが、実際にあなたが脚部を保持することができて、また動かすことができる、機能的なターン・アウトの可動域を理解しているほうが、踊る上ではより有用です。先ほども述べたように、ターン・アウトの60%は股関節から来ており、残りは膝や脛骨、足部と足関節が担っています。理想的で機能的なターン・アウトを達成するには上記を念頭に置き、身体をうまく使いながら、正しく骨格のアライメントを保って行う必要があります。ある意味、理想的な180度のターン・アウトを達成するのは身体的には難しく、関節に負担がかかり、一部のダンサーにとってはケガをする原因になってしまいます。股関節から脚部をターン・アウトすることを意識することで、膝や足関節にかかる負担を最小限にすることができます。より機能的なターン・アウトをするために、以下に挙げるコツを意識してください。

・ターン・アウトする際はいつでも、膝蓋骨を第2趾に向けるようにして、膝をひねらないようにしましょう。

・体重を踵と第1、5趾に均等にかけて、過度に回内しないようにします。
・骨盤をしっかりと安定させてニュートラルに保ち、腹筋と深層六筋を働かせて、骨盤が前傾しないように注意します。

骨のアライメント

　ターン・アウトで苦労しているならば、大腿骨頸部の前捻の知識が参考になるでしょう。大腿骨頸部の前捻とは、大腿骨の角度についての用語で、頸部のところで前方にねじれていることを意味します。大腿骨が股関節のソケット内で前にねじれた状態にあると、大腿骨が異常に内旋したり、つま先が内向きになったりします。この前捻があると、バレエのターン・アウトを行うのは解剖学的に難しくなります。大腿骨が前捻していると、骨盤の前傾を引き起こします。無理してターン・アウトしようとすると、膝がねじれて、足部と足関節が内側に巻き込まれます。個々人における解剖学的な形態としての大腿骨の前捻とはいえ、その結果、完全なターン・アウトはできないかもしれません。しかし、身体の他の部分で代償したり、ごまかしたりしていては、より機能的で身体を痛めにくいターン・アウトを身に付けることはできません。その代わりに、股関節の本来の可動域の範囲内で正しく動かすようにします。大腿と膝蓋骨を常につま先と同じ方向へと向けて、足部や足関節にターン・アウトをする負担がかからないように、アライメントをしっかりと意識しましょう。

　前捻の逆は後捻ですが、後捻の場合には大腿骨は外旋がよりできるようになり、つま先が外に向きます。こちらのほうが、よりバレエに適しているでしょう。ターン・アウトに関わる他の解剖学的な要素は、骨盤のソケットのプレースメントです。骨盤の臼蓋はやや前方に開いていることが多いのですが、これが側方に開いている場合は、よりターン・アウトがしやすくなります。

　解剖学的要素にかかわらず、見た目で完璧なターン・アウトをするために、身体の他の部分で代償して負担をかけるのは好ましくありません。その代わりに、骨盤のアライメントを正しく保ち、コアや股関節外旋筋群を強くすることを心がけましょう。

ダンス・フォーカス・エクササイズ

　本章のエクササイズを行うときには、骨盤と腰背部の安定を維持しながら、大腿骨を股関節のソケット内で自由に動かすことを意識してください。脚で素晴らしい動きを表現することや、さまざまな角度へと脚を動かすことができるようになりますが、その動きに必要な筋肉もより効率的に使えるようになります。動きを生み出すのに、一方の筋肉群を使うときには、反対側の筋肉群は伸長します。そして、コアの筋肉群はその動きを保つ役割を果たします。エクササイズを行っているときには、それぞれの筋肉の場所をイメージしてください。筋肉の動きと、それによって大腿骨がどう動いているかを意識します。バランススキルをさらに高めるため、何回かは目を閉じてやってみてください。何回か速いテンポで繰り返してみて、テンポを変えることによる安定性への影響を感じてください。それぞれのエクササイズは、ダンスのテクニックに直接関わっています。図を見て、どの筋肉が協働しているかを学んでください。この章は、最後にパッセの動きを詳しく説明して終了となります。

プリエ・ヒールスクイーズ
PLIE HEEL SQUEEZE

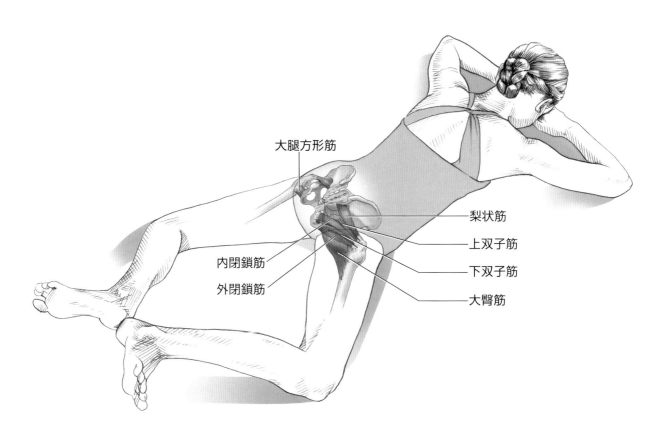

大腿方形筋

梨状筋

上双子筋

内閉鎖筋

下双子筋

外閉鎖筋

大臀筋

エクササイズ

1. 若干ドゥミ・プリエにしたポジションでうつ伏せに寝て、額は手の上に置きます。骨盤は腰が反って前傾にならないよう、ニュートラルポジションでなければなりません。左右の踵を合わせます。息を吸って準備。

2. 息を吐きながら、深層の腹筋の収縮を調整して踵を押し合わせ、深層回旋筋群（深層外旋六筋）と大臀筋下部線維の等尺性収縮を生み出します。このポジションを6カウントの間キープ。

3. 息を吸いながら収縮を緩め、繰り返しに備えます。「押す・緩める」を10～12回。

安全に行うために

腰を反らさないように。腰が反ると、股関節深層屈筋群が短くなって、腰が硬くなります。ニュートラルポジションのまま、腹筋を動員してニュートラルの骨盤を維持してください。

動員される筋肉

内閉鎖筋、外閉鎖筋、梨状筋、大腿方形筋、下双子筋、上双子筋、
中臀筋後部、大臀筋下部線維

ダンス・フォーカス

　皆さんのゴールの一つは、股関節分離の原理、そしてその原理を使うことで、ダンサーとしてのあらゆるスタイルの動きのパフォーマンスをどのように向上できるかを理解することです。このエクササイズを使って、骨盤を前傾・後傾させないようにしながら、脚を外旋させる深層の6つの筋肉にフォーカスしてください。大腿骨が、骨盤から独立して動いているのをイメージしましょう。収縮の強さと深層外旋六筋の短縮によって、大腿上部や股関節屈筋群を無理に使うことなく、大腿骨をフロアからわずかに浮かせることができます。大腿が真っすぐ横に伸びているグラン・プリエをイメージしてください。また、前額面上に完全にターン・アウトして、完璧な骨盤ニュートラルを保ってるパディシャをイメージしましょう。

上級バリエーション

うつ伏せでのパッセ
Prone Passé

　プリエ・ヒールスクイーズで、深層回旋筋を孤立させることを習熟したら、さらに次の段階では、テーブル上にうつ伏せになり、右脚をテーブルの端からはみ出させます。良好なバランスを維持し、脊柱をニュートラルポジションに置き、右脚をテーブルからはみ出させた状態で、パラレルのパッセ・ポジションにします。息を吸って準備。息を吐いて、右脚をパッセ・ターン・アウトへ動かしてキープ。ターン・アウトの筋肉が、重力に逆らって大腿を持ち上げているのを感じてください。6カウントの間キープしてから、ゆっくりとパラレルに戻ります。左右それぞれ10〜12回行います。より高度にするには、大腿の周囲にウエイトをつけて抵抗を与えてください。

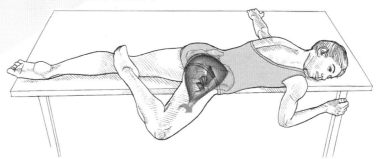

ウエイトを加えたクペ・ターン・イン
WEIGHTED COUPÉ TURN-IN

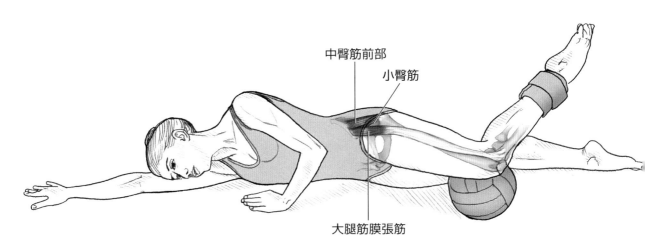

中臀筋前部

小臀筋

大腿筋膜張筋

エクササイズ

1. 身体の右側を下にし、横になって始めます。下の腕はフロアにつけて頭上へ伸ばし、その腕の上に頭を乗せます。上の腕は身体の前で床に置きます。ニュートラルポジションにします。上の脚（左脚）はパラレル・クペのポジション。足部は下の脚の足関節のすぐ上、膝はボールの上に置きます。左足関節に2～5ポンド（1～2.5kg）のウエイトを巻きつけます。体幹を整え、息を吸って準備。

2. 息を吐きながら、コアと骨盤の安定性をあらためて強調します。フロア上のウエストのラインを力強く引き上げておきます。左膝でボールを優しく押さえ、内旋筋を収縮させます。その脚の下腿をフロアに置いた脚から遠ざけ、ターン・インをより促しましょう。6カウントの間キープ。

3. 息を吸いながら、コントロールと骨盤安定を保ちながらゆっくりと戻ります。10～12回行います。最大3セットまで。股関節分離にフォーカスしましょう。

安全に行うために

コア・コントロールをあらためて強調することによって、骨盤をしっかりと固定しましょう。腰が動かないようにします。このようにベースをしっかりと固定して行うことで、股関節の流動性と可動域を引き出すことができ、腰のケガのリスクを小さくします。骨盤が傾かないように。股関節屈曲位で自然なニュートラルポジションを維持しましょう。

動員される筋肉

大腿筋膜張筋、中臀筋前部、小臀筋
（だいたいきんまくちょうきん　ちゅうでんきんぜんぶ　しょうでんきん）

ダンス・フォーカス

　ターン・インの筋肉を強化することは、骨盤の姿勢バランスを維持するために重要です。脚をターン・アウトにして動いているときは、大腿の前部が正中矢状面のほうに向いて、大腿骨頭がやや後方へ滑走しているのをイメージしましょう。腰に代償動作がでないようにしてください。ターン・インのエクササイズは、中臀筋と小臀筋を使うので立脚への安定をもたらし、複数の良い結果を与えてくれます。股関節の内旋は、ヒップホップ・スタイルのダンスや数多くのモダンの動きに使われます。

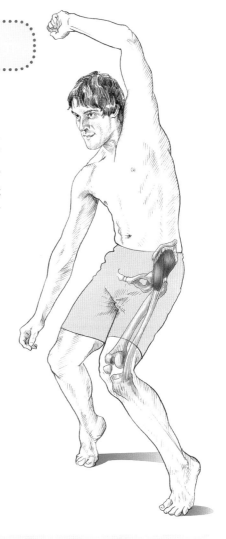

バリエーション

ウエイトを加えたクペ・ターン・イン（上級）
Advanced Weight Coupé Turn-in

　同じスタートポジションで始めますが、右腕は前腕を真っすぐ前に向け、体側近くに置きます。息を吸って準備。息を吐きながら、深層の腹筋を動員し、右肩を滑走させて耳から遠ざけ、身体をサイドプランクへ持ち上げます。バランスがとれたら、左膝でボールを押して大腿を内旋させ、内旋をより促します。深層の腹筋の収縮と肩甲骨の安定を維持しましょう。10〜12回行ってから、コントロールしてスタートポジションへ戻ります。

側臥位でのパッセ・プレス
SIDE-LYING PASSÉ PRESS

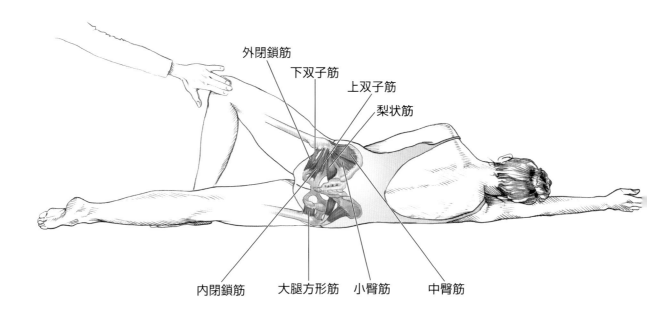

外閉鎖筋
下双子筋
上双子筋
梨状筋

内閉鎖筋　大腿方形筋　小臀筋　中臀筋

エクササイズ

1. 身体の右側を下にして始めます。下の腕を頭上に伸ばし、その上に頭を置きます。上の腕は身体の前のフロア上。上の脚（左脚）をパッセのポジションにして、足部を下の脚の前のフロア上に置きます。下の脚はターン・アウトを維持します。左足の外縁が、下の脚に触れているのを感じましょう。コアを動員して身体の右側をさらに引き上げることによって、体幹を再び整えましょう。息を吸って準備。

2. 息を吐きながら、深層の腹筋を動員して深層外旋六筋を収縮させ始め、前額面上で大腿を開きます。脚でパートナーの手を押し返しながら、ストレッチを続けましょう。6 カウントの間キープしてから、ゆっくり戻ります。10 ～ 12 回行ってください。

3. 深い収縮が起こるとき、骨盤と軸脚から独立して大腿骨が動いているのを感じてください。下の脚も使ってターン・アウトをキープしましょう。骨盤がツイストしそうになるのに抵抗すること。動かしているのは大腿で、骨盤は動かしません。

4. このエクササイズの難度を上げるには、バリエーションで行うように、立位で同じ動きを行ってください。

安全に行うために
体幹の安定を維持して腰をサポートしてください。骨盤の左右の高さを変えないで、深層外旋筋群と股関節外転筋群を強調してください。

動員される筋肉

内閉鎖筋、外閉鎖筋、梨状筋、大腿方形筋、下双子筋、
上双子筋、小臀筋と中臀筋の後部線維

ダンス・フォーカス

このエクササイズを行うときは、パッセの脚の強さが、繰り返し回り続けるアン・ドゥオールのピルエットを開始するためのパワーを与えてくれる、とイメージしましょう。ターンは、物理的な力、バランス、タイミング、強さの調和を必要とします。アン・ドゥダンのピルエットを行っているときでも、パッセでターン・アウトしているほうの脚とターン・アウトしている軸脚との、優れたコーディネーション力を必要とします。どちらかの股関節のターン・アウトが欠落すると、ピルエットが美しく決まりません。このエクササイズはターン・アウトしているパッセと、ターン・アウトして身体を安定させている軸脚との拮抗作用を強化します。

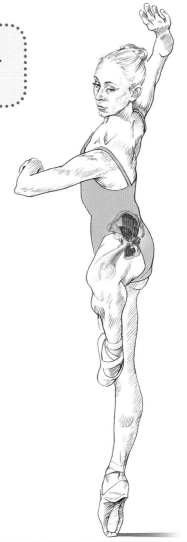

バリエーション

立位でのパッセ・プレス
Standing Passé Press

バーのほうを向いて立位のターン・アウトのポジションから、左脚をパッセにします。右脚は安定した状態で、ターン・アウトを維持します。姿勢を美しく保つために、深層外旋筋群と深層の腹筋をあらためて強調します。友人に補助してもらい、ターン・アウトをしっかりと維持したまま、パッセの脚で友人の手を押し返しましょう。4カウントの間キープ。ゆっくりと緩め、次に備えます。

ゴールは、軸脚の股関節から足部までのつながりをすべて安定させ、パッセの脚の深層外旋六筋を孤立させることです。6回行います。軸脚の安定と軸脚のターン・アウトの筋肉をあらためて強調することにより、軸脚の膝にねじれが起こらないようにしましょう。

立位でのインナー・サイ・プレス
STANDING INNER-THIGH PRESS

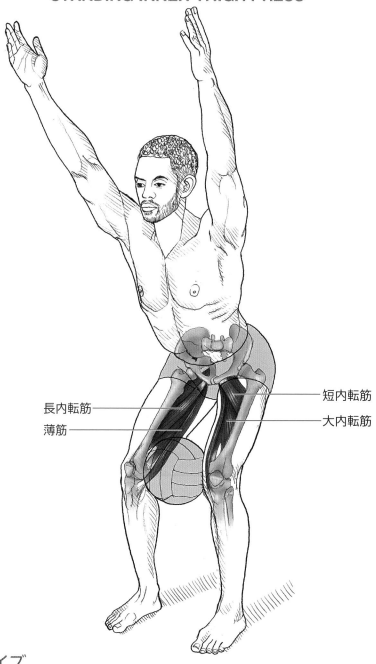

長内転筋
薄筋

短内転筋
大内転筋

エクササイズ

1. 腕を頭上に挙げて立ち、脊柱全体を長くし、体幹を整えて健全なニュートラルのポジションをとります。

2. 股関節を90度に屈曲させ、パラレルのスクワット・ポジションになり、内ももの間にボールを挟みます。息を吸って準備。

3. 自然に呼吸し、下腹部の腹筋を動員して股関節内転筋でボールをぎゅっと締め（スクイーズ）、小さいスクワットを始めます。股関節内転筋のスクイーズを維持しましょう。スクワットを10回行ってから、膝を90度で10秒間等尺性収縮させてキープ。あと5回行いましょう。

安全に行うために

腰をアーチさせないように。深層の腹筋を動員することにより自然でサポートされた状態の骨盤ポジションを維持するようにしましょう。踵に体重をかけた状態を維持し、スクワットの角度は 90 度を超えてはいけません。

動員される筋肉

長内転筋、短内転筋、大内転筋、薄筋

ダンス・フォーカス

　瞬時に活性化する引き締まった内転筋は、両脚を寄せる動き、脚をクロスさせるポジション、空中で脚をビートするジャンプなど、さまざまな動きに必要とされます。プリエの身体が上昇するフェーズでは内転筋が求心的に収縮する必要があり、下降するフェーズでは遠心的に収縮する必要があります。脚を上げるときの低いレンジ（域）では、内ももが股関節屈曲と伸展も助けます。筋線維のなかには、股関節屈曲を生み出すポジションにあるもの、また股関節伸展を生み出すポジションにあるものがあります。股関節内転筋と股関節外転筋とのバランスを維持することで、骨盤の安定に対して、新たなメカニズムがもたらされます。柔軟性を高めようとして、内ももをストレッチするのに多くの時間を費やしているかもしれません。それと同様に内ももを強化することも大切なのです。

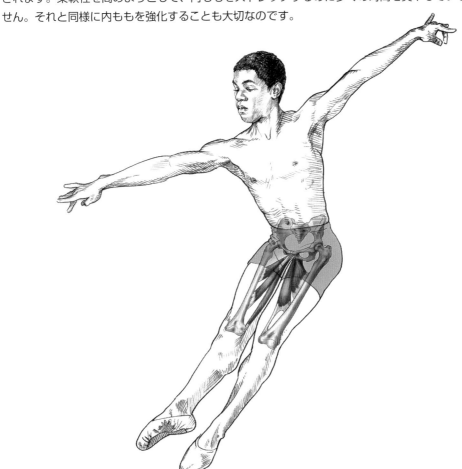

アラベスク・プレップ
ARABESQUE PREP

タンデュ・デリエールのポジション

90度をキープ

半膜様筋

半腱様筋

大腿二頭筋

大臀筋

エクササイズ

1. 脚を股関節幅にして立位の姿勢から、手がフロアにつく（逆Ｖのポジション）までゆっくりとロールダウン。バランスを意識するために、ここで体幹を整えます。右脚をタンデュ・デリエールのポジションへ動かします。

2. 息を吸いながら、タンデュからアラベスクへ、90度で脚の動きを止めます。息を吐きながら、このポジションを４カウントの間キープ。息を吸って、股関節伸筋群にフォーカスしながら、できるだけ高く脚を上げましょう。

3．息を吐きながら、このポジションを４カウントの間キープ。息を吸って、コントロールしながらタンデュのポジションに戻ります。脚を下ろすときは重力に逆らって、股関節伸筋群の遠心性収縮にフォーカスしましょう。パラレルで３回、ターン・アウトで３回、左右それぞれ行います。

安全に行うために

腰がコントロールされずに反ってしまわないように腹筋のサポートを維持しましょう。

動員される筋肉

<table>
<tr><td>大臀筋、ハムストリング（半腱様筋、半膜様筋、大腿二頭筋）</td></tr>
</table>

ダンス・フォーカス

　アラベスクは、見る人を魅了する動きです。アラベスクを行うには、股関節伸展と、脊柱の伸展の細部にまで及ぶコーディネーションを必要とします。股関節分離の原理を維持して、腰の反りや骨盤のひねりがコントロールされずに出てしまわないようにして、大腿を使うことを心がけましょう。コア、股関節伸筋群、股関節回旋筋群からのサポートが得られれば、脚が高く上がるときに生じる骨盤の回旋や前傾を、そのパワーを使ってサポートします。股関節伸筋群と、脊柱を守るための腹筋の遠心性収縮によって、アラベスクの動きが始まっていることを感じましょう。脚を上げると、それに応じて上体も若干前傾しなければなりません。大腿を高く上げる大臀筋とハムストリング、そして伸長しながら腰のコントロールを維持するコアの前面の構造との間で、優雅な綱引きをしています。これは、強さ、柔軟性、コーディネーションを示す優れたお手本です。

バリエーション

抵抗を加えたアラベスク
Resisted Arabesque

　メインのエクササイズ（アラベスク・プレップ）を繰り返しますが、アラベスクの脚の足部に抵抗バンドをつけます。軸脚の足部は、バンドの反対端の上に置きます。脚が90度から上がるときには、バンドがぴんと張ります。腰椎のコントロールをあらためて強調し、ハムストリングと大臀筋を使って股関節を伸展させます。3〜4回行います。

ヒップ・フレクサー・リフト
HIP FLEXOR LIFT

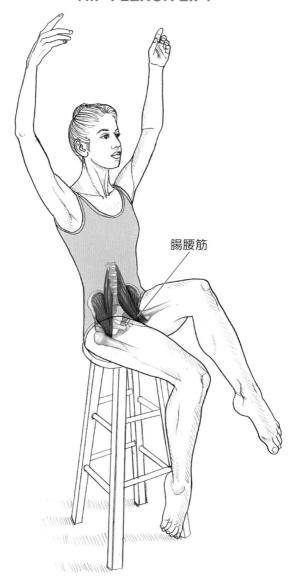

腸腰筋

エクササイズ

1. 脚はパラレルで股関節の幅にして、椅子またはスツールに、背を真っすぐ高くして座ります。両膝は約90度に曲げます。両腕を高い5番ポジションにキープします。腹筋の奥にある腸腰筋をイメージしましょう。息を吸って準備。

2. 息を吐いて、骨盤を少し後傾させ、左膝を胸にパラレルで上げます。腸腰筋筋線維が収縮し、短縮して大腿を上げているのにフォーカスします。腰から大臀筋にかけて長さを出します。椅子の上の左右の坐骨に均等に体重をかけます。

3. 6カウントの等尺性収縮の間、膝を上げた状態をキープします。深層の腹筋の収縮を維持します。体幹を長くします。

4. 息を吸って、コントロールしながらスタートポジションへ戻ります。やや後傾を維持しましょう。腸腰筋の収縮を強調して10回行います。

安全に行うために

骨盤の安定を強調して下位脊椎を保護し、動かす脚の外側の傾き（ヒップハイク）が起こらないようにします。反対側の脚で、フロアを踏みしめないようにしましょう。

動員される筋肉

ちょうようきん
腸腰筋

ダンス・フォーカス

　腸腰筋にパワーをつけることは、脚を空中に高く上げるための秘訣です。ハムストリングの柔軟性に腸腰筋の強度と腸腰筋への意識を組み合わせれば、脚をより高く上げることに自信を持つことができます。「ヒップ・フレクサー」エクササイズはデヴェロペ上達のための準備となりますが、最初は骨盤を若干後傾させて行ってもかまいません。やがて骨盤を真っすぐに立てた、よりダンスに適した姿勢で行うことができるようになるでしょう。

　腹筋の下部の深いところから大腿を肋骨に向けてできるだけ高く上げるようにしましょう。右大腿を上げることと、右坐骨をフロアのほうに下げて留めておくことを連動させてください。そうすることで、腸腰筋からでなく、大腿筋膜張筋と臀筋を使って脚を上げようとするヒップハイクの傾向が抑えられます。大腿を上げることは求心性収縮を伴い、脚を上げたままを保つことは、パワーを高める助けとなる等尺性収縮を伴います。抵抗を伴うブリッジのバリエーション（次に説明します）は、脊柱と骨盤の安定を養なうとともに、腸腰筋、大臀筋、ハムストリングを強化するための優れた方法です。

上級バリエーション

抵抗を伴うブリッジ
Bridge With Resistance

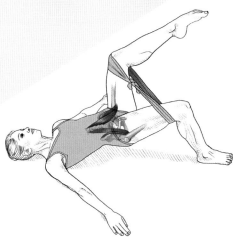

　仰向けで膝を曲げて、両脚を股関節の幅に開いてフロアに置いた状態で始めます。大腿の膝に近いところに抵抗バンドを巻きます。首と肩をリラックスさせ、ニュートラル脊柱ポジションになります。息を吸って準備。息を吐きながら、腹筋を動員して臀部をブリッジに上げます。肩と膝と一直線になる高さまで、臀部を上げます。バランスのとれたポジションになったら、息を吸って準備。息を吐いて、骨盤の安定を保ちながら、片方の膝を、バンドの抵抗に逆らって胸に近づけます。支えているほうの脚にかかるバンドの抵抗も感じながら、腸腰筋が収縮して、脚を 90 度以上に上げているのを感じましょう。6 カウントの間キープしてから、脚を下げスタートポジションに戻ります。左右 10 〜 12 回ずつ行います。このエクササイズは、軸脚の股関節の安定性を必要としながら脚を前方へ上げる、機能的なワークといえます。上げる側の脚を、ターン・アウトさせて行ってもかまいません。

アティチュード・リフト
ATTITUDE LIFT

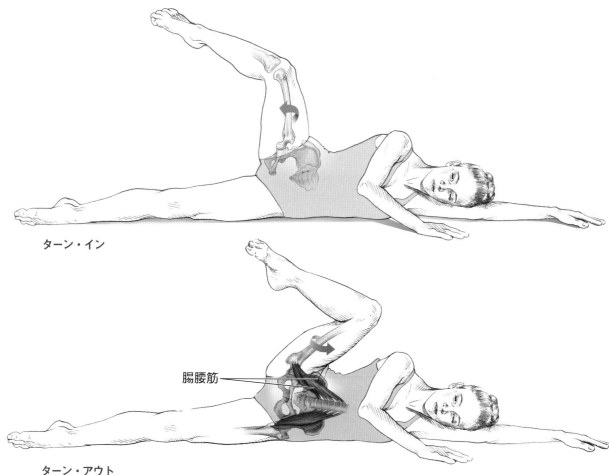

ターン・イン

腸腰筋

ターン・アウト

エクササイズ

1. 身体の左側を下にして横になり、左腕を頭上に伸ばし、その腕の上に頭を置きます。脊柱を長くします。身体の左右両側の深層の腹筋を動員します。上の脚が高いアラスゴンドのアティチュードで、エクササイズを開始します。

2. 自然な呼吸で、アティチュードの状態を維持したまま、大腿を若干内向きに2カウントの間ターン。大腿を外向きに、2カウントの間ターン。ターン・インとターン・アウトをあと2〜4回行ってから、反対側で同じ動きを繰り返します。大腿を、骨盤から独立させて動かすことにフォーカスしてください。

3. 大腿をターン・アウトさせるときは、深層にある外旋筋群下部の収縮と腸腰筋のパワーとをうまく組み合わせることによって、大腿を肩のほうへ引き上げます。収縮を続けて、脚が高く上がるにつれて大腿のターン・アウトを大きくします。

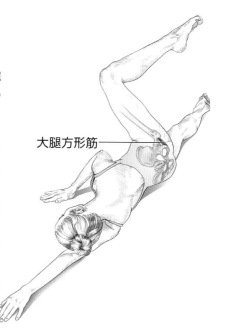

大腿方形筋

安全に行うために

骨盤の動きを出さないように。下位脊椎を安定させます。

動員される筋肉

股関節屈曲：腸腰筋（ちょうようきん）

外旋：大腿方形筋（だいたいほうけいきん）

ダンス・フォーカス

　ダンス・テクニック・クラスで行うことに加えて腸腰筋の状態を効果的に整えれば、デヴェロペやバットマンをより高くすることができます。このエクササイズには他の筋肉も関わっていますが、今回は、深層にある腸腰筋と深層にある回旋筋下部とを結びつけましょう。大腿をターン・インさせたときに何が起こるか、意識しましょう。ヒップハイクが起こり、筋収縮は大腿上部の外側に作用します。デヴェロペは、そこの部分を使ってするのではありません。このエクササイズのターン・インとターン・アウトの要素を、深層にある回旋筋下部と深層にある腸腰筋と関連づけましょう。腸腰筋が、腰椎から大腿骨の小転子に付着しているのをイメージします。今度は、大腿方形筋が、坐骨の外側から大腿骨の後面に付着しているのにフォーカスしてください。片方が大腿骨を引き上げるとき、もう一方は大腿骨を引いてターン・アウトさせます。このようにサイドへの素晴らしいデヴェロペを行うには、その両方のコーディネーションと視覚化、そしてアクションを必要とします。

バリエーション

ニーリング・アティチュード・リフト
Kneeling Attitude Lift

　左膝をついて膝立ちになります。右脚はターン・アウトで膝を曲げ足部はフロア上。息を吸って、右大腿が股関節のソケットの深いところで外旋筋下部の収縮により、ターン・アウトしているのを感じてください。腸腰筋を活性化させることにより、大腿を肩のほうへゆっくりと上げ始めます。軸脚は強く保っておきます。股関節の深いところでの大腿のターン・アウトを維持することができなければ、動きを続けないでください。やめて、再び整えて、最初から始めましょう。息を吐いて、コントロールしながらゆっくりとフロアに戻します。左右それぞれ4回ずつ行います。大腿が上がるとき、坐骨は安定していて、大腿の動きについていかないように心がけましょう。動かすのは大腿だけで、脊柱は動かしません。

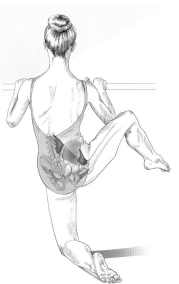

173

ヒップ・フレクサー・ストレッチ
HIP FLEXOR STRETCH

腸腰筋

エクササイズ

1. 右膝をついて膝立ち。左脚の膝を90度に曲げ、左足を前に出してフロアにつけます。体幹を整え、脊柱全体を長くします。

2. 腹筋を使って、しっかりとした骨盤後傾をつくります。ウエストを引き上げながら、バランスのスキルにフォーカスします。右脚は、股関節を若干伸展させた状態です。

3. 右腕を頭上にして、左方向に長いサイドカンブレを始めます。骨盤後傾を再び強調しましょう。長く深い呼吸を3回しながら右股関節のストレッチを45秒間キープします。股関節前面とウエストの右側面が伸びているのを感じましょう。ゆっくりと戻ります。左右それぞれ3〜5回行います。

174

安全に行うために

膝立ちをしている膝の下にクッション用のパッドを敷いて快適にエクササイズができるようにしましょう。エクササイズする側の膝は 90 度にキープして、膝関節に圧縮力がかからないようにしましょう。

動員される筋肉

ちょうようきん　だいたいきんまくちょうきん
腸腰筋、大腿筋膜張筋

ダンス・フォーカス

　股関節深層屈筋群を強く使うと、望ましくない緊張を生み出すことがあります。ゴールは、オーバーユース（使い過ぎ）症候群を生じないで、脚を 90 度よりも高く上げるために腸腰筋を孤立させることです。股関節深層屈筋群を強化するトレーニングでは、股関節屈筋群を繰り返しストレッチする必要があるかもしれません。ウォーミングアップしているほうがストレッチによる効果が大きい、ということを覚えておきましょう。股関節の前の部分のストレッチは、股関節を伸展させる脚の動きにも効果的です。ストレッチしている間は常に骨盤後傾を保ちましょう。骨盤が代償的に前傾を始めると、ストレッチの効果が失われます。実際に骨盤の後傾は、股関節屈筋群を短くするのです！

バリエーション

大腿筋膜張筋（TFL）ストレッチ
Tensor Fasciae Latae(TFL) Stretch

　スタートポジションへ戻ります。「ヒップ・フレクサー・ストレッチ」で骨盤後傾を再び確立したら、腰を前額面に沿って右へ優しくシフトさせて、大腿筋膜張筋に心地良いストレッチを感じましょう。骨盤後傾と腰の右側への滑走を維持して、そのまま左カンブレに入ってもよいでしょう。30 〜 45 秒間キープしてから、スタートポジションへ戻ります。片方で 3〜5 回行ってから反対側に移ります。

175

パッセ
Passé

本章では、骨盤を安定させ動きを骨盤と大腿骨で分けること、つまり股関節の分離にフォーカスしています。では、パッセを詳しく見てみましょう。パッセという名称は、「通過した」という意味のフランス語です。この場合は、ジェスチャー・レッグ（動かすほうの脚）が、軸脚の膝の内側を通過することを意味します。

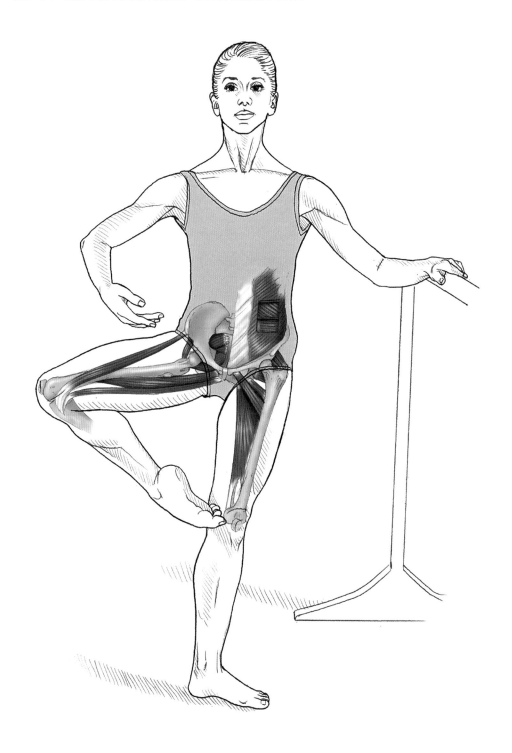

176

1. まず脚は、右脚を前にした脚の5番ポジションの足で始めます（体幹、骨盤、大腿のアライメントにフォーカスするため、腕と下腿はここでは問題にしません）。姿勢を整えて、脊柱と骨盤はニュートラルポジションにします。深層の腹筋を優しく引き込むのを感じましょう。内転筋そして深層股関節外旋筋群が動員されているのを感じましょう。

2. 始める前に、脊柱を伸長させるのを感じ、軸脚に集中します。股関節外旋筋群が、股関節の奥で収縮しているのを感じましょう。ターン・アウトの回旋を、股関節からフロア上の足部まで感じましょう。足部と足のアーチの強い状態を維持し、体重を5本の足趾と踵に均等に乗せておきます。

3. ジェスチャーレッグと軸脚の両方の外旋を維持しながら、前の脚（右脚）をクドゥピエのポジションへ動かします。両脚の股関節前の開きと、股関節外旋筋の深い部分でのしっかりとした収縮を感じましょう。骨盤は安定させておきます。軸脚の側の中臀筋は、バランスと骨盤の安定を維持するために深い部分の収縮を感じてください。引き続き、前の腰骨（ASIS）と恥骨が前額面上で並んでいるのを感じましょう。

4. 右足をポイントにして、5番のつま先を軸脚の内側に軽く置いて、軸脚の内側に沿って右脚を上に滑らせます。ターン・アウトを維持しながら、大腿骨が前額面上で動いているのを意識してください。右脚の外側が収縮して、膝を真横にキープするように意識しましょう。

5. ジェスチャーレッグが軸脚の膝の内側まで来たら、強力な股関節外旋を維持しながら、左右の股関節の前を開く動きを続けます。ここで、右足を軸脚の膝の後ろに優しく動かして、コントロールしながら下降を始め、5番ポジション・デリエールとなります。右足を後ろに置く5番ポジションになって閉じるまで、動きの間すべての角度でずっと、両脚の股関節外旋の強力な収縮を維持します。

動員される筋肉

体幹の姿勢：深層の腹横筋（ふくおうきん）、内腹斜筋（ないふくしゃきん）、外腹斜筋（がいふくしゃきん）、骨盤底筋（こつばんていきん）（尾骨筋（びこつきん）、肛門挙筋（こうもんきょきん））

クドゥピエからパッセ：内閉鎖筋（ないへいさきん）、外閉鎖筋（がいへいさきん）、梨状筋（りじょうきん）、大腿方形筋（だいたいほうけいきん）、下双子筋（かそうしきん）、上双子筋（じょうそうしきん）、中臀筋後部（ちゅうでんきんこうぶ）、縫工筋（ほうこうきん）

軸脚：内閉鎖筋（ないへいさきん）、外閉鎖筋（がいへいさきん）、梨状筋（りじょうきん）、大腿方形筋（だいたいほうけいきん）、下双子筋（かそうしきん）、上双子筋（じょうそうしきん）、中臀筋後部（ちゅうでんきんこうぶ）、大臀筋下部線維（だいたいきんかぶせんい）、長内転筋（ちょうないてんきん）、短内転筋（たんないてんきん）、大内転筋（だいないてんきん）、薄筋（はっきん）

第 **9** 章

脚

LEGS

ダンスはもちろん身体全体を使って踊るのですが、ダンスの魅力は脚と足の美しさに表れます。すべてのダンススタイルは、脚の素晴らしい能力——重力をものともせず人間の可能性の限界に挑戦する姿——を見せてくれます。この美的資質によって、ダンサーは観客とコミュニケーションをとります。本章では脚の解剖学的構造とその精度に注目していきます。精度というのは、脚の動きの洗練さの度合いを意味します。精度の高い動きには、正確性と調和のとれた筋収縮のスピードを必要とします。

脚の美しさに寄与している骨と筋肉を詳しく見ていきましょう。身体のなかで最も長く強い骨である大腿骨は、骨盤から斜め下方向に伸びて、膝関節の上部を形成しています（図9-1）。大腿骨には数多くの筋肉が付着していて、ダンスの動きや技術の正確性を生み出すのに役立っています。膝関節は身体のなかで最も大きい関節ですが、強力な靭帯によってサポートされている蝶番関節です。膝関節は体重の３倍程度の負荷を受け、ジャンプの着地時にはそれ以上の負荷を受けます。膝蓋骨（膝の皿）は、脛骨に付着している大腿の筋肉群（大腿四頭筋）の腱の中にある、浮遊骨です。膝蓋骨は、大腿四頭筋の滑車の役割を果たしています。大腿四頭筋の筋力は、膝蓋骨の安定性やアライメントを保つのに重要です。膝の屈伸の際に、膝蓋骨は膝を曲げるときには下に向かって、伸ばすときは上に向かって滑走性の動きをしますが、大腿四頭筋の筋力のバランスが不均衡な場合には膝蓋骨が異常な滑走をすることとなり、ケガのリスクが高まります。大腿の外側の筋肉を使い過ぎると、ジャンプから着地するときに、膝蓋骨が異常な外側への滑走をしてしまうことがあり、それがケガのリスクとなります。

膝関節には、内側側副靭帯（MCL：大腿骨と脛骨をつなぐ）、外側側副靭帯（LCL：大腿骨と腓骨をつなぐ）と、交差して大腿骨と脛骨をつなぐ前十字靭帯（ACL）、後十字靭帯（PCL）という、４本の靭帯があります。これらの靭帯は膝をサポートしていますが、特にジャンプの着地時などに、骨の

178

アライメントが損なわれると、ひどいケガをきた
してしまうことがあります。

　MCL は非常に強固で、膝関節の内側の安定性
に寄与しており、LCL は外側の安定性に寄与し
ています。

　これらすべての靭帯による大腿骨と脛骨のつ
ながりは、動きの精度に影響されます。特に大
切なこととして、大腿骨は脛骨の延長線上にある
必要があり、特に着地の際にはそれが強く求めら
れます。ずれが生じると、大腿骨と脛骨が不自然
にねじれて、靭帯に過度なストレスがかかること
になります。ACL は脛骨が前方へと移動するの
を防いでおり、PCL は脛骨の後方への移動を防
いでいます。脛骨が大腿骨に対して異常に前方
にずれると、ACL は断裂してしまい、回復まで長
い時間が必要となってしまいます。ケガを防ぐた
めにはジャンプやひねり、回転などによってかか
る力に耐えられる、健全で強い膝を保つことが重

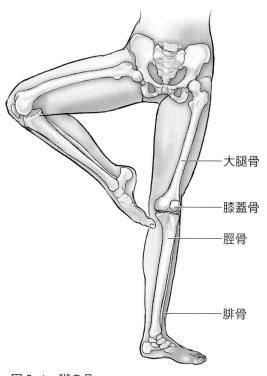

大腿骨

膝蓋骨

脛骨

腓骨

図 9-1　脚の骨

要です。本章のエクササイズで取り上げているウォール・シット（p186）では、これらの注意点を念
頭に、脚が矢状面に沿って動いているときに、膝とつま先とが同じ方向にあることを強調しています。

　大腿骨は、腸骨大腿靭帯、恥骨大腿靭帯、坐骨大腿靭帯という強力な靭帯によって、股関節のソケッ
ト、すなわち寛骨臼にしっかりと収まっています。これらの靭帯の名称は、靭帯がつながっている骨
の名称と関連していることに注目してください。脚を前方に上げるときには、より大きな可動域が出
せるようにこの 3 つの靭帯は少し弛緩します。これらの靭帯は、脚を後方に上げるときや骨盤を後傾
させるときには緊張します。その形状から Y 靭帯と呼ばれることもある腸骨大腿靭帯は、極めて強力
であるため、股関節の安定性と身体のプレースメントのコントロールを助けています。ですから、健
康的な姿勢であるニュートラルの姿勢を崩すことになっても、ターン・アウトがもっとできるように
腸骨大腿靭帯を緩めようとして、骨盤を前傾させてしまうダンサーもいます。しかし、骨盤が前傾し
てしまうと、腸腰筋や下部腰椎の脊柱起立筋も硬くなってしまうのです。

筋肉への意識

　第 8 章では、股関節の外側の筋肉、深層外旋筋群、腸腰筋について詳しく取り上げました。ここ
では脚の前方（前面）、内側（側面）やその他の後方（後面）の筋肉を見ましょう。大腿の前方の筋
肉は大腿四頭筋群です。大腿直筋は大腿四頭筋群のなかで最も大きく、腸骨棘から股関節をまたい
で脛骨につながっています（図 9-2a、p180）。大腿四頭筋のそれ以外の 3 つの筋肉は、内側広筋、
中間広筋、外側広筋です。その名称は、筋肉の位置と関連していることに注目してください。それぞれ、

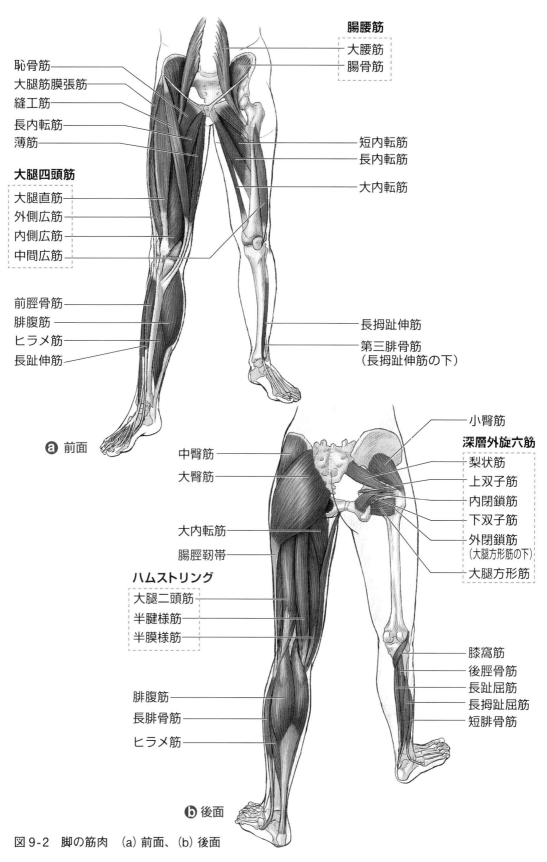

恥骨筋

大腿筋膜張筋

縫工筋

長内転筋

薄筋

腸腰筋

大腰筋

腸骨筋

短内転筋

長内転筋

大内転筋

大腿四頭筋

大腿直筋

外側広筋

内側広筋

中間広筋

前脛骨筋

腓腹筋

ヒラメ筋

長趾伸筋

長拇趾伸筋

第三腓骨筋
（長拇趾伸筋の下）

ⓐ 前面

小臀筋

深層外旋六筋

梨状筋

上双子筋

内閉鎖筋

下双子筋

外閉鎖筋
（大腿方形筋の下）

大腿方形筋

中臀筋

大臀筋

大内転筋

腸脛靭帯

ハムストリング

大腿二頭筋

半腱様筋

半膜様筋

膝窩筋

後脛骨筋

長趾屈筋

長拇趾屈筋

短腓骨筋

腓腹筋

長腓骨筋

ヒラメ筋

ⓑ 後面

図9-2 脚の筋肉 （a）前面、（b）後面

大腿骨上方の内側面、外側面（大腿の）奥を起始として膝蓋腱に付着しています。

　これらの筋肉はすべて、股関節の屈曲と膝の伸展を行います。内側広筋は、膝蓋骨の正しいアライメントを保つのに特に重要です。これはドゥミ・プリエで上がってくるときに、膝を伸ばしていく最後の15度のところで収縮して、膝蓋骨を安定化させます。また、上前腸骨棘を起始として脛骨の内側面につながる縫工筋も、大腿の前部の筋肉に含まれます。この筋肉は身体のなかで最も長い筋肉で、膝の伸展を助け、ターン・アウトにも関わっています。ここで挙げたすべての筋肉は大変強く、軸脚の膝を真っすぐ保つのに役立ちます。また、これらの筋肉はプリエで上がっていくときの膝を伸展させ、デヴェロペでの動きを完成させる働きがあります。

　内転筋、つまり内ももの筋肉の起始は恥骨で停止は大腿骨の内側ですが、付着しているところは筋肉ごとに異なります。内転筋は、長内転筋、短内転筋、大内転筋、恥骨筋、薄筋〔監訳者注：これら5つの筋肉は、前章でも出てきた股関節で大腿を内旋させるハムストリングの2つの筋肉（半腱様筋と半膜様筋）を補助する中臀筋の前方線維、小臀筋と大腿筋膜張筋とともに内旋筋群でもある〕です（図9-2b）。これらの筋肉は大腿を内転させ、低い位置で脚を前後に動かすことができます。トレーニングを積んだバレエダンサーの多くは、特に両足をフロアにつけているとき、脚を外旋に保つには内転筋が重要であると考えています。例えば、1番ポジションでのルルベでは内転筋を使うと、骨盤の安定性とターン・アウトの安全性が高まります。

　ハムストリングは、大腿の後面の筋肉です。大腿二頭筋は、坐骨結節（坐骨）と大腿骨を起始として、脛骨外側と腓骨に付着します。半腱様筋と半膜様筋は、坐骨結節を起始として脛骨内側に付着します。ハムストリングのすべての筋肉は、膝の屈曲と股関節の伸展を行います。大腿二頭筋は、アラベスクの動きで特に強い力を発揮します。ハムストリングは、身体のプレースメントにおいても重要な役割を果たします。立っているときにハムストリングと腹筋をうまく使えれば、骨盤のアライメントを整えることができます。これによって軸脚の安定性が高まるので、大腿四頭筋を使い過ぎたり、ギュッと強く締めたりせずに済みます。

　大臀筋も忘れてはいけません。大臀筋は腸骨と仙骨、尾骨の後面を起始として大腿骨に付着し、腸脛靭帯上にも筋線維を出しています。大臀筋とハムストリングは、後方への脚の振り上げ、バットマン・デリエール、アラベスクの動きを起こします。ニーリング・ハムストリング・カール（p188）のエクササイズは、大腿と臀部の後面を使いながら、深層の腹筋を使うように意識します。大臀筋は最も強い股関節伸筋で、下部線維は一部外旋に関わっています。ただし、深層外旋筋群を意識して使うことができなければ、大臀筋を使い過ぎてしまい、結果として骨盤が後傾して、ターン・アウトは制限されてしまうでしょう。

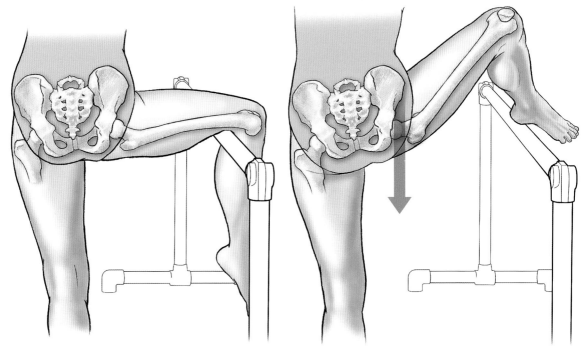

図9-3　股関節のソケットにおける大腿骨の動き

動きの精度

　第8章では、伸展を向上させる必要性について触れましたが、非常に多くのダンサーが脚を90度よりも高く上げようとするときに大腿四頭筋を使い過ぎて、悪戦苦闘します。脚を前に上げる動きではどれでもそうですが、特にターン・アウトでは脚が上がり始めるときに、大腿骨頭が下がらなければなりません（図9-3）。

　上がっている脚の坐骨がフロアの方向、下に向かっているのをイメージしてください。腸腰筋が求心性に収縮し、大臀筋と腰背部の筋肉は伸長します。ハムストリングと股関節外転筋群を使って、軸脚をしっかりと保たなければなりません。ヒップハイク（骨盤が上がること）で動きを始めると、小臀筋と中臀筋、大腿筋膜張筋の前方線維を使うので、脚が内向きに動き始めます。全可動域にわたり、大腿骨の外旋を維持するために、深層外旋筋群が働かなければなりません。第4章の軸の伸長の原理原則：脊柱全体を伸長させてコアの筋肉群を使うことを忘れてはいけません。

　デヴェロペのような動きのときも、大腿骨頭は下向きに滑走しますが、ターン・アウトはし続けなければなりません。腸腰筋を意識しながら、膝は極力高く肋骨に近づけます。それから大腿の求心性収縮を通して膝を伸ばします。大腿四頭筋を硬くしてしまったら、それ以上脚を高く上げることはできません。つまり、デヴェロペはその位置で止まってしまいます。

　膝を曲げているときには、支えている靭帯は緩んでいます、これは、膝の安定性は筋肉の強さにか

かっているということを意味します。膝が伸びているときは、解剖学上の若干の回旋が関節内で生じます〔監訳者註：膝のスクリューホームムーブメント（終末強制回旋運動）のこと〕。このことを念頭に置いて、大腿、膝がつま先の上に来るようにアライメントを整えてコントロールされた着地をすれば、膝を痛めるリスクは小さくなります。力強いキックのときであれ、ジャンプのときであれ、脚を下ろすときには精度の高いコントロールを意識してください。このような状況では、筋肉は瞬時にその収縮様式を変えて、重力に耐えられるようにする必要があります。グランバットマンからフロントに戻るには、体幹を整え直す必要がありますが、それとともに股関節伸筋群の求心性収縮を必要とします。ディセンディング・バットマン（p196）のエクササイズは、戻ってくる動きのコントロールを意識するのに優れた方法です。

　ジャンプから安全に効果的に戻ってくるには、大腿四頭筋、ハムストリング、下腿の底屈筋の遠心性コントロールを必要としますが、それについては次章で取り上げます。第1章の「遠心性収縮とは筋肉が働きながら伸びること」ということを思い出してください（p15）。遠心性収縮は通常、下りてくる動きをコントロールするために必要です。着地の際の筋肉の働きに対して、膝が担う役割は約3分の1です。遠心性にコントロールしながら、つま先、前足部、踵へとロールさせていくことで、着地の衝撃を和らげます。そうすれば、膝と股関節はコントロールを保ちながら曲がることができて、着地の衝撃を吸収していくことができます。大切なのは、跳び上がるときに全精力を使ってしまって、着地の段階でコントロールを失わないようにすることです。ジャンプから着地するときに、ケガをすることが大変多いのです。

ダンス・フォーカス・エクササイズ

　この章で紹介するエクササイズは、どれもダンスのテクニックと直接関係します。それぞれのエクササイズを行う際には、最も効率的な方法で動くことを意識してください。いい換えると、姿勢を維持するためのコアの筋肉を使って、動きに必要とされる筋肉だけを使うようにします。不必要な筋活動は疲労を引き起こします。エネルギーを節約することができれば、高い精度でより長い時間、踊ることができます。例えば、脚を後ろに上げるだけのために、首や肩を使い過ぎる必要はありません。首や肩を使い過ぎることは動きを妨げ、疲れさせ、ケガのリスクを高めます。新しいダンスの原理原則を活用しましょう。

1. 脊柱の鉛直線と姿勢への意識
2. 脊柱や骨盤の動きを伴わない、大腿の動きのための股関節の分離
3. コントロールされた動きを増やすために、体幹を安定させること
4. コアの筋肉群を使うための効果的な呼吸

　たくさん意識しなくてはなりませんが、一度新しい動きのストラテジー(方法)を身に付ければ、意識しなくてもできるようになります。意識しなくてもできるようになれば、身体のある部位を安定させながら別の部位を使って自由に動き、パフォーマンスを向上させることができるようになります。エクササイズの一番最後に、デヴェロペの効用について詳しく解説することとします。

ショート・アークス
SHORT ARCS

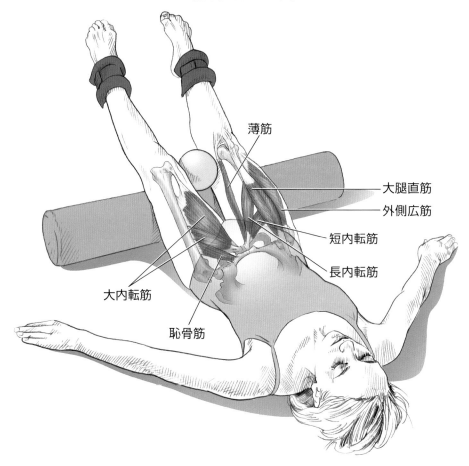

薄筋

大腿直筋

外側広筋

短内転筋

長内転筋

大内転筋

恥骨筋

エクササイズ

1. 仰向けに寝て、膝の下にフォームローラーまたは丸く巻いたタオルを置き、小さいボールを左右の膝の間に挟み、3ポンド（約1.5kg）のウエイトを左右の足首に巻きます。足裏はフロア上につけます。ニュートラル姿勢のアライメントをあらためて確認しましょう。息を吸って始めます。

2. 息を吐きながら、大腿四頭筋を硬くすることとボールをぎゅっと挟んで（スクイーズして）、股関節内転筋を活性することで協調させます。両膝を伸展させて、そのポジションを2〜4カウントの間キープ。コントロールしながら動きを戻します。

3. 大腿でフォームローラーを押さえつけるのでなく、下腿を上げることにフォーカスしましょう。10〜12回行ってから、膝の伸展を素早く、伸展から戻る動作をゆっくり、10〜12回繰り返します。左右の足首に巻くウエイトを、段階的に5ポンド（約2.5kg）まで増やしてください。

安全に行うため

ニュートラルの骨盤を維持するために、深層にある腹横筋を動員し、腸腰筋の収縮が起こらないようにします。大腿四頭筋、特に内側広筋にフォーカスしましょう。膝の過伸展をしないように。膝の過伸展は、膝の後方にある靭帯へのストレスを増大させます。

動員される筋肉

だいたいちょっきん　ないそくこうきん　がいそくこうきん　ちょうないてんきん　たんないてんきん　だいないてんきん　はっきん　ちこつきん
大腿直筋、内側広筋、外側広筋、長内転筋、短内転筋、大内転筋、薄筋、恥骨筋

ダンス・フォーカス

　大腿四頭筋のすべての筋肉は膝伸展の主動作筋の役割を果たしますが、このエクササイズは特に、内側広筋と内転筋群にフォーカスします。あらゆるスタイルのダンスで、膝周りの常軌を逸した動きが求められることがあります。実際、振り付けがより創造的で独特であるほど、このようなタイプの動きは、さらに注目が集まります。そのような動きでは、大腿四頭筋を内転筋群とともに強化することによって、膝蓋骨にかかる圧縮力を軽減することが可能です。膝を0〜30度の域で動かすことは、膝蓋骨の縦方向のアライメントをきれいに整えるよう強調することで、圧縮力を軽減します。

　「ショート・アークス」を行っているときは、大腿が収縮するときに下腿がふわりと浮いていること、あるいは屈曲した膝の裏側が開いていくのをイメージしましょう。このタイプのイメージは、デヴェロペを完全に行うことを助けてくれます。ゴールは、大腿の筋肉で下腿を持ち上げることであって、大腿で押さえつけることではありません。例えば、バレエのロシアン・パ・ド・シャの動きは、リードする脚の大腿四頭筋の力強い収縮を必要とします。大きいパ・ド・シャでも小さいパ・ド・シャでも、大腿の筋肉を使って脛骨を上げてください。

　体重支持の「ショート・アーク・プリエ」のバリエーションを行っているときは、内側広筋にフォーカスし、膝蓋骨が外側へ滑走する傾向を最小限に抑えましょう。また、エクササイズのテンポを変えて、跳躍をシミュレーションしましょう。テイクオフは速く、着地はゆっくりと。ジャンプのときは、つま先がフロアについた瞬間に大腿四頭筋が伸長し始め、強く緊張した状態を維持しなければなりません。女性ダンサーのなかには、平均的なアスリートと比べて大腿四頭筋が強くない人もいますし、テクニックまたはウォームアップのクラスで十分な大腿四頭筋のトレーニングを行わない場合もあります。そのような場合に該当するならば、大腿を強化するためにトレーニングを始めましょう！

バリエーション

ショート・アーク・プリエ
Short-Arc Plié

　高さ4〜6インチ（約10〜15cm）のステップの上に立ちます。右脚をターン・アウトのポジションでステップに乗せ、左脚をステップから前に伸ばします。ニュートラルな脊柱のポジションをキープし、膝中央を第2趾方向に向けたターン・アウトを維持します。自然な呼吸で、ドゥミ・プリエを始め、踵に少し体重を残した状態で、ハムストリングと大腿四頭筋の十分な収縮を感じましょう。膝中央を第2趾方向に向けた、正しいアライメントを維持します。10〜12回ドゥミプリエを行い、内側広筋を動員することにフォーカスしましょう。10〜12回を3セット行います。踵に、少し体重を残しておくことを心がけましょう。

ウォール・シット
WALL SIT

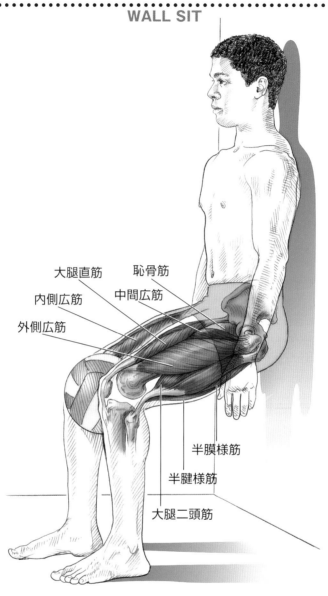

大腿直筋
恥骨筋
内側広筋
中間広筋
外側広筋
半膜様筋
半腱様筋
大腿二頭筋

エクササイズ

1. 壁を背にして立ちます。踵を壁から2フィート（約60cm）離します。壁に背をつけて、膝の間に小さなボールを挟みます。息を吸って準備。

2. 息を吐いて、壁につけた背を下方へスライドさせることによって、パラレルのドゥミ・プリエを行います。足全体に、体重が均等にかかっていることを感じましょう。必要であれば、踵に圧力をかけることをあらためて強調します。内転筋を収縮させて、ボールを締めます。

3. そのポジションを2～4カウントの間キープして、等尺性収縮を生み出します。壁につけた背を上方へスライドさせて、戻ります。次は、大腿がフロアに平行になるまでドゥミ・プリエを深めて繰り返しましょう。2～4カウントの間キープしてから、壁につけた背を上方へスライドさせます。このシリーズを 10 ～ 12 回行います。

安全に行うため

脊柱の自然なカーブはすべて維持すること。ニュートラルな脊柱をあらためて強調してください。骨盤は後傾させないように。膝関節への圧縮力を軽減するため、膝の屈曲が90度を超えるプリエは避けてください。

動員される筋肉

ハムストリング（半腱様筋、半膜様筋、大腿二頭筋）、大腿四頭筋（大腿直筋、外側広筋、内側広筋、中間広筋）、長内転筋、短内転筋、大内転筋、薄筋、恥骨筋

ダンス・フォーカス

　膝を曲げる度合いを少し深くすると、難度が上がることに気づくでしょう。パラレルでもターン・アウトでも、スクワットを深くすると膝蓋骨の関節面に圧縮力が生じます。大腿四頭筋が十分強ければ、グラン・プリエは素晴らしいエクササイズです。膝が屈曲しプリエが深くなると、大腿四頭筋の収縮も大きくなり、大腿骨と接する膝蓋骨にかかる圧縮力も大きくなります。実際、グラン・プリエでは膝関節に体重の7倍に等しい荷重がかかります。グラン・プリエのたびに、それがどのくらいの荷重なのかを想像してください！そう考えると、グラン・プリエはバレエのテクニック・セッションでは、脚が十分にウォームアップしている後半で行うほうがよいでしょう。

　身体を後ろに反らせて膝と大腿で、体重と安定性を維持するモダンダンスのホートン・テクニックのヒンジを行うには、大腿四頭筋の見事な強さを必要とします。クラシック・バレエの大きいカンブレのランジにおいても、膝の深い屈曲と併せて、大腿四頭筋の強い収縮力が必要とされます。さらに、さまざまなコンテンポラリー・スタイルの振付では、ターンしながら膝で全体重を支えることが求められることもあります。膝とつま先が同じ方向を向くアライメントを強調するために、このエクササイズを使っているのであれば、10～12回で十分でしょう。筋肉強化を目指しているのであれば、疲れ切るまで、このエクササイズを繰り返してください。

ニーリング・ハムストリング・カール
KNEELING HAMSTRING CURL

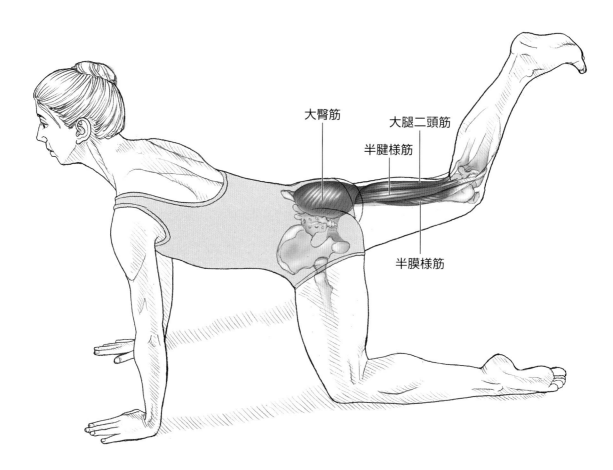

大臀筋

大腿二頭筋

半腱様筋

半膜様筋

エクササイズ

1. 肩は手首の真上、股関節は膝の真上にして、四つ這いになります（すなわち、両手と両膝で支持した状態）。強力な深層の腹筋の収縮を維持して腰椎をサポートしながら、右脚を後ろへ伸ばします。息を吸って準備。

2. 息を吐いて、深層の腹筋を動員して脊柱全体を長くします。ハムストリングと大臀筋を動員し、大腿を下げないようにしたままで右膝を曲げます。4カウントの間キープしてから、膝を伸ばします。10 〜 12 回行って、脚を替えます。

3. 膝を曲げるときに右股関節の前を長くし、ハムストリングと大臀筋の強い収縮を感じましょう。このエクササイズの難度を上げるには、足関節にウエイトをつけます。

安全に行うため

腰を保護するために、深層の腹筋の収縮を強くしましょう。このエクササイズは、脊柱に沿った安定筋群も動員します。腰が反りそうになるのに抵抗して、ニュートラルの安定した骨盤のポジションを維持するようにします。

動員される筋肉

ハムストリング（半腱様筋、半膜様筋、大腿二頭筋）、大臀筋

ダンス・フォーカス

　パーフェクトな身体のプレースメントにおけるサポートを提供することに加え、ハムストリングは膝を屈曲し股関節を伸展します。このように、ハムストリングは二関節筋として働くのです！　一部のダンサーは膝が過伸展していますが、これは緩さと後方の重力トルクによって、膝が完全伸展を超えて伸展することを意味します。過伸展をコントロールするには、ハムストリングの活性のタイミングをもう少し早くしましょう。バレエのクペ、パッセ、アティチュードのポジション、またジャズのバレル・ターンやスタッグ・リープを行うたびに、ハムストリングが働きます。大腿二頭筋もターン・アウトを助けます。アティチュード・デリエールやターン・アウトのアラベスクでは、この筋肉が収縮しているのを感じましょう。股関節分離を意識するようにしましょう。腰を全く動かさずに、大腿をできるだけ遠くに動かしてみましょう。骨盤と脊柱の抵抗に対抗して、大腿を動かすようにしましょう。

バリエーション

ホバリング・プリエ
Hovering Plié

　骨盤のニュートラルポジションを維持しながら、ターン・アウトのドゥミ・プリエのポジションでうつ伏せになります。腰のために深層の腹筋のサポートをあらためて強調しましょう。息を吐きながら、腹筋下部を収縮させます。深層回旋筋群と大腿二頭筋を動員することによって両脚をフロアから1〜2インチ（約2.5〜5cm）浮かせます。深層にある外旋筋下部を強調します。このポジションを2〜4カウントの間キープしてから、コントロールしながら大腿をゆっくりフロアへ戻します。10〜12回行います。

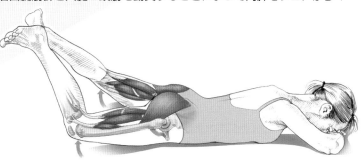

サポーティッド・ハムストリング・リフト
SUPPOTED HAMSTRING LIFT

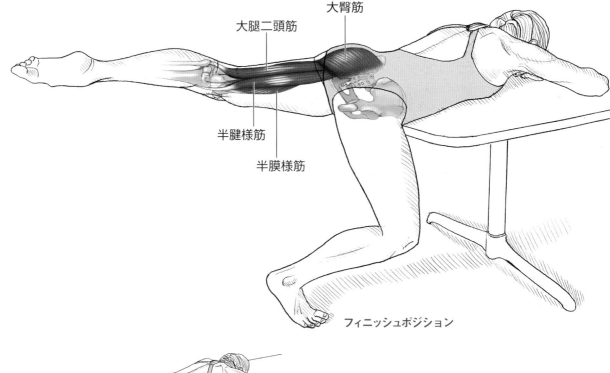

大臀筋

大腿二頭筋

半腱様筋

半膜様筋

フィニッシュポジション

スタートポジション

エクササイズ

1. 足はフロアにつけて、上体をテーブルに伏せます。テーブルの端が股関節屈筋群にしっかりとついた状態で、手は額の下に置きます。息を吸って準備。

2. 息を吐きながら深層の腹筋を動員し、ハムストリングと大臀筋を収縮させて膝を伸ばし、片方の脚をフロアから上げます。骨盤や腰を動かさないこと。4 カウントの間キープしてから、ゆっくりと戻ります。10 〜 12 回行ってから反対側の脚で行います。

3. ハムストリングと大臀筋の強力な協働収縮を感じ、腰椎の安定を意識してください。このエクササイズの難度を上げるには、足関節にウエイトを加えます。

安全に行うため

腹筋を活性化させてから、ハムストリングで脚を上げます。腰を緩めないこと。腰を緩めると、コントロールを伴わずに脚を勢いで上げてしまいます。それを続けていると、下位脊椎がすり減って腰が硬くなり、オーバーユース傷害の原因となります。

動員される筋肉

ハムストリング（半腱様筋、半膜様筋、大腿二頭筋）、大臀筋

ダンス・フォーカス

　学習したように、ハムストリングは坐骨を起始としています。骨盤とつながっているので、ハムストリングが弱いと、骨盤のアラインメントを保つ効果が落ちます。鉛直線を意識してください。ハムストリングが弱いと骨盤の前傾を引き起こし、最適なプレースメントが崩れてしまいます。逆に、ハムストリングの強さと腹筋の引き上げのバランスがしっかりしていれば、骨盤と腰のバランスをうまく保つことができます。したがって、ハムストリングに非常に大きな柔軟性を必要とする一方で、強度を維持することも大切です。

　ハムストリングはアラベスクや力強いジャンプを助けます。サポートをさらに増やすには、ハムストリングを腹筋とともに動員するという新しい意識を持って、脚を後ろに上げる練習を行ってください。アラベスクの高さが高くなるにつれ、腹筋下部のサポートを維持して上体を前方へシフトさせ、その腹筋・ハムストリングのつながりを維持しながら、上背部と胸部の脊柱伸展を強調しましょう。このエクササイズのバリエーションは、脊柱をサポートし、脊柱起立筋を動員しないでハムストリングと大臀筋を孤立させます。大腿の後方部分は、あらゆるレベルの素早く変化するダンスの動きで、膝と股関節を動かす速筋を含んでいます。大腿の上方の部分が、パワーでハムストリングを圧倒する場合があります。ハムストリングの強化に取り組み続けましょう。

バリエーション

抵抗を加えたデガジェ
Resisted Dégagé

　立位で、抵抗バンドの一端を前方の動かないところにつけ、もう一端を右足首に巻きます。軸脚を小さいドゥミ・プリエでキープします。右脚をタンデュ・デリエールへ動かします。呼吸は自然に、ハムストリングと大臀筋にフォーカスしながら、右脚をデガジェに上げます。腹筋のコントロールを維持して、腰をサポートしましょう。右股関節前は長さを出して、骨盤と腰は動かしません。2〜4カウントの間キープしてから、ゆっくりとタンデュに戻ります。10〜12回行ってから、脚を替えます。

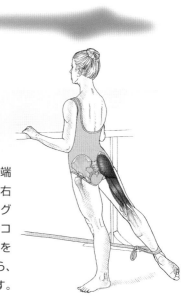

サイド・シザー
SIDE SCISSOR

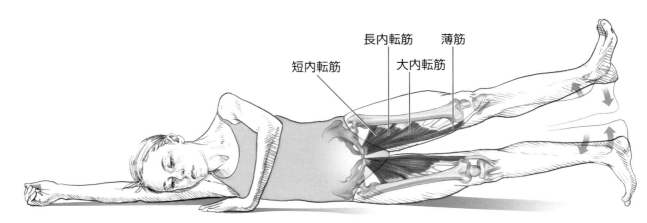

短内転筋　長内転筋　大内転筋　薄筋

エクササイズ

1. 右側を下にして横になります。頭上方向に伸ばした右腕に頭を乗せて、左手は身体の前のフロア上に置きます。両脚は伸ばしています。ニュートラルの脊柱を維持し、左右のウエストの引き上げを維持します。上下の膝はそろえます。息を吸って準備。

2. 息を吐きながら、上の脚をターン・アウトさせて上げてから、下の脚をターン・アウトさせて上げます。深層の腹筋を動員して、体幹をしっかりと保ちます。バランスをとりにくい場合には、股関節を若干屈曲させることによって脚を少し前に出します。脊柱と骨盤はニュートラルを維持します。

3. 内ももの小さいパルスを行います。骨盤底筋、深層にある腹横筋、内転筋の収縮を感じましょう。パルスを 10 ～ 12 カウント間行ってから、コントロールしながらゆっくりと戻ります。1 連の動きを6 ～ 8 セット行い、セットごとにテンポを上げていきます。

安全に行うため

大転子がフロアに押しつけられないようにするために、下の脚はターン・アウトを維持しなければなりません。脊柱の安定性のために、深層の腹筋の収縮を維持してください。

動員される筋肉

長内転筋、短内転筋、大内転筋、薄筋

ダンス・フォーカス

　多くのダンサーは、内転筋を強化することよりも、ストレッチすることに多くの時間を費やしているようです。内転筋と中臀筋が協働して、骨盤を安定させます。内ももの筋肉の起始と停止をイメージしましょう。内ももの筋肉は大腿内側に並んでいて、骨盤とつながっています。内ももの筋肉は脚の高さが約50度を超えると有効性を失いますが、それよりも低いレンジでは屈曲、伸展、そしてもちろん内転で有効性を発揮します。アイリッシュダンサーは、脚を交差させて、見ている人に膝が1つしかないと錯覚させるときに内転筋を頻繁に使います。バレエのブーレを行うときにも、同じ原理が当てはまります。ブーレでは、内転筋を収縮させたままで脚を交差させます。脚のビートを入れたジャンプのコンビネーション、バレエの4番ポジション、5番ポジションにも強力な内ももが求められ、骨盤の安定のために内ももの収縮を必要とします。サイド・シザーは、初めはゆっくり、コントロールしながら練習してから、精度を高めるために脚のビートのスピードを上げましょう。

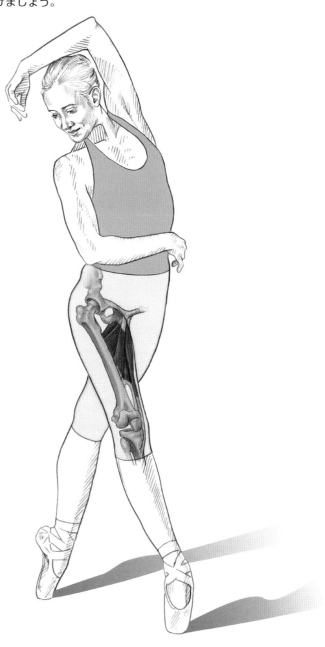

アシステッド・デヴェロペ

ASSISTED DÉVELOPPÉ

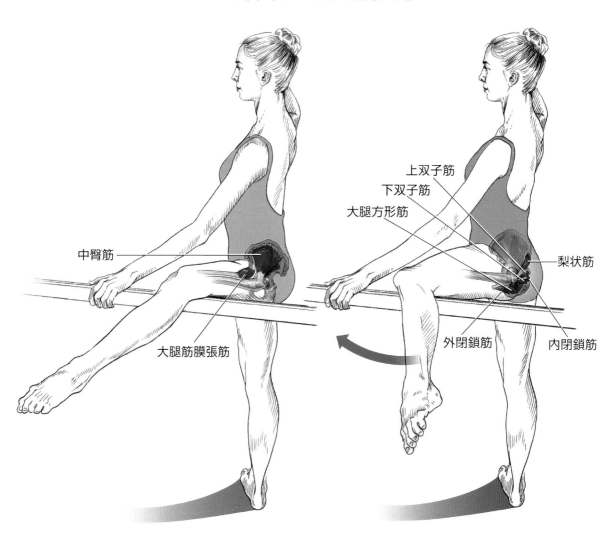

中臀筋

大腿筋膜張筋

上双子筋
下双子筋
大腿方形筋

梨状筋

外閉鎖筋　　内閉鎖筋

ターン・アウト　　　　　　　　　　**ターン・イン**

エクササイズ

1. 左手をバーに置いて立ちます。内側の脚（左脚）はアラスゴンドで、膝裏をバーに乗せます。姿勢を整えます。軸脚（右脚）をターン・アウトさせて右手は肩の上に。バーに乗せた左大腿は、９０度よりも高くなければなりません。

2. 左大腿を内旋そして外旋させます。内旋ではヒップハイクに、外旋では深層の回旋筋群下部に注意してください。４回行います。

3. ４回目の大腿のターン・アウトを完了した後、大腿をバーの上に押さえつけるのではなく、下腿を上げることによって膝を伸展し始めます。深層股関節外旋筋群と腸腰筋を動員しながら、脚はバーの上に置いておきます。

安全に行うため

軸脚の膝がねじれないように。

動員される筋肉

内旋：中臀筋と小臀筋の前部線維、大腿筋膜張筋

外旋：内閉鎖筋、外閉鎖筋、梨状筋、大腿方形筋、下双子筋、上双子筋

膝の伸展：大腿四頭筋（大腿直筋、外側広筋、内側広筋、中間広筋）、縫工筋

ダンス・フォーカス

　大腿を胸に近づける方法は分かりましたね。ところが、膝を伸展し始めると、大腿骨が下がり始めます。大腿四頭筋をかなり過剰動員しているのを感じています。大腿四頭筋を収縮させてしまうと、大腿四頭筋は、脚をそれ以上高く上げることを助けることができません。デヴェロペはそれ以上、上がりません！

　大腿骨が肋骨にぴったりとくっついている、とイメージしましょう。深層にある腸腰筋の収縮を強くして大腿を肋骨にぴったりとつけておき、大腿のターン・アウトを維持するように深層の回旋筋下部の非常に強い収縮を保ちましょう。動きの間ずっと、股関節ソケット内に大腿のスパイラル効果が生じています。坐骨をフロア方向に向け、大腿の外側も下向きに回旋させることを心がけることが助けになるでしょう。

　では、下腿だけを上げてください。脛骨、足部、足首がふわりと上がるのをイメージします。大腿四頭筋の収縮が下腿を引き上げます。90度より高く上げた大腿骨をサポートするためには、腸腰筋と深層回旋筋の収縮を維持することが重要です。大腿後方のターン・アウトをキープすることを意識しましょう。軸脚側の中臀筋が、骨盤の安定を助けていることも感じるでしょう。これらの筋肉をすべて協働させて、素晴らしいデヴェロペを実現してください！

ディセンディング・バットマン
DESCENDING BATTEMENT

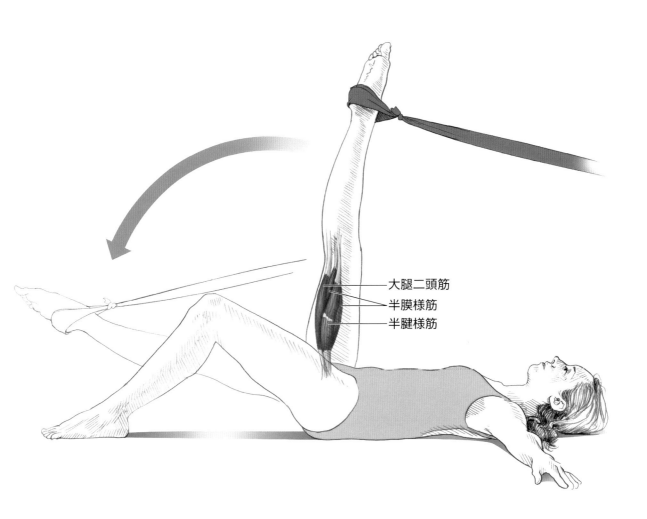

大腿二頭筋
半膜様筋
半腱様筋

エクササイズ

1. 左膝を曲げて左足をフロアにつけて、仰向けになります。右脚は股関節 90 度屈曲、ターン・アウトで始めます。膝は完全に伸展しています。ゴムバンドの一端を右前足部に結びます。もう一方の端は、脚と逆側の高い位置に固定します。息を吸って準備。

2. 息を吐きながら、深層の腹筋を動員して腰を安定させます。グラン・バットマンから戻ってくるように、バンドの抵抗に逆らってコントロールしながら、脚を下ろしていきます。

3. 脚が上がるときに息を吸います。内ももの付け根の部分を使って脚を上げているように感じましょう。脚を上げるときには速いスピードで、下ろすときには抵抗に逆らいながら、ゆっくりコントロールした状態で下ろします。バットマンのたびに、体幹のコントロールをあらためて強調しましょう。10 〜 12 回繰り返します。

安全に行うため

骨盤の安定を維持するために、骨盤の前傾も外側の傾きも出さないように。大腿だけを動かして、脊柱や骨盤は動かしません。

動員される筋肉

> ハムストリング（半腱様筋_{はんけんようきん}、半膜様筋_{はんまくようきん}、大腿二頭筋_{だいたいにとうきん}）

ダンス・フォーカス

ハイキック、グランジュテから脚を下ろしてくるときや、移動しながらの跳躍時にコントロールを使うと、動きが重力の影響を受けていないように見えます。このエクササイズでは、バンドを使って、脚が下りてくるときのハムストリングの求心性の収縮にフォーカスしましょう。脚が上がるときにはハムストリングと大臀筋の遠心性収縮を維持しながら、バンドを補助に使います。全可動域にわたって、ターン・アウトを維持するよう頑張ってください。そうすることでヒップハイクを防ぎます。バットマンのトップの位置では、脚が長くなるかのように感じましょう。ふわりと浮かせてから、ゆっくりと下ろし始めましょう。骨盤を安定させた状態を維持し、股関節分離の原則を再確認してください。大腿の後方をターン・アウトさせるように意識しましょう。

このエクササイズは、アラスゴンド用に側臥位で繰り返すこともできます（サイドライイング・バットマン）。これら2つのエクササイズを行うときには、最初の2～3回は目を閉じて、コルセットのように脊柱を締めている、深層の腹横筋の働きにフォーカスしましょう。このサポートによって、脚を自由に動かすことができます。

バリエーション：サイドライイング・バットマン

デヴェロペ

Développé

　デヴェロペとは、to develop（発展する）という意味のクラシックバレエ用語です。股関節屈筋群と股関節外転筋に必要な強度と、ハムストリングに柔軟性があるならば、素晴らしく高いデヴェロペができるはずです。デヴェロペ・アラスゴンドをつくってみましょう。前の章で行ったパッセの動きから、アティチュード・アラスゴンド、デヴェロペと続けます。

1. 脚と足部は5番で、右脚を前にして始めます。（骨盤と大腿のアライメントにフォーカスするために、腕の説明は省きます）。姿勢を整えて、骨盤と脊柱をニュートラルポジションにします。深層の腹筋を優しく引き込むのを感じましょう。股関節内転筋群と深層股関節外旋筋群が働いているのを感じましょう。

2. 始める前に、脊柱全体が長くなるのを感じ、軸脚を意識します。股関節の後方の深層にある、股関節回旋筋を感じましょう。ターン・アウトの回旋が、脚から足部まで続いているのを感じましょう。強い足部と足のアーチを維持して、5本の足趾すべてと踵に体重を均等に乗せておきます。

3. ジェスチャーレッグと軸脚の両方の外旋を維持しながら、前（右）脚をクドゥピエに動かし始めます。股関節の前が開いていることと、両脚の深層の股関節外旋筋群の強い収縮を感じましょう。骨盤は安定した状態を維持します。バランスと骨盤の安定を維持するために、軸脚側の中臀筋の収縮が深まるのを感じましょう。腰骨の前部分(ASIS)と恥骨が、前額面上に並んでいることを引き続き感じましょう。

4. 右足をポイントにして、第5趾を軸脚の内側に軽く当て、右脚を軸脚の内側に沿わせて上げ続けます。ターン・アウトを維持しながら、大腿骨が前額面上を動くのを意識してください。大腿のターン・アウトと膝を真横に開いた状態を保つために、左脚の外側が収縮しているのを意識しましょう。

5. 脚がパッセのポジションになったら、右膝をアティチュード・アラスゴンドに上げ始めます。小臀筋、中臀筋、深層外旋筋群の強い収縮を維持しながら、体重を横に若干シフトさせて軸脚上に乗せるようにします。

6. 腸腰筋が収縮して右大腿を上げ、大腿方形筋が収縮して、ターン・アウトを維持するのを助けます。大転子が腸骨に触れないように、大腿骨は外旋していなければなりません。脊柱を安定させるために、強い深層の腹筋の収縮を維持してください。

7. 右大腿が高いアティチュード・アラスゴンドに到達したら、大腿骨が落ちないようにして、大腿直筋を収縮させて膝を伸展させ始めます。大腿骨を上げておくために腸腰筋が収縮しているのを、引き続きイメージしましょう。縫工筋も収縮して、ターン・アウトを維持するのを助けます。右ハムストリングの伸長を感じ、脊柱を安定させるために深層の腹筋の収縮を維持しましょう。

動員される筋肉

体幹の姿勢：深層の腹横筋、内腹斜筋、外腹斜筋、骨盤底筋（尾骨筋、肛門挙筋）、長内転筋、大内転筋、薄筋、恥骨筋、中臀筋

クドゥピエからパッセ：内閉鎖筋、外閉鎖筋、梨状筋、大腿方形筋、下双子筋、上双子筋、中臀筋後部、縫工筋

軸脚：内閉鎖筋、外閉鎖筋、梨状筋、大腿方形筋、下双子筋、上双子筋、中臀筋後部、大臀筋下部線維、長内転筋、短内転筋、大内転筋、薄筋

アティチュードから伸展：腸腰筋、大腿筋膜張筋、腹横筋、縫工筋

膝の伸展：大腿四頭筋（大腿直筋、外側広筋、内側広筋、中間広筋）、縫工筋

199

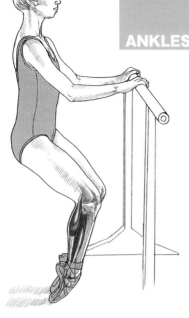

第 10 章

ANKLES AND FEET

足首と足

　強くバランスのとれた足部は、全身にとっての土台となります。コアと骨盤の強さともに、下腿のアライメントについての知識を得れば、足首（足関節）と足を素早く、恐れずに動かせるようになります。ダンサーである以上、テクニックを向上させるために、正確なアライメントと筋肉の動きについての基本的なことは理解しておく必要があります。足には 26 の骨と 34 の関節があり、さまざまな動きを可能にしています。体重を支えるときには、どの関節の動きも足の残りすべての関節と直接関係しています。ゆえに、効率的に踊るためにはすべての関節を調和させ、1 つのユニットとして動かせる必要があります。

　モダン、ジャズ、ボールルーム、アイリッシュ、また多くの民族舞踊などの踊りでも、同じような足と足関節の動きが求められます。素早い移動、そしてつま先や足趾の先で立つことができなければなりません。それに加えて、ターンやジャンプ、ポアント、ルルベ、プリエなどの基本的なスキルも、すべてのダンスにおいて必要となります。足をサポートする機能よりも、見た目の美しさに重きを置いた専用の靴を履くことはもちろん、それぞれのダンススタイルではそのダンス特有の、足のポジションが要求されることもあります。例えば、走ったり、踵でジャンプをしたり、はだしで足を軸に回転したり、地面を押したりすることも求められるでしょう。タップ、クロッグ、フラメンコのダンサーは強烈なパワーが必要な、リズミカルに足を踏み鳴らす高度な動きをします。クラシックバレエでは、ポアントで踊るために極限の可動域を求められます。

　この章では解剖を理解することの重要性について述べていますが、これはすべてのダンススタイルに当てはまります。足のアーチを生き生きと強く使えるようにするには、それを支えている構造を知る必要があります。足関節の捻挫のリスクを減らすためには、足関節の安定性はどこから来るのかを知る必要があります。基本的な筋肉の動きを理解することは、筋力を強化するためのエクササイズからの恩恵を受ける上においても役立ちます。機能的で素早く恐れを知らない足さばきは、偶然の産物

ではないのです。トレーニング、ケア、そしてメンテナンスを必要とするのです。

骨の解剖学

くるぶしは、脛骨と腓骨の基部にある突起です。くるぶしには、足関節を保護するいくつかの強靭な靭帯が付着しています。距骨は内外のくるぶしの間に収まっていて、足の他の部分、つまり後方にある踵骨と前方にある舟状骨に、体重を伝える役割を果たしています。（**図10-1**）。踵骨はアキレス腱の付着部になっており、舟状骨は後脛骨筋腱の付着部になっています。両方の腱は、足と足関節をつま先立ち（底屈）させます。

中足部（足の中央部）においては3つの楔状骨と立方骨があり、5つある中足骨と向かい合って関節をつくっています。この中足部は美しいポアントのための可動性と、ポアントをサポートする強固さを与えてくれているのです。中足骨は趾骨、つまり足趾の骨と向き合って関節をつくっています。望み得る最高のハーフポアントのためには、ここの関節の柔軟性が必要とされます。足の骨はすべて靭帯と筋腱でつながっており、それらによってサポートされています。

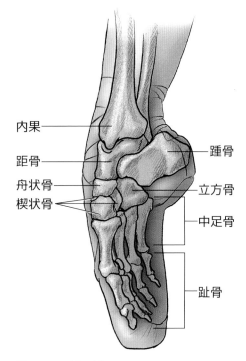

内果

距骨

舟状骨

楔状骨

踵骨

立方骨

中足骨

趾骨

図 10-1　足の骨

ここからは足を部分ごとに分けて考えていきます。前足部（足の前部）は趾骨と中足骨からなり、中足部（足の中央部）は舟状骨、3つの楔状骨、立方骨からなります。後足部（足の後部）は踵骨と距骨からなります。

足の骨の並び方は平坦ではありません。足の内側は長いアーチを形成していて、これは内側縦アーチと呼ばれています（**図10-2**）。指導者が「内側にロールインしてはいけません」と言うときは、通常、このアーチを平らにしてしまっていることを指しています。足の外側がフロアにたとえついていても、そこは外側縦アーチを形成しています。体重の一部が外側のアーチに置かれている限り、内側のアーチは活性化して引き上げられます。横アーチは、足を内側から外側へと横切っています。これらのアーチを同時にうまく働かせることで、多くのダンサーが努めて魅せようとしている、高く美しい甲を生み出せるのです。足のアーチは、足部の骨によって支えられています。そして、体重や跳躍、バランスを保つポーズ、ひねりの動きなどを支えるためにも足のアーチは強く、十分に動かなければなりません。足のアーチはさらに、筋膜と靭帯によっても支えられています。

筋膜は足底にある非常に強固な帯状の結合組織で、前足部と踵の間に張っています。筋膜を使い過ぎると、足底筋膜炎という筋膜の炎症を引き起こしますが、これはアーチが弱かったり硬かったりすることが原因で起こります。このオーバーユース（使い過ぎ）症候群によるリスクを小さくするためにも、足の強さと柔軟性を維持することが必要です。

足と足関節の動き

足関節の関節は伸ばすことと曲げることが可能で、医学用語では、これを底屈、背屈といいます。ルルベで一番高く上がったところでは、ほんの少し横に動かすことができ、これはポアントでバランスのとれたポーズを維持しようとするときに、助けとなることもあります。

距骨は、箱のような空間に収まっています。プリエでは、距骨がわずかに後ろに移動してそこでぴったりとはまって、安定します。ドゥミ・プリエが深過ぎると、距骨が脛骨の基部とぶつかる場合もあります。これは痛みや腫れの原因となり、やがて骨棘を形成することになります。プリエによるこのようなインピンジメントを防ぐためには、脚の強さと、遠心性の筋肉のコントロールを維持することが必要です。

ドゥミ・ポアントでは、距骨は安定している位置から若干前方に動くため、不安定になります。インバージョン・プレス、ウィンギング、エッジ上でのボールを使ったルルベ（p212、214、218）のエクササイズは、足関節のサポートにフォーカスしています。距骨の後ろ側に、骨の異常な突起があって踵の骨とぶつかるために、完全にポアントのポジションをとることが難しいダンサーもいます。このような不運な後方インピンジメントがあると、ルルベの高さが制限され、足関節が不安定になり、後ろに体重をかけてしまうことにつながります。ハーフポアントまたはフルポアント上に重心を完全に移すことができないと、体重が後ろに残ってしまいます。このような誤った体重の乗せ方をしていると、オーバーユースや疲労性の損傷を引き起こします。また特に、バランスが悪くなり、代償により下腿後面の筋肉を使い過ぎることになります。

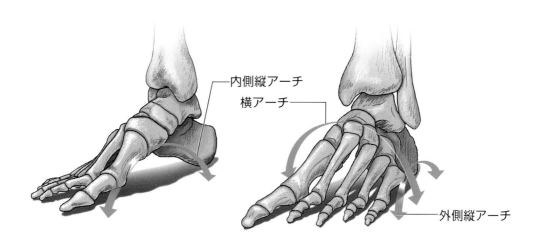

内側縦アーチ
横アーチ
外側縦アーチ

図 10-2　足の３つのアーチ：内側縦アーチ、外側縦アーチ、横アーチ

後足部の距骨下関節は、距骨と踵骨が向かい合う場所にあります。この関節があることで、パラレルのポジションでもターン・アウトのポジションでも、プリエのときに回内、ルルベのときに回外することが十分に可能となります。回内とは、足関節の背屈と外返しと外転の組み合わせであり、回外はその逆です。正しい回内を行うと、体重をかける際には内側縦アーチは下がり、体重を解放するとアーチが元に戻ります。この動きは、ルルベとジャンプの際に身体を押し上げたり、着地の際に衝撃を吸収したりするのに必要な動きです。しかし、極端な回内は足が内側へと倒れるロール・インを引き起こし、内側縦アーチへの過度なストレスにつながります。ロール・インは、深層の股関節外旋筋や内転筋を使わないで、無理にターン・アウトしようとして生じることがあります。

後足部がよく動くと、中足部に必要とされる動きにも良い影響を及ぼします。例えば、プリエでは距骨が若干内向きに動くことができるように、踵骨の内側部がわずかに内向きに動きます。中足部の関節を開くために、この小さな動きが生じる必要があります。中足部の関節が緩むと、柔軟性が生まれて衝撃を吸収することが可能となり、柔らかいプリエができるようになります。ルルベでは、これと全く逆のことが起こります。中足部の関節が締まるように、踵骨と距骨が若干上がります。中足部の関節が締まることで、ルルベのためのしっかりとしたアーチがつくり出されます。中足部の筋肉を強化することで、ルルベのときに体重を、第1、2、3中足骨にきれいに乗せることが可能になります。これによってアーチは強くなり、ルルベも安定します。

中足骨と趾骨との間の関節は、ジャンプでつま先が飛び出すための力と柔軟性を持っていなければなりません。十分な土台を提供するために、ルルベの際には、つま先の下は遠心性に伸長する必要があります。遠心性に伸長することで、前足部とつま先の下の小さな筋肉は長さを保ちながらも強く、十分に動けるのです。立位のポジションでも、つま先は長く伸ばしてアーチの筋肉を活性化させて、しっかりと支えられる状態にしなければなりません。最初のエクササイズのドーミング（p208）を行うことで、足の内在筋を活性化させ、アーチサポートを改善しましょう。

靭帯のサポート

足関節の捻挫は、ダンサーに大変多く見られるケガであり、おそらく周りにも捻挫を経験したダンサーがいるでしょう。足と足関節には数多くの靭帯がありますが、ここでは足関節をサポートしている、5つの靭帯を見ていきましょう（図10-3）。内側の靭帯は三角靭帯とも呼ばれており、内果（内くるぶし）を起始として扇状に広がり、舟状骨、距骨、踵骨に停止しています。この三角靭帯は非常に強靭な4つの靭帯からなる複合靭帯で、足関節の安定性において、非常に重要な役割を果たします。ばね靭帯（底側踵舟靭帯）も足の内側にあり、踵骨と舟状骨を結んでいます。この靭帯は、体重を支えている距骨にとってのスリングのような役割を主に担っています。この靭帯が弱かったり伸びたりすると、扁平足になります。

足関節の外側には3つの靭帯があって、これらが協働して働き、安定性を提供しています。前距腓靭帯（ATFL）、踵腓靭帯（CFL）、後距腓靭帯（PTFL）です。これらの靭帯は三角靭帯ほど強くなく、内反捻挫でまず損傷するのがここの靭帯です。内反捻挫とは、足の裏が内反して、ATFLやCFLなど

の靭帯を痛める外傷のことで、ダンサーはよく「足首をひねった（Rolling the ankle）」と表現します。

ATFL は、距骨と腓骨の間を走行しています。ルルベでは、この靭帯は垂直方向へと走向して安定した形となり、緊張します。ATFL は外側の３つの靭帯のなかでは最も弱く、一般的には捻挫の際に最初に痛める靭帯です。CFL と PTFL は、その名称から察しがつくように踵骨、距骨、腓骨を結ぶ靭帯で、アライメントや足関節の安定性を保つのに重要な役割を持っています。PTFL は、外側の３つの靭帯のなかで最も強い靭帯です。足関節が可動範囲のすべての角度で動くなかで、これらの外側靭帯は別々の角度において緊張することで、足関節を安定させます。

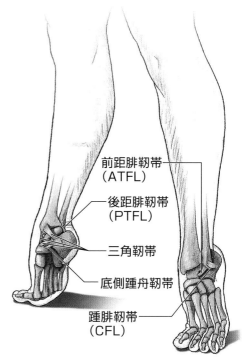

前距腓靭帯（ATFL）
後距腓靭帯（PTFL）
三角靭帯
底側踵舟靭帯
踵腓靭帯（CFL）

図 10-3 足と足関節を支える5つの靭帯

筋肉のメカニクス

足と足関節の動きは、足に内在する 12 の内在筋と、足の外側に起始を持ち、さまざまな動きをする外在筋の働きによるものです。腓腹筋は、膝の裏を起始として、アキレス腱として踵骨に付着する大きな筋肉です（**図 10-4**、p206）。腓腹筋は二関節筋で、これは膝を屈曲させて足関節も底屈させる働きを持っています。腓腹筋の深層にあるのがヒラメ筋で、ヒラメ筋もアキレス腱につながっています。ヒラメ筋も足関節を底屈させることができ、バランスを維持する役割を担っています。これら２つの筋肉は共に、ルルベとポアントを行う際の主動筋として働きます。ヒラメ筋は、ハーフポアントからフルポアントに上がるときや、ジャンプの着地を確実にコントロールするために重要です。シーテッド・ソレアスポンプ（p220）のエクササイズには、ヒラメ筋強化に特化した２つのバリエーションがあります。

このほかに脛骨または腓骨の後面を起始とする筋肉には、後脛骨筋、長趾屈筋、長拇趾屈筋があり、これらは足首の底屈と内反をします。後脛骨筋は主として舟状骨に付着して、内側アーチをサポートしています。長趾屈筋は、第２〜５趾に付着しています。

長拇趾屈筋は、もっと注目されるべき筋肉です。この筋肉は腓骨後面を起始として、下腿の後面から足関節の骨の内側の下にある小さな管の中を通り、その筋肉の腱は拇趾の付け根に付着します。長拇趾屈筋は拇趾の屈曲、ジャンプの踏み切りでの押し出す力、内側アーチのサポートといった多くの役割を持っています。ポアントやルルベで長拇趾屈筋腱を繰り返し酷使すると、不快な症状や炎症を引き起こします。このような状態は「ダンサーの腱炎」と呼ばれています。この腱は管の中の通りが

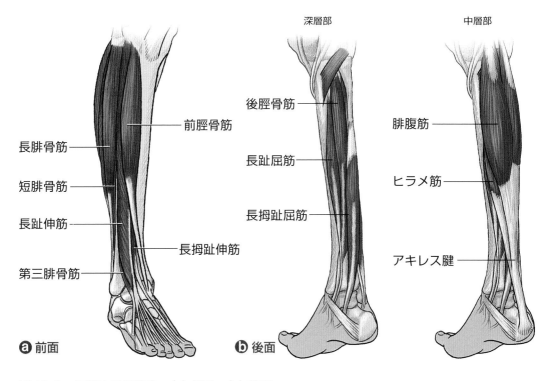

長腓骨筋 ——
短腓骨筋 ——
長趾伸筋 -
第三腓骨筋 ——

—— 前脛骨筋
—— 長拇趾伸筋

ⓐ 前面

深層部

後脛骨筋 ——
長趾屈筋 ——
長拇趾屈筋 ——

ⓑ 後面

中層部

腓腹筋 ——
ヒラメ筋 ——
アキレス腱 ——

図 10-4　　下腿と足の筋肉：(a) 前面、(b) 後面

（炎症などで）悪くなると、それが原因となって腱の摩耗や断裂が引き起こされることもあります。長拇趾屈筋腱の酷使を避けるためにも、ポアントのために使われる筋肉すべてを強化することが不可欠です。そのためのエクササイズも、本章には含まれています。

　下腿の外側の筋肉は腓骨筋です。腓骨筋は腓骨上部を起始とします。第5中足骨に停止するものが1つ（短腓骨筋）、足裏に伸びて第1中足骨に停止するものが1つ（長腓骨筋）あります。腓骨筋の役割は、下腿外側に力を提供することと、足関節外側捻挫（内反捻挫）のリスクを軽減することです。脛骨の前面には前脛骨筋、長拇趾伸筋、長趾伸筋があります。これらの筋肉は足趾を上に引き、足関節を背屈および内返しします（監訳者注：足関節背屈は3つの筋肉とも共通。それに加えて、前脛骨筋は足部内返し、長拇趾伸筋は拇趾伸展と足部外返し、長趾伸筋は第2趾〜5趾の伸展と足部外返し）。外在筋はすべて、下腿が足関節をしっかりと締めて支えるために働きます。

　足の裏にも、足をサポートするための筋肉が層状についています（図 10-5）。これらの内在筋は踵を足根骨、中足骨とつないでいて、足趾を伸ばす役割を一手に担っています。拇趾から踵の内側に走行する、内側アーチを支えている小さな筋肉は拇趾外転筋と呼ばれます。この筋肉を鍛えると、内側のアーチを強化できます。ビッグトウ・アブダクション（p210）のエクササイズはこの筋肉の強化に役立ちます。中足骨と趾骨の間には、深層筋もあります。ここの筋肉が弱いと、鉤爪趾（Clawing of the toe）となります。足趾は、ジャンプの踏み切りを力強くするためには、伸びた状態でなければなりません。

206

ダンス・フォーカス・エクササイズ

　この章のエクササイズを行うときには、筋肉が足関節をしっかりと締めて、サポートしているのをイメージしてください。フレックス、ドゥミ・プリエを行うときはいつも、距骨が正しい位置に収まって安定しているのをイメージしてください。足のすべてのアーチに流れているエネルギーを思い浮かべてください。足関節を底屈するたびに、第2・3中足骨と脛骨とのアライメントを完全な一直線上にそろえてください。鉤爪趾にならないように、足趾の下（底側）は伸ばすこと。ハーフポアントするときに底側を伸ばすことで、基底面が広くなり、バランスを保つための土台も安定したものになります。すべてのエクササイズを、速度を変えて繰り返し、全可動域を通してコントロールを保ちながら動いてみてください。この章は最後に、強制的なアーチ・ルルベについて詳しく説明して終了します。

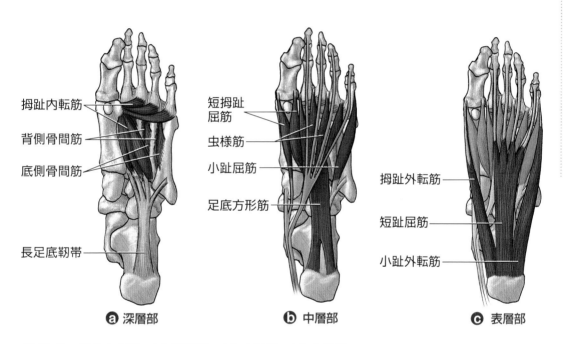

拇趾内転筋

背側骨間筋

底側骨間筋

長足底靭帯

短拇趾屈筋

虫様筋

小趾屈筋

足底方形筋

拇趾外転筋

短趾屈筋

小趾外転筋

ⓐ 深層部　　　ⓑ 中層部　　　ⓒ 表層部

図 10-5　　足の内在筋：（a）深層部、（b）中層部、（c）表層部

ドーミング
DOMING

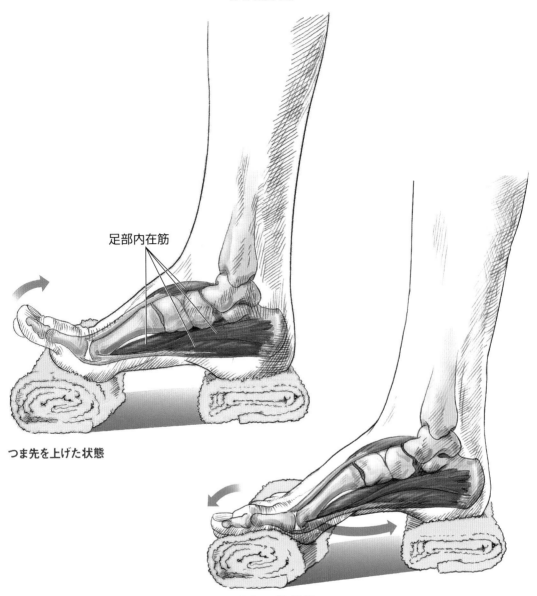

足部内在筋

つま先を上げた状態

つま先を下げた状態

エクササイズ

1. 座った状態で始めます。前足部を小さく巻いたタオルの上に置き、踵を小さく巻いたもう1つのタオルの上に置きます。巻いたタオルを利用して、中足骨頭と踵とが均等に配置されるようにバランスをとります。

2. 前足部はタオルから離れないようにして、すべての足趾を上に引き上げます。体重が均等にかかるよう整えましょう。足趾の下を伸ばしながら、フロアのほうへ押し下げます。

3. 足のアーチを走行する深層内在筋を動員して、中足骨頭を踵方向へ引きます。この動きは中足趾(MP)関節から始めます。足趾をカールさせないように。内在筋を使って、中足骨頭を踵方向へ引きます。15回行いますが、最大30回までにしましょう。

動員される筋肉

足部内在筋：虫様筋（ちゅうようきん）、骨間筋（こつかんきん）

ダンス・フォーカス

　ダンスの動きのなかには、足にかなりの負担をかけるものがあります。足の裏には数多くの小さな筋肉があり、足関節の底屈、ドゥミ・ポアントからフルポアントへの動き、ジャンプの踏み切りにおいても、重要な役割を果たします。足部の内在筋と骨の構成が足部のさまざまなアーチを支え、足趾がカールしないようにします。サポートを生み出すには、内在筋群が活性しなければなりません。目を閉じて、足部のこの領域に意識を集中させましょう。強靭な筋膜が多くの筋線維と一緒に収縮して、コントロールをもたらしているのをイメージしましょう。はだしであれ、トウシューズやキャラクターシューズを履いてであれ、踊っているときは、ジャンプやポアントワークに必要とされるパワーや弾性を得るために、内在筋をしっかりと働かせなければなりません。ウォームアップ・クラスや基本テクニックのクラスでは、足部のこの領域についての指導が十分でないことがありますが、余分に時間をとり、足部を強化することによってアーチのクオリティを維持することは、皆さん次第です。

バリエーション

抵抗を加えたドーミング
Doming With Resistance

　フロアに敷いた抵抗バンドの上に片足を乗せます。バンドの一端を手でつかみます。前足部を抵抗バンドにつけたまま、足趾を引き上げます。足趾の下をバンドに押しつけながら、足趾の下を長くします。深層の内在筋を動員し、抵抗に逆らって中足骨頭を踵方向へ引きます。足趾をカールさせないこと。足趾を押し下げるとき、深層内在筋を動員してアーチのしっかりしたドームをつくります。15回行います。最大30回まで。

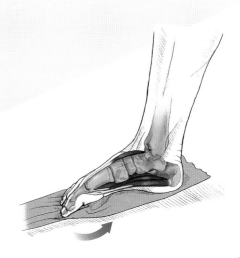

ビッグトウ・アブダクション（拇趾外転）
BIG-TOE ABDUCTION

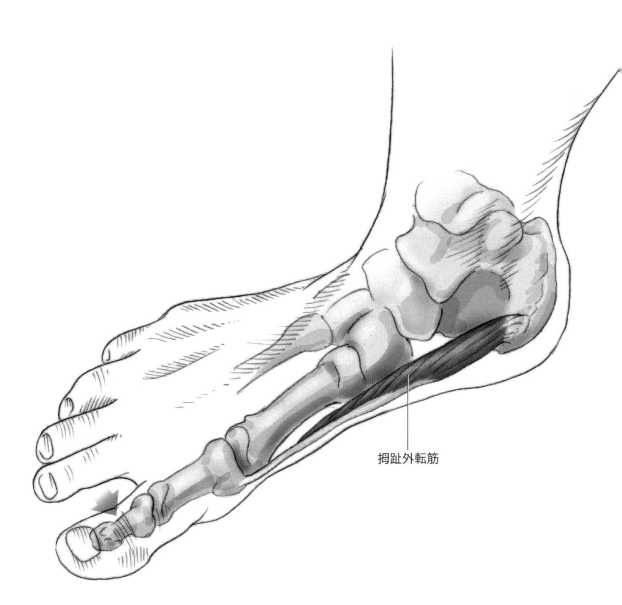

拇趾外転筋

エクササイズ

1. 座った状態で始めます。足をフロアに置いて、中足骨頭と踵に均等に体重がかかるようにします。

2. 拇趾（足の親指）を、他の足趾から離すようにして開きます。2～4カウントの間キープしてから、ゆっくりと戻します。拇趾が動くときに、内側アーチが活性化するのを感じてください。

3. 10～12回行って、筋肉の収縮を感じてください。最大12回を3セットまで。

動員される筋肉

<ruby>拇趾外転筋<rt>ぼしがいてんきん</rt></ruby>

ダンス・フォーカス

　内側アーチは、美しいドーム形状をしていなければなりません。先生が「足を内側にロールさせないように」と指示するときには、アーチがなくなっていることを指摘しています。内側アーチの平坦化は、拇趾外転筋の弱さと靱帯の緩さが原因で徐々に起こります。股関節からではなく、足だけを使って無理にターン・アウトしようとすると、内側アーチが崩れ、多くのケガにつながります。内側アーチに必要とされる正しい弾性を提供するには、外側アーチにも体重を均等にかけて、筋肉を正しく整えてください。

　バーから離れてセンターのワークを始めるときには、内側アーチの筋肉が活性化して、バランスを維持することを助けてくれます。あらゆるダンスのスタイルで体重を連続的に移動することが求められるので、足のアーチの形状が変形します。こういった変化に耐えられるように、足のアーチは強靱でなければなりません。拇趾外転筋を使って、はだしで踊っているときも、トゥシューズやキャラクターシューズを履いて踊っているときも、内側縦アーチにサポートを提供することができます。内側アーチはルルベのときは硬くしっかり、プリエのときは伸長しつつ活性化した状態、バランスのときにも活性化して締まった状態になる必要があります。

インバージョン・プレス
INVERSION PRESS

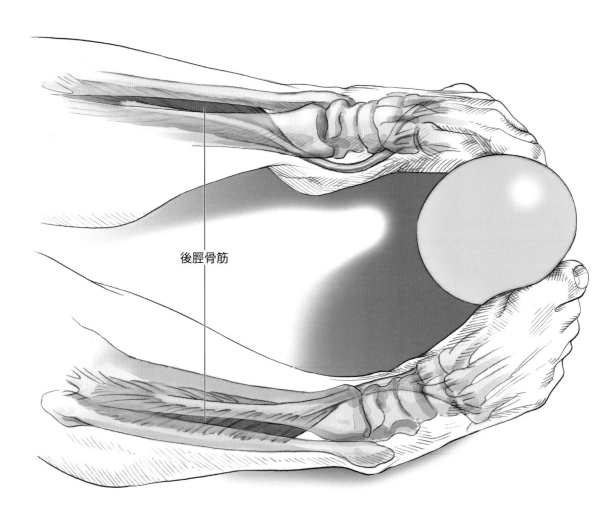

後脛骨筋

エクササイズ

1．両膝を曲げて座り、足はパラレルにして、足裏をフロアに置きます。中サイズのボールを前足部で挟みます。

2．両足の踵はフロアにつけたまま、前足部でボールを押しつけて、両足の内側アーチを引き上げます。

3．前足部を内向きに押すとき、ボールを押して等尺性収縮を2〜4カウント維持します。10〜12回、最大3セットまで。

安全に行うために

足関節の外側をストレッチし過ぎないように。このエクササイズは、足のアーチの引き上げと足関節の内側の強化にフォーカスしてください。

動員される筋肉

長拇趾屈筋と長趾屈筋の補助とともに後脛骨筋

ダンス・フォーカス

　後脛骨筋は、内側アーチをサポートして回内が起こらないようにします。前脛骨筋も収縮しますが、後脛骨筋が足部を内向きに引いて、足のアーチを引き上げるのにフォーカスしましょう。距骨は比較的ニュートラルポジションにとどまって、足部と足関節に最大限の安定性を提供する必要があります。プリエのたびに自然な回内（そしてルルベのたびに自然な回外）がある程度起こりますが、過度な回内は多くのオーバーユース（使い過ぎ）による障害につながります。ルルベでは、後脛骨筋の舟状骨と足根骨への多くの付着部をイメージすることによって、後脛骨筋腱の深いサポートを感じましょう。

　後脛骨筋腱の強度を維持することで、ジャンプの着地時にも、足部と足関節に安定性がもたらされます。足部がジャンプから下りてきてフロアに着地する、アーティキュレーションし始めます。後脛骨筋によって足のアーチが引き上げられ、よりスムーズで、よりクッションの効いた着地を可能にします。

　このエクササイズは、テンポを変えてやってみてください。内反するときは素早く、戻るときはゆっくり、そして次はテンポを逆にしてみます。そうすることで筋肉収縮の速度に変化をもたらし、ダンスの動きのチャレンジと変化のシミュレーションとなります。

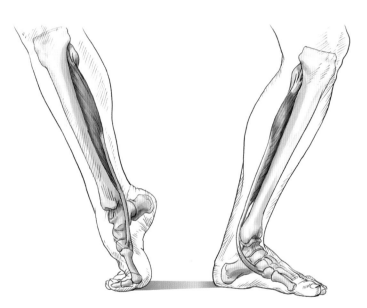

バリエーション

抵抗を加えたインバージョン
Resisted Inversion

　抵抗バンドを足裏から足の甲に巻きます。バンドが動かないように端を握るか、あるいは足部の外側で押さえて固定します。バンドの抵抗に逆らって、前足部を内向きに引きます。全可動域を使って動きを続けます。ポイント（底屈）のポジションと、フレックス（背屈）のポジションで行います。コントロールしながら10回以上行います。ポイントのポジションとフレックスのポジションの両方で最大10回3セット行ってから、反対側の足も同様に。

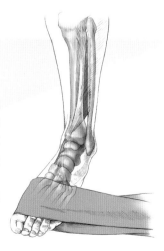

ウィンギング
WINGING

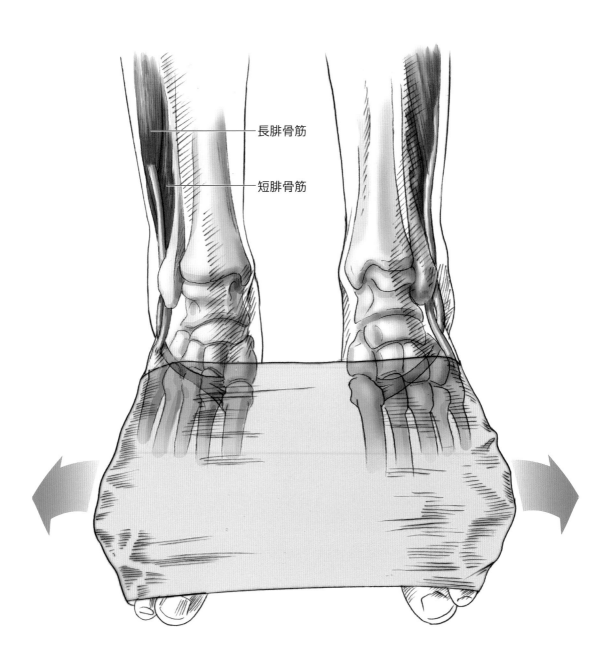

長腓骨筋

短腓骨筋

エクササイズ

1. ゴム製のバンドの両端を結んで、両足の前足部に巻いた状態で座ります。自然な呼吸で、前足部をバンドの抵抗に逆らって外向きに押します。

2. ポイント（底屈）ポジションとフレックス（背屈）ポジションで10回ずつ行います。左右それぞれ10回を最大3セットまで。全可動域で、コントロールを改めて強調します。

安全に行うために

膝にねじれが起こらないように。動きは足部と足関節だけに孤立させます。

動員される筋肉

長趾伸筋の補助とともに長腓骨筋、短腓骨筋、第三腓骨筋
（<ruby>長趾伸筋<rt>ちょうししんきん</rt></ruby>の補助とともに<ruby>長腓骨筋<rt>ちょうひこつきん</rt></ruby>、<ruby>短腓骨筋<rt>たんひこつきん</rt></ruby>、<ruby>第三腓骨筋<rt>だいさんひこつきん</rt></ruby>）

ダンス・フォーカス

　下腿外側の筋肉と後脛骨筋の組み合わせは、鐙（あぶみ）（監訳者註：騎乗時に足を乗せる馬具の一種）の効果で足関節にサポートを与えてくれます。ルルベでの過剰な可動域では、足関節をひねらないよう、また靱帯を痛めないよう、安定性を必要とします。腓骨筋に十分な強度がなければ、足関節はひねりが止まらず、関節は不安定な状態になります。これは、あらゆるダンスの動きとあらゆるポアントのポジション、ルルベ、ジャンプの踏み切り、着地に当てはまります。極端なレンジでも足を自由にポイントにすることができるように、鐙が足関節をしっかりと保持しているのをイメージしましょう。ダンサーのケガの大部分は下腿と足部に起こります。したがって、外傷性損傷のリスクを小さくするために、足関節の強化は必要不可欠です。

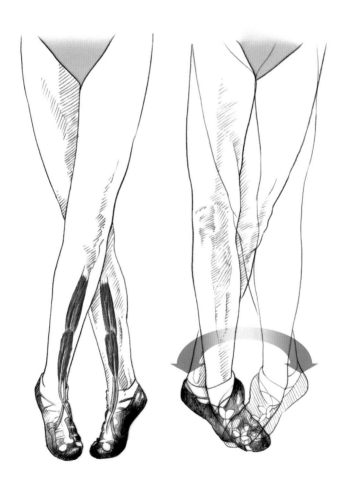

抵抗を加えたルルベ
RELEVÉ WITH RESISTANCE

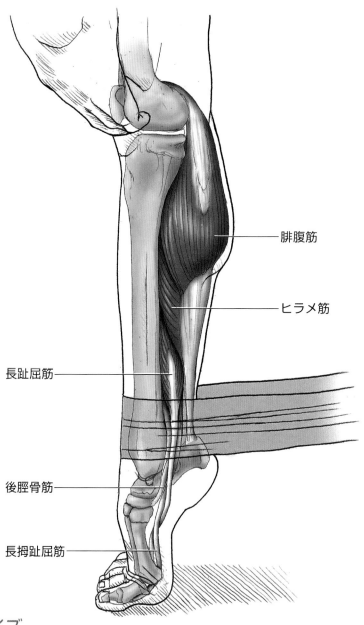

腓腹筋

ヒラメ筋

長趾屈筋

後脛骨筋

長拇趾屈筋

エクササイズ

1. 強度の高い抵抗バンドを、しっかりと固定されたテーブルの脚のような、安定した支柱の周りに巻きます。足部と足関節の前面に抵抗バンドがぴったりと当たるように、右足をバンドの輪の部分に踏み入れます。

2. アライメントを意識しながら、バンドの抵抗に逆らって第2趾と第3趾の真上へルルベ。

3. 等尺性収縮を10〜12秒間キープしてから、ゆっくりとスタートポジションへ戻ります。10〜12回行ってから、脚を替えます。アライメントを意識して、アライメントを乱させないように、できるだけ高いルルベをするように努めましょう。

動員される筋肉

ルルベ：腓腹筋、ヒラメ筋、長腓骨筋、短腓骨筋、後脛骨筋、長拇趾屈筋、
長趾屈筋の求心性収縮

ルルベから戻るとき：腓腹筋、ヒラメ筋、長腓骨筋、短腓骨筋、後脛骨筋、長拇趾屈筋、
長趾屈筋の遠心性収縮

ダンス・フォーカス

このエクササイズは、ポアントでのルルベを高くしたいと願うダンサーにとって、素晴らしい準備となります。完全な体重支持ポジションでバンドの抵抗に逆らって動いているので、エクササイズによって筋力、可動域、バランスのスキルに負荷がかかります。

アライメントを意識するように。第2趾と第3趾の上にルルベするようにフォーカスしながらも、ドゥミ・ポアントでできるだけ高く上がるようにします。観客への足の見せ方は極めて重要です。ぞんざいなフットワーク、低いルルベ、限られた可動域は、ダンサー、特にバレエダンサーとして魅力的ではありません。プリパレーションやトランジッションのステップでさえも、パフォーマンス中は非常に重要です。こういったことで細かい点に気を配ることが、他のダンサーに差をつけます。上昇するときは、足趾の下の屈筋を遠心的にリリースしながら、確固とした支持基底面を得るために中足骨を広げることを意識しましょう。アキレス腱へとつながる腓腹筋をしっかりと動員して、可能な限り高いドゥミ・ポアントとなるように踵上げます。毎日10〜20回行うことが容易になったら、回数を25〜30回に増やして強化しましょう。

エッジ上でのボールを使ったルルベ
RELEVÉ WITH BALL OVER THE EDGE

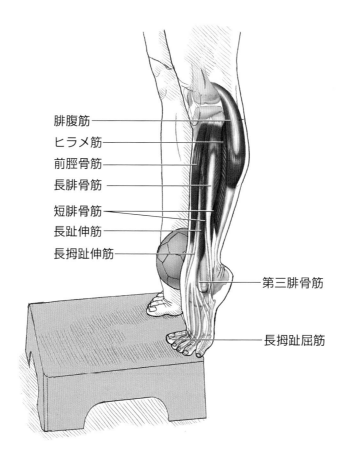

腓腹筋
ヒラメ筋
前脛骨筋
長腓骨筋
短腓骨筋
長趾伸筋
長拇趾伸筋
第三腓骨筋
長拇趾屈筋

エクササイズ

1. 脚はパラレルにしてバーのほうを向いて、安定したステップの端に立ちます。左右の踵の間に小さい
   ボールを挟みます。体幹を整えて、ニュートラル姿勢のアライメントを維持します。脛骨と第2趾を
   一直線上にします。
2. ボールを優しく押しながらルルベを始め、距骨の中央と第2趾を一直線上にそろえます。
3. 2〜4カウントの間キープしてから、コントロールしながら踵を下ろします。良好なアライメントを
   維持してボールを踵の間に挟んだまま、踵をできるだけ低い位置まで穏やかに下げます。10回行い
   ます。
4. 今度は、踵を下げたまま30〜45秒間、腓腹筋の静的ストレッチを行ってから、再びルルベ・シリー
   ズを始めます。一連の動きを3〜5回行います。このエクササイズは、筋力強化とストレッチのツー
   ルとして使うことができます。

安全に行うために

足首のサポートとコントロールを向上させるために、可動域全体を通してボールのスクイーズを維持して、
足首同士がつかないようにします。第2と第3中足骨の真上に、ルルベで上がるように意識しましょう。

動員される筋肉

ルルベ：腓腹筋、ヒラメ筋、長腓骨筋、短腓骨筋、後脛骨筋、長拇趾屈筋、
長趾屈筋の求心性収縮

ルルベから戻るとき：腓腹筋、ヒラメ筋、長腓骨筋、短腓骨筋、後脛骨筋、
長拇趾屈筋、長趾屈筋の遠心性収縮

背屈：前脛骨筋、長趾伸筋、長拇趾伸筋、第三腓骨筋

ダンス・フォーカス

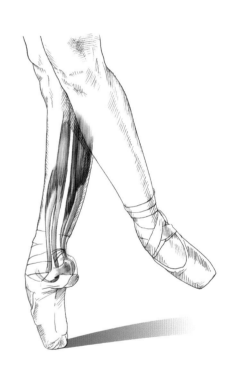

　自分の体重に逆らってエクササイズすることは、身体の意識を高め、動的難度を上げます。このエクササイズを使って、ルルベ時の距骨と踵との関係を強化します。下腿の外側と後面が、驚くべきサポートをもたらしているのを感じましょう。一度、踵を若干回外させてやってみてください。ボールを挟んでいることができませんね。

　軸脚で立つことを含む移動の動きは、水平方向に押し出すためにパワーを必要とします。そのような動きを行うには、腓腹筋とヒラメ筋の強さとともに、下腿の外側の強さを必要とします。下腿の外側の筋肉は、足部をクペのようなポジションに開く能力とともに強度ももたらします。

　着地時の動きをコントロールすることを心がけましょう。跳び上がるときは全力と勢いを使い、下りるときには重力に任せる傾向があります。コントロールしないで下りてくると、ケガのリスクにさらされます。ケガを回避するために、大きくバランスを崩すアクシデントから体勢を立て直すことができるだけの十分な、強度を持っていなければなりません。

上級バリエーション

エッジの上でボールを使った遠心性収縮
Eccentrics With Ball Over Edge

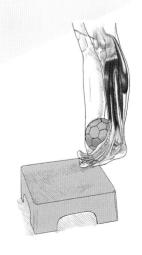

　このエクササイズの難度を上げるには、ボールを踵で挟んだままルルベを続けます。姿勢を整えてバランスを維持しますが、ボールを挟んだまま、片方の足をリリースして背屈させます。もう一方の足の踵をコントロールと遠心性収縮を使って、ゆっくりとコントロールしながら下げます。コントロールしながら踵をできるだけ下げたら、反対側の足（リリースして背屈させた足）をステップのエッジに戻し、両足でルルベを行います。足を替えます。つまり、両足でルルベ→片足をリリース→片足で下がる、です。左右それぞれ10〜15回。コントロールとアライメントを意識して行います。

シーテッド・ソレアスポンプ（座った状態でのヒラメ筋ポンプ）
SEATED SOLEUS PUMP

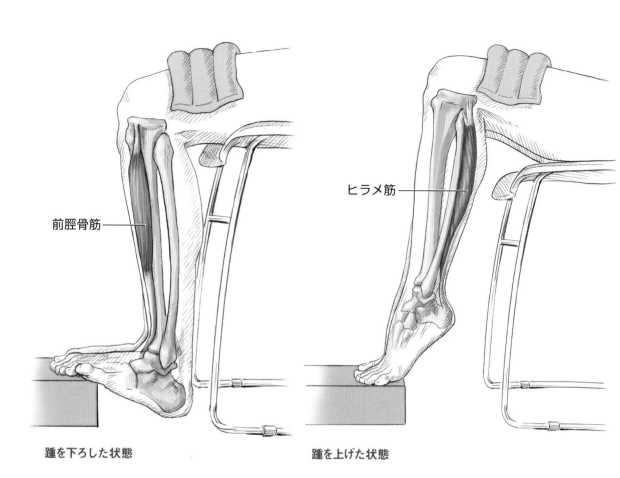

前脛骨筋

ヒラメ筋

踵を下ろした状態　　　　　　　　　　踵を上げた状態

エクササイズ

1. 脚をパラレルにして椅子に座り、踵はフロアにつけたまま、前足部を台の上に置きます。膝の角度が
   90度であることを確認し、抵抗を加えるために小さなウエイト（5〜10ポンド、約2.5〜4.5kg）
   を左右の大腿の上に乗せます。

2. 最大可動域までルルベを始め、第2趾骨と距骨の中央とが一直線上になるよう、アライメントをそろ
   えます。足趾の下を長くし、中足骨を広げます。

3. コントロールしながらスタートポジションへ戻ります。15〜30回行います。最大3セットまで。深
   層のヒラメ筋を動員します。このエクササイズのルルベの動きでは他の筋肉も動員されますが、主と
   して深層ヒラメ筋にフォーカスしましょう。

安全に行うために

コントロール、および距骨と第2中足骨とのアライメントを維持するために、鎌足にならないように。

動員される筋肉

背屈：前脛骨筋、長趾伸筋、長拇趾伸筋
ぜんけいこつきん　ちょうししんきん　ちょうぼししんきん

ルルベ：ヒラメ筋
きん

ダンス・フォーカス

　コントロールしながらジャンプの着地をすることは極めて重要です。下腿の筋肉を強化することにより、ルルベ、小さなジャンプ、グラン・アレグロの動きから下りてくるときに身体をコントロールすることが可能になり、それができれば、重力の影響を受けていないように見せる一方で、ケガを回避することができます。そのために、このエクササイズでは筋肉が伸長するときに、筋力を維持することを必要とします。足趾が最初にフロアについたら、着地の衝撃を和らげるためにアーティキュレーションが必要とされ、重力に対して体重をサポートするために筋持久力が必要とされます。ジャンプの着地フェーズでは腓腹筋の活性がより大きく、またヒラメ筋を強化することで優れた補助となります

　さらに、ヒラメ筋はタイプⅠ筋線維（遅筋線維）を多く含んでいるので、足関節上の下腿のバランスと安定に対して認知を与えてくれます。身体のほとんどの筋肉はタイプⅠとタイプⅡの筋線維の両方を含んでいますが、ヒラメ筋は大部分がタイプⅠの筋線維であるため、下腿の姿勢安定性をもたらします。例えば、ヒラメ筋は立位時に身体が前のめりにならないよう、また、キャラクターシューズで踊っているときもトゥシューズで踊っているときも、バランスを維持するのを助けてくれます。ヒラメ筋はタイプⅠ筋線維の占める割合が高いので、腓腹筋よりも疲れにくいのです。強度を向上させるには、繰り返し回数を増やす必要があるでしょう。

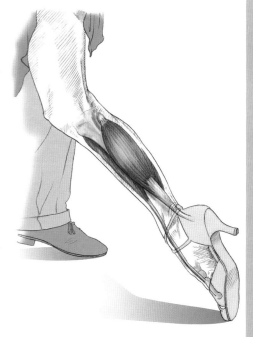

バリエーション

抵抗バンドを使ったポンプ
Resistance Band Pump

　テーブルの端に座る、もしくはバーが膝裏のすぐ上に当たるようにして、脚をバーにかけます。抵抗バンドを中足骨頭の周りに巻きます。足趾をバンドで巻いたまま、バンドを上方で握ります。大腿四頭筋を活性化させずに、バンドの抵抗に逆らって足部を底屈にします。足趾をポイントにする必要はなく、足関節だけをポイントにします（監訳者註：足関節が真っすぐになるようにすること。結果として足関節では底屈することになる）。深層のヒラメ筋を意識しながら、足関節の背屈と底屈を交互に 30 回以上行い、最大 3 セットまで。

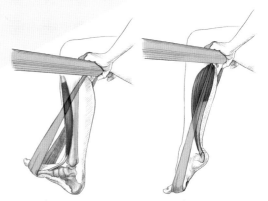

踵を下げて背屈した状態　　　　踵を上げて底屈した状態

トウ・アイソレーション（足趾の孤立化）
TOE ISOLATIONS

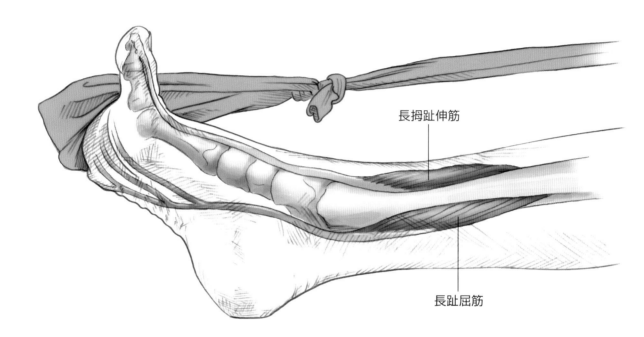

長拇趾伸筋

長趾屈筋

エクササイズ

1. 第2趾から第5趾まで抵抗バンドを巻いた状態で、フロアに座ります。膝を伸ばしてバンドの端を手で持ちます。

2. 拇趾（足の親指）は背屈させたままで、他の指をバンドの抵抗に逆らって底屈させます。

3. 足関節を底屈、拇趾を背屈した状態で、これを10〜12回行います。第2趾から第5趾までを、最大可動域で動かします。より動きを孤立化させるために、足趾1本ずつでこの動きをやってもよいでしょう。

安全に行うために

バンドが足趾を巻き込んで圧迫してくるのに抵抗してください。足趾をポイントするときには足趾を長くするように心がけて、前足部の内在筋群を使ってください。

動員される筋肉

拇趾：長拇趾伸筋
（ちょうぼししんきん）

第2趾から第5趾：長趾屈筋
（ちょうしくっきん）

ダンス・フォーカス

　「トウ・アイソレーション」は、フロアを蹴り出すときに、第2趾から第5趾までを使う必要性を意識させてくれます。蹴り出しでは、拇趾および長拇趾屈筋を使う必要がありますが、その他の足趾にも助けてもらわなければなりません。このエクササイズでは、他の足趾の底屈の動きを孤立させるために、拇趾を伸展させた状態のままにします。拇趾の伸展を維持するのに、長拇趾伸筋が働いているのを感じるでしょう。多くのテクニック・クラスでは、身体のさまざまな部位をより強化することを十分に行っていないことを忘れないでください。テクニックのクラスでは、抵抗を漸増するようなことはありません。腓腹筋を強化するのに十分なルルベをクラスで行うことはあっても、それは足趾の屈筋や伸筋にとっては十分ではないでしょう。

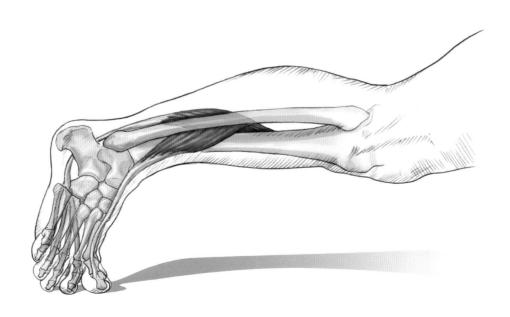

アンクル・ドルシフレクション（足関節の背屈）
ANKLE DORSIFLEXION

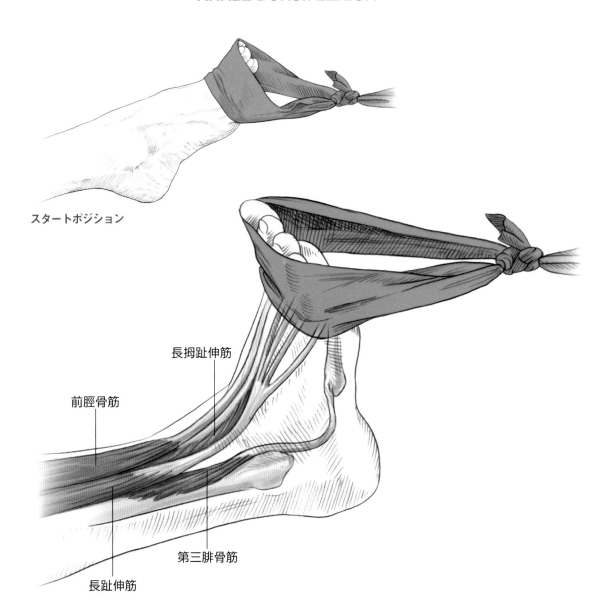

スタートポジション

長拇趾伸筋

前脛骨筋

第三腓骨筋

長趾伸筋

エクササイズ

1. 前足部に抵抗バンドを巻いて座ります。バンドの端を自分の前にある動かない場所に固定します。足
   関節を軽く底屈させたポジションから始めます。エクササイズの開始時には、バンドはぴんと張った
   状態でなければなりません。

2. バンドの抵抗に逆らって足趾を上げて、足関節を背屈させることによって抵抗を上げていきます。前
   脛骨筋の収縮と後脛骨筋の伸長を意識しましょう。

3. 2〜4カウントの間収縮を維持してから、スタートポジションへゆっくりと戻ります。全可動域を通
   して、バンドがぴんと張った状態を維持してください。15 〜 30 回、最大2〜3セットまで。

安全に行うために

鎌足、もしくは逆（外）鎌足を回避するために、第２趾と脛骨の位置をそろえて足関節のニュートラルポジションを意識しましょう。

動員される筋肉

_{ぜんけいこつきん}前脛骨筋、_{ちょうししんきん}長趾伸筋、_{ちょうぼししんきん}長拇趾伸筋、_{だいさんひこつきん}第三腓骨筋

ダンス・フォーカス

　脛骨の前面の強さを維持することは、踵で踊ったりターンしたりするときの安定性を大きくします。ウォーミングアップではルルベや足趾の底屈をたくさん行いますが、ダンスの動きによっては必要となる、足首の背屈はおそらく行わないのではないでしょうか。その結果、下腿後面の筋肉にかかる負担が前面の筋肉よりも大きくなります。脛骨の前面の筋肉を強化すれば、シンスプリント（脛骨疲労性骨膜炎）のリスクも減少するでしょう。

　グランプリエのたびに、脛骨を支えるために前脛骨筋の収縮を必要とします。この筋肉は、ルルベのために体重を移動するのにも働き、足のアーチの望ましい引き上げも助けます。コンディショニングの予定の中にそれを入れるのを忘れないでください。

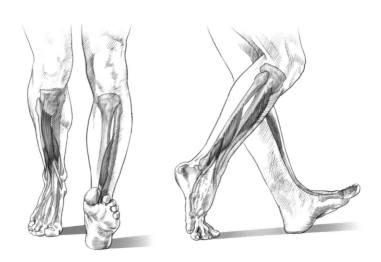

バリエーション

ヒール・ウォークス
Heel Walks

　脚をパラレルにして立ちます。前足部を上げ、前脛骨筋が活性化しているのを感じてください。等尺性収縮を１０秒間キープしてから、コントロールを維持したまま、前足部を下ろします。繰り返します。今度は、踵で小さなステップをします。このときも、前脛骨筋が活性化しているのを感じてください。第２趾、第３趾と脛骨とのアライメントを維持した状態で、前足部の力強い引き上げを維持します。ヒール・ウォーク（踵でのステップ）を行っているとき、体重は踵の中心に乗せます。１０ステップ以上、３回以上行います。

強制的なアーチ・ルルベ

Forced Arch Rélevé

このエクササイズは、足のウォームアップと足関節のストレッチに役立ちます。細かく見ていきましょう。

1. 足をパラレル、またはターン・アウトのポジションで始めます。バランスのためにバーをつかみます。ニュートラル脊柱の姿勢となり、深層の腹筋でそれを支えます。

2. 第2趾と第3趾の上に上がることを意識して、ドゥミ・ポイントのポジションにロールアップします。できるだけ高く踵を上げるために、下腿後面の筋肉が働いているのを感じましょう。安定性のために、下腿外側の筋肉が収縮しているのを感じましょう。足関節の内側と外側の靭帯が働いて、足関節を安定させているのをイメージしましょう。体重が直接足趾の真上にかかるように体幹を移動します。

3. 高いルルベを維持しながら、膝が足趾の真上に来るように膝を慎重に曲げ、足関節の前部を穏やかにストレッチさせます。足趾の下が遠心性ストレッチで伸長しているのを感じましょう。ヒラメ筋が下腿のコントロールを助けているのをイメージし、踵をできるだけ高く上げておきます。

4. プリエで、ニュートラル骨盤位を維持します。骨盤を後傾させないこと。骨盤の動きは最小限にとどめます。股関節での大腿骨の動きを、骨盤から分離します。足関節の前部のストレッチを引き続き感じましょう。

5. 大腿四頭筋を動員して踵の高さをできるだけ維持しながら、膝をゆっくり伸ばし始めます。ここでも、足関節の内側と外側の靭帯が、足関節をサポートしているのをイメージしましょう。下腿後面の筋肉が収縮して踵の高さを維持していることを、意識し続けてください。第2趾、第3趾とのアライメントが維持し続けることができる高さまで、ルルベで上がります。足関節を鎌足、つまり回外させないこと。

6. 鉛直線のアライメントを心がけ、体幹がルルベの真上に来ることを確実にします。足趾の下のストレッチと中足骨頭を広げることを続けて、バランスのために広い支持基底面をつくります。高いルルベができたら、コントロールしながらゆっくりスタートポジションに戻ります。

動員される筋肉

ルルベ：腓腹筋、ヒラメ筋、後脛骨筋、長拇趾屈筋、長趾屈筋、長腓骨筋、短腓骨筋の求心性収縮

強制的なアーチ・ルルベ：ヒラメ筋（他の筋肉も収縮していることに注意）

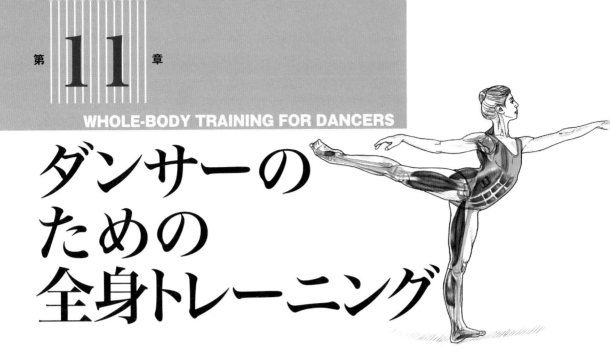

第**11**章

WHOLE-BODY TRAINING FOR DANCERS

ダンサーの ための 全身トレーニング

　ダンス解剖学とその研究が大きな発展を遂げてきていることは、その分野を専門としている、世界各国にいる優れたダンス医療の専門家たちにとっては頼もしい限りです。しかし、この発展の恩恵を最も受けるのはダンサー、あるいは指導者である皆さんにほかなりません。ダンス医科学における基礎研究は、ダンサーや指導者のレベルを上げてくれます。世界中のアスリートは、スポーツ科学が有用性を明らかにした運動法などを取り入れて、その能力を高めています。ダンサーも同様のことができるのです。

　医学雑誌に発表される研究などは、ダンサーにとって助けとなる情報を医療従事者に与えてくれます。Grossmanらは、簡単な股関節屈筋のコンディショニングエクササイズを毎日のルーティンに組み入れれば、デヴェロペの高さを向上できると報告しました（2000）。一方、Bowermanらは、誤ったターン・アウトや腰椎の過前弯、膝や脛骨のねじれが膝の痛みやケガを引き起こす、と報告しています（2015）。

　ダンスへの応用エクササイズを、通常行っているトレーニングと組み合わせれば、あなたのパフォーマンスは向上し、ケガのリスクも軽減されます。例えば、アラベスクの向上は胸椎の動きを改善させながら、腹筋と股関節伸筋群を強化すればよい、シンプルなものということが分かるでしょう。ターン・アウトの向上は、股関節の回旋筋群を使いながら、骨盤のニュートラルなアライメントを保つことを理解すればよい、シンプルなものということが分かるでしょう。身体のプレースメントについての原則を理解することで、身体全体を協調して動かせるようになります。筋肉と骨のアライメントがよりよくなれば、筋肉の使い方もより少なくて済むのです。筋肉を酷使して痛めることなく、ダンスの動きができるようになります。

静的なストレッチ、動的なストレッチ

　柔軟性とは身体の組織がもともと持っているもので、それぞれの関節が、ケガをすることなく動かせる限界を決めています。この柔軟性は、静的なストレッチや動的なストレッチによって向上していきますが、ダンサーにとってはこれら2つを組み合わせて行うのが効果的です。それぞれのストレッチについて簡単に説明していきます。

　静的なストレッチは、1つずつの筋肉について行います。伸ばしたところで止めて、関節は動かしません。静的ストレッチでは筋肉を伸ばし、筋腱複合体のたるみを取ります。痛みが出るところまで行ってはいけません。楽に呼吸を行って、リラックスしながらストレッチを行います。もう一度確認しますが、関節は動かしません。これは安全で穏やかなストレッチで、筋肉の線維を傷つけることはありません。静的ストレッチは、身体が温まっている練習後にやると最も効果的です。伸ばした状態で30〜45秒間程度保っていると、筋肉が緩んで伸びてきます。

　それに対して動的ストレッチは、準備運動の際に、身体の組織に無理な力をかけずに行うコントロールされたストレッチです。このタイプのストレッチでは、身体のさまざまな部分を動かして使います。これらのストレッチは、その後に行うダンスの動きなどを含んだりすることもあります。動的ストレッチは血行を良くすることで筋肉を温めるので、リハーサルの間などでは非常に重要です。

　本章では、柔軟性を向上させてケガのリスクを軽減させるための、静的ストレッチ、動的ストレッチも紹介しています。

小さなプロップ

　本章のエクササイズでは、これまでに取り上げた筋肉をもう一度見ていきますが、さらに抵抗を増やすために、プロップ（小道具）を使用します。ダンスクラスではもちろん自分の体重を抵抗として使いますが、本当の意味で強化するためには、それだけでは十分ではありません。小さな器具や抵抗ツールを加えることによって、重力の限界を超える強度を培ったり、コンディショニングの計画に変化をつけたり、バランス能力に負荷をかけたりすることができます。

　抵抗バンドとフリーウエイトは既に紹介していますが、他の小道具を使って、テクニックを向上させたりトレーニングを新鮮なものにしたりすることができます。例えば、バランスボール、ミニトランポリン、フォームローラー、回旋盤の上でエクササイズを行えば、難度は上がります。これらを利用してエクササイズの難易度を上げることによってバランスの感覚が向上していけば、ダンスにもつながるのです。

　目からの視覚的インプット、内耳の感覚受容器、姿勢制御を助ける筋肉および関節の受容器という3つの要素が、バランス維持を可能にしています。不均等または不安定な面の上でバランスを維持しようとすれば、感覚受容器に対してより負荷がかかります。本書にあるエクササイズの難度を上げる

には、エクササイズ中に目を閉じて、心と身体を統合させるように集中してみてください。これまでに、突然照明が変化したとき、あるいは停電したときに、バランスを失ったことはありますか？　ケガの後、どれほどバランスが弱くなっているか分かりますか？　思春期に伴う身体の急成長は、疲労の原因となるだけでなく、バランスにも悪影響を及ぼすことがあります。感覚系における突然の変化は、固有受容覚を低下させます。バランス能力を鍛えれば、動きの鋭敏さと精度を高めることができます。

トレーニングの詳細

　これらのエクササイズをすべて、多忙なスケジュールのなかに組み込めるだろうかと心配しているのであれば、一度に集中するエクササイズを2つか3つにして、ウォーミングアップにいくつか、またクールダウンにいくつか、徐々に取り入れるようにしましょう。一度に取り組むコンセプトは1つにして、それを1週間続けてから、段階的に次のコンセプトを加えていきます。第4～6章のエクササイズをいくつかと、四肢のエクササイズを1日おきに行いましょう。あなたが意識して取り組んでいる動きに良い変化をもたらすために、エクササイズを使ってください。

　それぞれのエクササイズを効率良く行うために考えを整理しましょう。アライメントは精度のある動きには不可欠です。それには全身の感覚が必要です。ダンスの1つ1つの動きを、身体のさまざまな面でイメージすることを続けましょう。少しずつよくない習慣を変えていくことで、見栄えをさらによくできることに気づいてください。

　不要な緊張を取り除きながら、脊柱（せきちゅう）の安定性を維持しましょう。踊っている際に、良い呼吸のパターンを取り入れることによって肺活量を向上させることができます。深い呼吸はコアのコントロールを高めて、センターから動くことを助けてくれます。呼吸が身体のすべての筋肉に行き渡って、動きの質が高まるのをイメージしてください。

　機能的な動きを向上させつつ、心と身体を統合することも含んで固有受容覚を改善していきましょう。さまざまなフロアエクササイズで支持基底面が変わるときも、バランスに対しての意識を保つようにしてください。フロアからバー、センターへと移動する際にも、姿勢に対する意識への集中を続けるようにしましょう。回転、ジャンプ、ルルベでのバランスでは、新たに身に付けたバランスの技術が使えているかどうかを意識してください。

　この本で挙げているエクササイズの多くは、特定のダンスの動きをよりうまくできるための、筋肉を鍛えることを重視していますが、ファンクショナルトレーニングはそれよりさらに先のレベルを要求します。ファンクショナルトレーニングでは、複数の関節をすべての方向に動かし続ける必要があり、神経系も働かせる必要があります。つまり、それはいつものクラスやリハーサル、パフォーマンスで行っていることなのです。身体全体を使った動きや、それを行うための筋肉を鍛えていきます。個々の筋肉群を鍛えてより強くしていき、また筋肉のアンバランスも矯正していってください。

　本章で取り上げているエクササイズを行うときは、身体全体を機能的に動かすことを意識しましょ

う。自分の関節を、その可動域のなかでどのようにしたら効率良く動かせるのかを意識しましょう。どのようなスタイルのダンスでも、振り付けや踊るフロア、衣装などが変わことがあるのを忘れないでください。基本的な技術がしっかりとしていれば、このような変化にも対応することができるでしょう。

　筋力を得るためには、ウォーミングアップをしてアライメントが崩れない範囲で、疲れるまでエクササイズを繰り返しましょう。繰り返しの回数や抵抗を増やす際には、ダンスのテンポの変化に応じて、エクササイズのスピードを変えてください。好きなダンスのステップを同じ強さ、激しさで練習します。着地の際のコントロールを向上させたければ、基本的なジャンプの練習を繰り返して行います。心肺持久力を向上させるためには、繰り返しの回数を増やします。誤った代償動作で行わないように、身体全体で動く意識は忘れないようにしながらも、特定の動作を行う際に必要な筋肉を、それぞれ意識しましょう。

プライオメトリック・トレーニング

　手短にいえば、プライオメトリックスとは、ジャンプのコンビネーションなどを踊る際のパワーや、高さを養うためのトレーニングです。ジャンプをスムーズにするために、体力的にも神経学的（神経伝達系）にも強くなる必要がありますが、まずジャンプのパワーとは何かを考えてみましょう。パワーは、強さとスピードの組み合わせです。踊っているときには、例えばプチ・アレグロやグラン・アレグロの際には、強さもスピードも必要です。本章では、ジャンプから着地した際の筋肉の遠心性収縮（エキセントリックフェーズ）と、次のジャンプに移るトランジションフェーズの両方を含む、プライオメトリックエクササイズを紹介しています。プライオメトリック・トレーニングではさらに、空高く上がるための求心性収縮（コンセントリックフェーズ）も含まれています。

ダンス・フォーカス・エクササイズ

　これから紹介するエクササイズは、どれも多くの課題があります。小道具を使ったり、全身の機能的な動きが加わったりします。それぞれのエクササイズの原理原則を、自分が行っているダンスに応用することをイメージしましょう。最善の結果を得るためにも、正しい動きを身体に覚え込ませましょう。これらのエクササイズは難しいものですが、習得すれば、コアとバランスの技術は次のレベルへと高まります。この章は最後に、アラベスクについて調べて終わります。

　精神や心というものも強力なツールです。何に対して集中するかを決めます。心を静めて、自分が取り組んでいる身体の部位に集中します。それぞれのエクササイズの前に、開始のポジションでは心を空っぽにして、余計な力を入れずに動くことに、神経を集中させます。常に、ポジティブなことだけを自分に言い聞かせながらエクササイズを行います。心の声で、常に自分を鼓舞しながら、楽観的でいるようにしましょう。

ウォール・プリエ
WALL PLIÉ

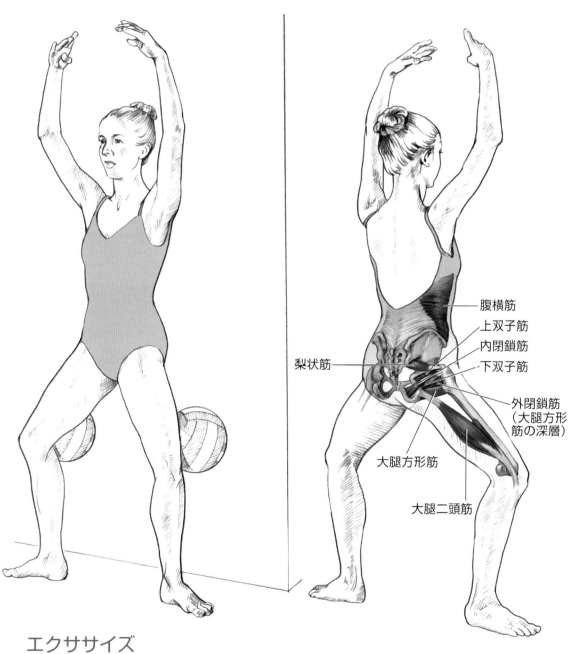

腹横筋

上双子筋

内閉鎖筋

下双子筋

外閉鎖筋
（大腿方形
筋の深層）

梨状筋

大腿方形筋

大腿二頭筋

エクササイズ

1．壁を背にします。足は股関節幅よりも広く、脚を外旋させます（足のターン・アウトは脚の外旋の可動域に合わせます）。左右それぞれの大腿と壁との間に、ボールを挟みます。

2．息を吸って準備、ニュートラルの脊柱と骨盤を維持します。

3．強制的に息を吐きながら、深層回旋筋を収縮させて大腿でボールを押します。骨盤のニュートラルポジションを維持することを意識します。それぞれの脚で大腿骨は距骨中央と第2中足骨の延長線上に、2〜4カウントの間キープ。8回行います。

動員される筋肉

腹横筋、中臀筋、大腿四頭筋（大腿直筋、外側広筋、内側広筋、中間広筋）、縫工筋、大腿二頭筋、梨状筋、上双子筋、下双子筋、内閉鎖筋、外閉鎖筋、大腿方形筋、前脛骨筋、腓腹筋、ヒラメ筋、腓骨筋

ダンス・フォーカス

　体幹に力を入れ過ぎることなく股関節を自由にすることで、ターン・アウトの質が向上します。このエクササイズを使って、骨盤のニュートラルで安定したポジションを維持しながら、深層股関節回旋筋を意識します。縫工筋や大腿外側を使い過ぎず、骨盤を傾けない、純粋な股関節の外旋の感覚を記憶します。大腿骨が第2趾の延長線上に来ることを意識して、膝でねじれが起こらないように。脛骨の延長線が足の中心を通るようにします。少しの間、目を閉じて、深層の外閉鎖筋が収縮して大腿骨を外旋させるように引っぱり、ターン・アウトを大きくするのをイメージしましょう。では、回旋筋をリラックスさせましょう。大腿を外旋させるのにこの筋肉が（収縮して）硬くなってサポートしているのを感じるまで、もう一度細かいところに気を配りながら、収縮を繰り返します。もう一度いいます、股関節の分離を意識しましょう。骨盤と脊柱が安定した状態で、大腿が外旋して開くように、股関節から動かします。

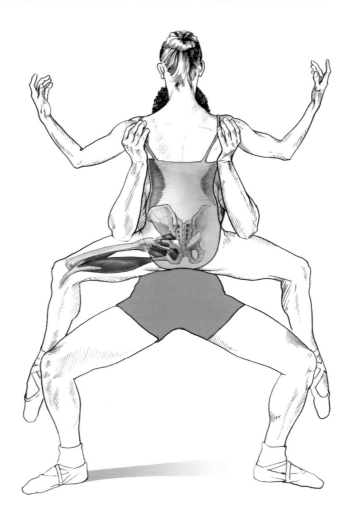

足をローラーに乗せたブリッジ
BRIDGE WITH FEET ON ROLLER

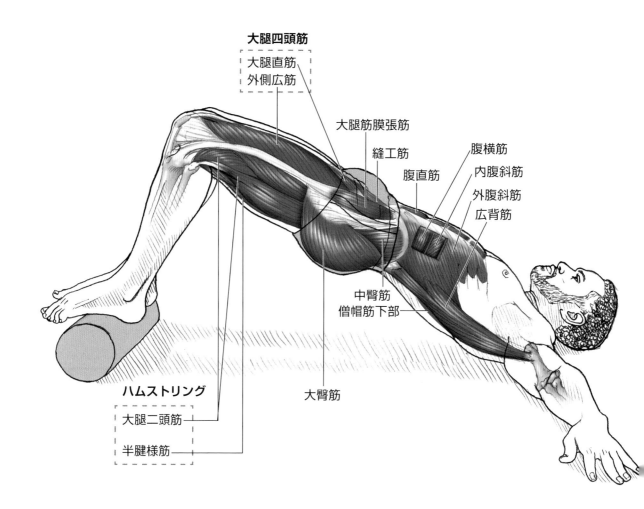

大腿四頭筋
大腿直筋
外側広筋

大腿筋膜張筋

縫工筋

腹直筋

腹横筋
内腹斜筋
外腹斜筋
広背筋

中臀筋
僧帽筋下部

大臀筋

ハムストリング
大腿二頭筋
半腱様筋

エクササイズ

1. 腕は肩の高さで横に伸ばして、仰向けになります。脊柱ニュートラルのポジションをとります。膝は曲げ、足はローラーに乗せます。
2. 息を吸い、肋骨を広げて準備。息を吐きながら、深層の腹筋と腹直筋を動員して骨盤を後傾させます。
3. 脊柱を分節的にロールアップ、股関節を伸展させて、臀部をフロアから持ち上げます。肩、股関節、膝が一直線になるまで矢状面で動きます。胸椎の上部に乗った状態です。
4. 3〜5カウントの間キープ。ローラーに踵を押しつけて、ローラーをできるだけ動かない状態に保ちます。股関節屈筋を伸長させます。肩を挙上させることなく、息を吸って準備。強制的に息を吐き、コントロールしながら胸骨から胸椎、腰椎、臀部の順番でゆっくりとロールダウンしていき、脊柱ニュートラルのポジションに戻ります。
5. 10〜30回行います。

安全に行うために

腰椎を伸展し過ぎないようにしましょう。ブリッジのトップまで来たら、骨盤ニュートラルのポジションを維持するために、腹筋、大臀筋、ハムストリングを使い続けること。

動員される筋肉

腹横筋、腹直筋、外腹斜筋、内腹斜筋、ハムストリング（半腱様筋、半膜様筋、大腿二頭筋）、大臀筋、広背筋、僧帽筋下部、大腿四頭筋（大腿直筋、外側広筋、内側広筋、中間広筋）、大腿筋膜張筋、縫工筋、中臀筋、腸腰筋、骨盤底筋（尾骨筋、肛門挙筋）

ダンス・フォーカス

大臀筋、ハムストリング、脊柱伸筋群が弱い場合には、これは股関節伸筋を活性化または収縮させて、体幹安定、骨盤安定、股関節伸展（これらはすべてアラベスク、アティチュード・デリエール、トゥール・ジュテに必要とされます）を向上させる優れたエクササイズです。またこのエクササイズは、股関節屈筋、大腿四頭筋、縫工筋を遠心的に使うのを助けてくれます。広いスペースを必要としないで全身に効果をもたらしますので、パフォーマンス前のウォームアップに非常に適しています。片脚を上げて感覚受容器と体幹安定筋に負荷をかけることによって、さらに難度を上げることができます。

235

抵抗を加えたサイドベンド
SIDE BEND WITH RESISTANCE

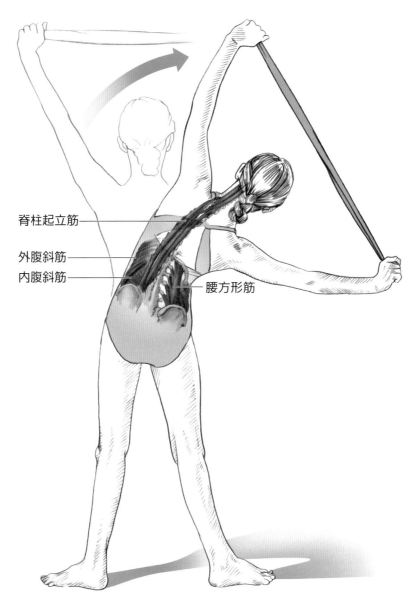

脊柱起立筋

外腹斜筋

内腹斜筋

腰方形筋

エクササイズ

1. ２番ポジションの脚で、しっかりと安定させた状態で立ちます。頭上で、抵抗バンドの両端を左右の手でつかみます。腕の重みが肩甲骨に伝わるのを感じて、エクササイズ中しっかりと抵抗を感じるように腕を広げます。

2. 息を吸ってスタート。背骨を引き上げて長くします。前額面で動いて右側に側屈。右肩甲骨を下方へ滑走させます。バンドにしっかりと抵抗がかかっている状態を維持します。息を吐いてキープ。

3. 左足関節を底屈させて、左足の伸びを感じましょう。左脚のターン・アウトを維持するために、左踵と左大腿が一緒に働いていることを意識しましょう。左坐骨をフロア方向へリーチ。息を吸って戻ります。左右8回ずつ繰り返します。

安全に行うために

骨盤前傾が起こらないように、ニュートラルな身体のプレースメントを維持すること。膝のねじれが起こらないようにしてください。

動員される筋肉

内腹斜筋、外腹斜筋、腹横筋、腹直筋、腰方形筋、
脊柱起立筋（腸肋筋、最長筋、棘筋）、広背筋、前鋸筋、僧帽筋下部

ダンス・フォーカス

胸椎の柔軟性が十分でないために側屈と体幹の回旋が難しいことがあります。軸の伸長の原理は、動きの全長にわたって適用されます。軸を伸長させることで、脊柱に高さが出て動きが増し、また頭部は脊柱の上で楽にバランスをとることができます。椎骨を1つ1つ動かしているかのように感じて、しなやかでありながら安定した背骨を実現しましょう。背骨を伸長させることは、椎骨間の間隔を広げて椎間板への圧迫を小さくします。カンブレ・サイドや側方に傾く動きでは、前額面で動きます。体幹の回旋では横断面で動きます。右方向へ側屈するときは、腰方形筋が伸長するのを感じ、骨盤は安定させて、体幹が上方へ引っ張る力に対抗する必要があります。半月を思い描いて、横向きに飛翔することをイメージしましょう。

バリエーション

スタンディング・ローテーション
Standing Rotation

　より動的なストレッチを加えるには、抵抗を加えたサイドベンドと同じスタートポジションで始めますが、このバリエーションでは脚を股関節幅、パラレルにします。息を吸って、肋骨を広くして準備。強制呼気を使ってスクワットへ、大臀筋には力を入れず、踵に体重を乗せて身体をやや後方へ傾けます。パラレル・ポジションのドゥミ・プリエでキープ。腕は頭上、ぴんと張らせた抵抗バンドを握ります。呼吸は楽にして、横断面上で体幹の回旋を開始。骨盤は回旋させません。体幹のストレッチを感じてから、反対側でも繰り返します。左右5〜10回ずつ行います。

ダイアゴナル・ツイスト
DIAGONAL TWIST

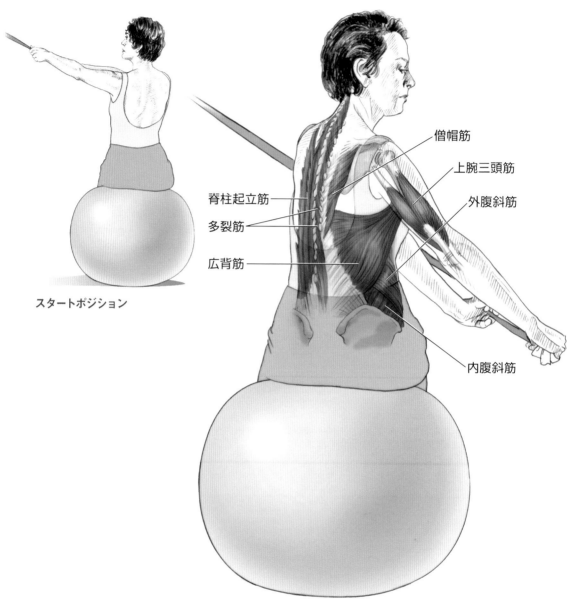

スタートポジション

僧帽筋

上腕三頭筋

外腹斜筋

脊柱起立筋

多裂筋

広背筋

内腹斜筋

エクササイズ

1. 股関節と膝を90度に屈曲、足はフロアに置いてバランスボールに座ります。左肩越しの上方に巻きつけられている抵抗バンドの端を両手でつかみます。体幹が左へ回旋するときに、骨盤はバランスボール上でのニュートラルを維持します。両手は抵抗バンドを握った状態で胸骨の前。息を吸って準備。

2. 息を吐きながら、深層の腹筋、腹斜筋、肩甲骨安定筋を動員して、体幹を右方向へ回旋。両腕で抵抗バンドを、右下対角線方向へ抵抗に逆らって引きます。

3. このポジションを2〜4カウントの間キープ。身体の中心をサポートするために、腹斜筋群が働いているのを感じましょう。手と伸ばした肘は胸骨の前に保持。息を吸いながらゆっくりと戻ります。左右それぞれ10〜12回。

安全に行うために

深層の腹筋の収縮を常に意識して脊柱をサポートすることで、腰のひねりや不安定が生じないようにしてください。

動員される筋肉

広背筋、僧帽筋下部、上腕三頭筋、腹横筋、内腹斜筋、外腹斜筋、

脊柱起立筋（腸肋筋、最長筋、棘筋）、多裂筋

ダンス・フォーカス

　回旋や螺旋の動きにおいて力を調整するためには、コアと脊柱の深部の強さを必要とします。より回旋を出すためには、螺旋の動きが起こる前に首と肩の緊張を解消します。腰を安定させるために下腹部の腹筋を動員すること、こうすることでより回旋が出ます。ダイアゴナル・ツイストは、上背部伸展と体幹の左方向回旋を長時間実践している、社交ダンスのダンサーにとって素晴らしいエクササイズです。左右両側の腹斜筋が働いていることを忘れずに。回旋方向と同側の内腹斜筋が収縮して、反対側の外腹斜筋が収縮しています。同じ筋肉が深層の脊柱起立筋も補助します。動きを生み出すために片側の筋肉が収縮する一方で、反対側の筋肉も収縮させています。これは身体の中心から動く必要性をさらに強調します。螺旋の動きは、コアの深部と脊柱に近いところから動きを始めなくてはなりません。

抵抗を加えたハイキック
HIGH KICK WITH RESISTANCE

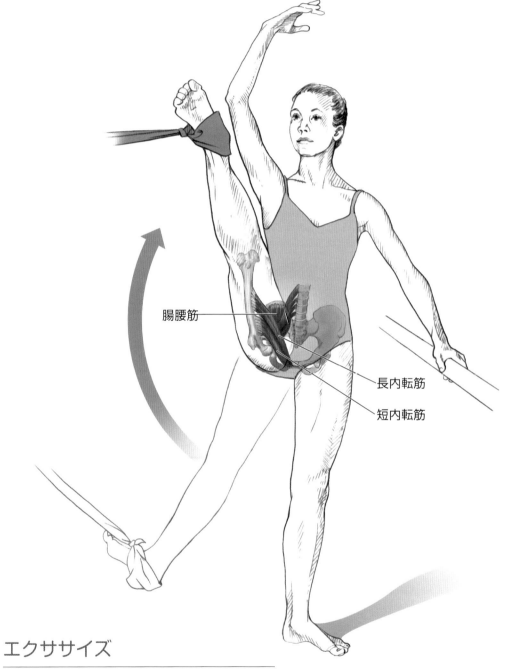

腸腰筋

長内転筋

短内転筋

エクササイズ

1. 左手はバーの上、右脚はターン・アウトでサイドへのタンデュ・ポジションで始めます。抵抗バンドの一端を右脚の足関節に結び、もう片方の端を、横にある動かないものに結びつけます。ニュートラルのポジションを再び整えます。中臀筋を動員することで、ターン・アウトしている軸脚を安定させます。

2. 脚を素早く1番ポジションへ持ってきてから5番を通り、バンドの抵抗に対抗してバットマン・ドゥヴァンへ、軸脚の中臀筋をしっかり保持します。脚が上がるときに息を吸うように、呼吸を調整します。

3. 低いレンジでは、コアと内ももから動きを起こします。1番を通って5番へブラシをかけるような動きを使って股関節内転を強調してから、できるだけ早く腸腰筋を動員して、脚を上げます。コントロールしながらゆっくり戻ります。

4. 背骨と腰方形筋を長くします。エクササイズ中は常にターン・アウトを維持。6〜8回行ってから、抵抗のない状態で6〜8回繰り返します。

安全に行うために

外側にヒップハイク（大腿を動かす側の骨盤が上がること）が起こらないようにすること。体幹の筋肉は、骨盤を上方へ引き上げようとします。骨盤は動かさず大腿を動かすことによって、骨盤が動きについていかないようにしてください。

関連する筋肉群

ジェスチャー・レッグ：長内転筋、短内転筋（脚の位置が低いとき）、
　　　　　　　　　　　　腸腰筋（脚の位置が高くなるとき）

軸脚：股関節外旋筋、中臀筋、大臀筋、ハムストリング（半腱様筋、半膜様筋、大腿二頭筋）、
　　　大腿四頭筋（大腿直筋、外側広筋、内側広筋、中間広筋）、縫工筋

体幹：腹横筋、内腹斜筋、外腹斜筋、腹直筋

ダンス・フォーカス

　脚を軽々と優雅に上げるには、余計な調整、不要な体重シフト、大腿四頭筋の使い過ぎをしないことが求められます。まずは効果的に動けば、ケガのリスクが小さくなり、テクニックが向上します。脚が高く上がるほど、深層の腸腰筋を収縮させなければなりません。できるだけターン・アウトを維持するように努めましょう。上げるほうの脚がターン・インし始めると、小臀筋と中臀筋の前方の線維の力がまさって、ヒップハイクが起こります。腸腰筋の大腿骨内側への付着部をイメージしましょう。大腿のそのエリアから動きを起こして、脚を胸の方向へふわりと上げます。脚を上げるたびに、ハムストリング、臀筋、腰の筋肉を伸長させます。息を吸って脚を上げ、脚を下ろすときは吐く息を使って、脊柱を安定させることをトレーニングします。あなたの脚はきっと羽ばたけることでしょう！

回旋盤上でのアティチュード
ATTITUDE ON DISC

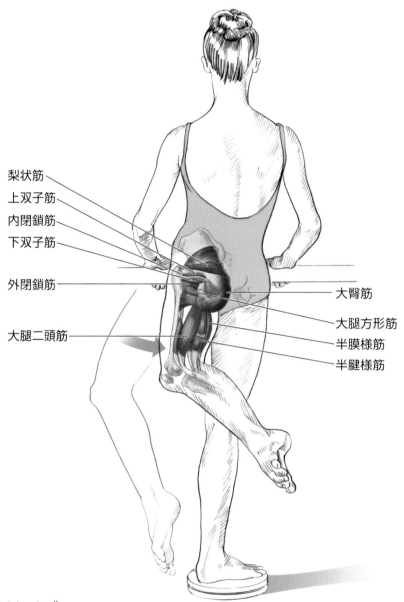

梨状筋
上双子筋
内閉鎖筋
下双子筋
外閉鎖筋
大腿二頭筋
大臀筋
大腿方形筋
半膜様筋
半腱様筋

エクササイズ

1. 右脚をターン・アウトさせて回旋盤に乗せ、バーのほうを向いて立ちます。左脚はクペのポジション。姿勢とバランスを整えましょう。

2. 息を吸いながら股関節を伸展、クペからアティチュード・デリエールへ。脚が上がるときには、それに伴って身体を若干前方へシフトさせて骨盤を回旋させること。アティチュード・デリエールの脚をターン・アウトさせている、深層回旋筋をあらためて強調しましょう。腰椎をサポートするために深層の腹筋を動員します。胸椎を伸長させて長いアーチをつくりましょう。

3. 2〜4カウントの間キープして、大臀筋とハムストリングにフォーカス。息を吐いてコントロールしながら、逆の動きでクペに戻します。左右それぞれ10〜12回。

安全に行うために

深層の腹筋を動員することによって、腰椎を保護すること。

動員される筋肉

ジェスチャーレッグ：梨状筋、上双子筋、下双子筋、内閉鎖筋、外閉鎖筋、大腿方形筋、
大臀筋、ハムストリング（半腱様筋、半膜様筋、大腿二頭筋）

軸脚：股関節外旋筋、ハムストリング（半腱様筋、半膜様筋、大腿二頭筋）、中臀筋、
腓腹筋、腓骨筋

ダンス・フォーカス

　動きのための主動筋を使って後方への伸展を始めれば、テクニックの質は向上します。腰椎を保護して、ハムストリングと大臀筋を強化することができれば、アラベスクは向上します。脚を後方へ動かす練習をして、腰椎が動き始めるまでに脚がどこまで行くか、確認しましょう。15度しか動かないかもしれません。その場合は若干身体を前傾させて調整しますが、ハムストリングと大臀筋を収縮させて脚を上げることを続けます。

　低いアティチュードであってもフルのアラベスクであっても、腹筋を動員させて背骨をサポートします。胸椎の動きを加えてください。腹筋を強く引き上げることを維持しながら、中背部の椎骨が伸展するのをイメージしましょう。上腰部と胸部には、思っているよりも可動性があります。腰だけをアーチさせるのではありません。骨盤のねじれが起こらないように、深層のターン・アウトの筋肉を使いましょう。背骨は伸長させて、できるだけ長いアーチで動くことを心がけましょう。コーディネーションと美しいアライメントは、首と肩の緊張も軽減します。

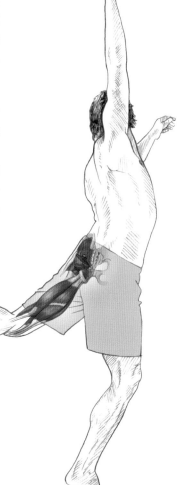

プランク＆パイク
PLANK AND PIKE

スタートポジション

腸腰筋

腹横筋

大胸筋

エクササイズ

1. バランスボールの上に腹這い。脛骨をボールの上に乗せ、腕を伸ばしたプランクのポジションになるまで手で歩いて、身体を前に出します。両膝と両肘は真っすぐに伸ばしますが、ロックさせないように。肩甲骨の安定筋と、体幹のすべての安定筋を動員します。

2. 息を吸いながら、若干の後傾と深層の腹筋と股関節屈筋の収縮で動きを始めて、臀部をパイクのポジションへ上げます。足のつま先を伸ばしてボールを胸の方向へ引き寄せながら、背骨を伸長させます。

3. 息を吸いながら、このポジションを2〜4カウントの間キープ。肩甲骨の下制と内転を、あらためて強調しましょう。息を吐きながら、ゆっくりと最初のプランク・ポジションに戻ります。体幹をしっかりとキープして背骨を保護します。6〜8回行います。

安全に行うために

肩甲骨の安定を維持すること。肩甲骨がウイングしない（浮き上がらない）ようにします。深層の腹筋を動員して、重力が背骨を伸展させようとするのに抵抗しましょう。

動員される筋肉

腹横筋、内腹斜筋、外腹斜筋、腸腰筋、大腿筋膜張筋、大腿四頭筋（大腿直筋、外側広筋、内側広筋、中間広筋）、ハムストリング（半腱様筋、半膜様筋、大腿二頭筋）、大臀筋、中臀筋、脊柱起立筋（腸肋筋、最長筋、棘筋）、多裂筋、大胸筋、三角筋前部、僧帽筋下部、広背筋

ダンス・フォーカス

　最も魅力的で難しい振り付けのなかには、フロアに手をつくダンスの動きを必要とするものがあります。例えば横とんぼ返り、逆とんぼ返り、腕立て、片手落下などです。どんな動きであれ、準備が整っていて強靭でなければなりませんが、ほとんどのダンステクニックのクラスでは上半身とコアを十分に鍛えてくれません。したがって、すべてをしっかりと整えるのは自分次第です。

　プランク＆パイクは、完全に心身が統合されてこそエクササイズが熟達します。背骨に近い小さな姿勢筋、そして比較的大きな筋肉の収縮を伴います。このような動きを補助するためには、呼吸のスキルを呼び覚ましましょう。準備を整えるために、胸郭を横に広げるように深く息を吸うことと、動作時に自分をサポートするために、強制的に息を吐き出すことを練習します。腰の安定性が足りないと感じるのであれば、腹筋下部のトレーニングを増やしましょう。肩甲骨の安定を維持することができないと感じるのであれば、肩のエクササイズを増やしましょう。強度が十分でないと、プランクタイプのポーズを使った動きは難しく危険です。しかし、コンディショニングによって力強くしっかりとした外見が養われます。

プライオメトリックス
PLYOMETRICS

パラレル・ジャンプ・スクワット Parallel Jump Squat

　脚はパラレル、足を股関節の幅に開き、鏡に向かって立ちます。手は腰に当てておきましょう。自然な呼吸をしながら、股関節の安定に意識して、踵はフロアにつけた状態で、膝は常につま先の真上であることに注意しながら、ベーシックなスクワットを 10 回以上行います。股関節の安定と脚の正しいアライメントを維持することができれば、10 回のスクワットに続けてもう一度スクワットをしてから、できるだけ高くジャンプします。パラレルのスクワットのポジションで着地。骨盤の安定と脚のアライメントを維持できれば、さらに 10 回ジャンプします。安定性とアライメントを引き続き維持できれば、さらに 10 回のジャンプを2セット、合計で 10 回のジャンプを3セット行います。正しいアライメントとコントロールが維持されていれば、スクワットを繰り返す必要はありません。

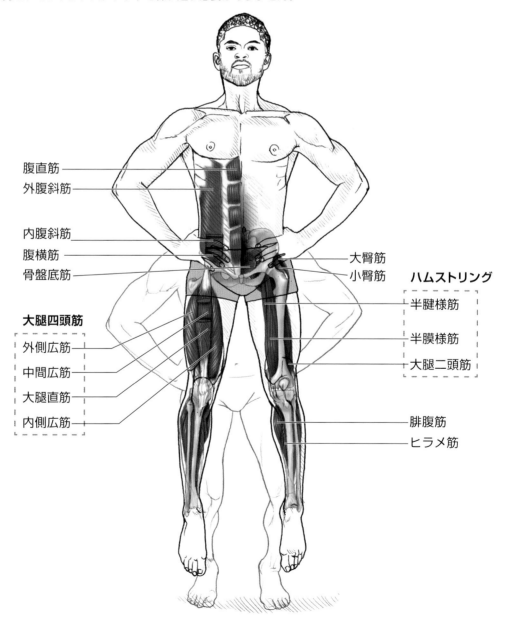

腹直筋
外腹斜筋
内腹斜筋
腹横筋
骨盤底筋

大臀筋
小臀筋

ハムストリング
半腱様筋
半膜様筋
大腿二頭筋

大腿四頭筋
外側広筋
中間広筋
大腿直筋
内側広筋

腓腹筋
ヒラメ筋

移動ジャンプ・スクワット Traveling Jump Squat

　腕を頭上に上げて同じパラレルのスクワット・ポジションで始めます。このエクササイズでも骨盤の安定を維持することと膝がつま先の真上にあるアライメントを維持することにフォーカスします。楽に呼吸して、スクワットのポジションになります。今度は、10〜12インチ（約25〜30cm）前方へ移動しながらできるだけ高くジャンプします。コントロールしながら着地、アライメントを維持しましょう。アライメントを維持できれば、もう10回移動ジャンプを行います。次に、同じ移動ジャンプエクササイズを繰り返しますが、1回目のジャンプはゆっくり、2回目のジャンプは素早く行います。ゆっくりのジャンプと素早いジャンプを交互に合計10回（素早く5回、ゆっくり5回）移動ジャンプを行います。

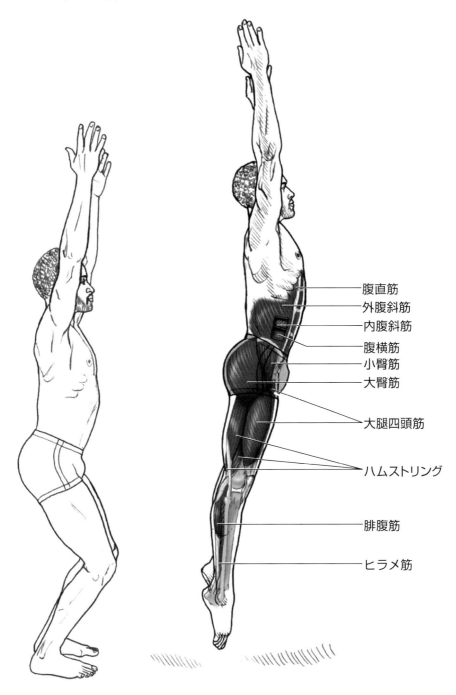

腹直筋
外腹斜筋
内腹斜筋
腹横筋
小臀筋
大臀筋
大腿四頭筋
ハムストリング
腓腹筋
ヒラメ筋

脚を交互に替えるジャンプ・スクワット Alternating Jump Squat

パワージャンプを次のレベルに上げるには、手を腰に当てて片足のパラレルスクワットで始めます。楽に呼吸をして、できるだけ高くジャンプし、反対の足で着地します。骨盤の安定と脚のアライメントを維持することができれば、脚を交互に替えて、1セット合計10回まで行い、これを3回繰り返します。

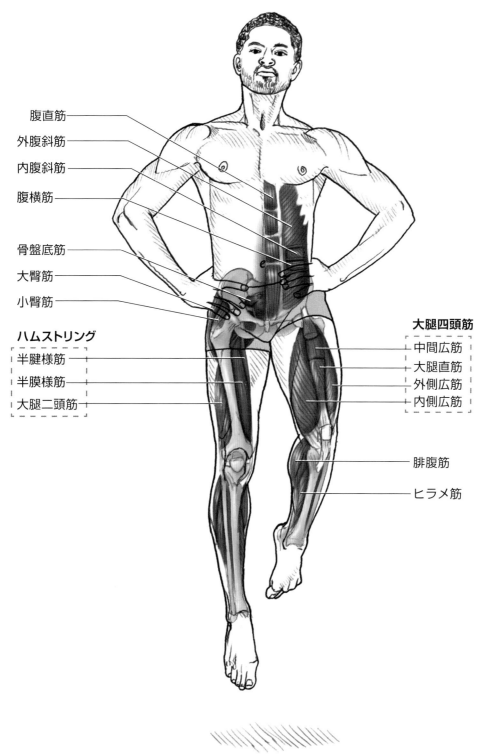

腹直筋
外腹斜筋
内腹斜筋
腹横筋

骨盤底筋
大臀筋
小臀筋

ハムストリング
半腱様筋
半膜様筋
大腿二頭筋

大腿四頭筋
中間広筋
大腿直筋
外側広筋
内側広筋

腓腹筋

ヒラメ筋

動員される筋肉

上昇時：腓腹筋、ヒラメ筋、大腿四頭筋（大腿直筋、外側広筋、内側広筋、中間広筋）、
ハムストリング（半腱様筋、半膜様筋、大腿二頭筋）、大臀筋、小臀筋の求心性収縮

体幹の安定：腹横筋、内腹斜筋、外腹斜筋、腹直筋、骨盤底筋（肛門挙筋、尾骨筋）、
多裂筋

下降時：腓腹筋、ヒラメ筋、大腿四頭筋（大腿直筋、外側広筋、内側広筋、中間広筋）、
ハムストリング（半腱様筋、半膜様筋、大腿二頭筋）、大臀筋、小臀筋の遠心性収縮

安全に行うために

ケガを回避するためには、股関節と脚のアライメントを維持することが不可欠です。プライオメトリック・トレーニングは練習、正しいアライメント、強靭さを必要とします。プライオメトリック・エクササイズを行う前には、必ずウォームアップをすること。

ダンス・フォーカス

このタイプのトレーニングは力強いジャンプのスキルを養成し、着地スキルの向上をもたらします。空中にジャンプするために必要な筋収縮を始めると、大腿四頭筋、ハムストリング、大臀筋、前脛骨筋、腓腹筋に強力な求心性収縮が生まれます。コントロールしながらの着地時には、安全な着地には極めて重要である遠心性収縮を、同じ筋肉が生み出します。プライオメトリックのエクササイズを行うときには、特に着地において最大の効果を得るために、全可動域で動きましょう。素早く強力な求心性の収縮から、素早く強力な遠心性ストレッチまで動いてから、爆発的に収縮させてジャンプを繰り返します。アモチゼーション（トランジッション：移行）フェーズに負荷をかけるには、移動ジャンプ・スクワットのバリエーションで行ったように、エクササイズを素早く行います。安定とアライメントを維持できるならば、スピードを交互に変えずに、そのエクササイズをできるだけ早く繰り返しましょう。着地のコントロールにフォーカスしましょう。

バリエーション

上級プライオメトリック・トレーニング
Advanced Plyometric Training

プライオメトリック・トレーニングの難度を上げるには、このタイプのジャンプを片足で行います。固定した低いボックスの上でジャンプするのもよいでしょう。これらのバリエーションが習慣的になったら、ミニトランポリンなどの不安定な面の上でのジャンプを加えてください。ただし、他のバリエーションをマスターしてからにします。

バウンディング
BOUNDING

僣帽筋

菱形筋

大胸筋

スタートポジション

前鋸筋

三角筋前部

フィニッシュポジション

エクササイズ

1. 手は肩幅よりも広くしてミニトランポリンの上に置き、標準的なプッシュアップ（腕立て伏せ）のポジションで始めます。脚を伸ばして、足はフロア上（膝をフロアに置いて始めてもよいでしょう）。体幹を整えてコア・コントロールしてください。

2. 楽に呼吸をして、コントロールしながら肘を曲げてプッシュアップを始めます。肩甲骨の安定を維持しましょう。

3. トランポリンを押して空中に跳ね上がって、コントロールしながら戻ります。6〜8回行います。

安全に行うために

体幹コントロールを使って腰の安定性を維持すること。肩甲骨のコントロールを維持し、手首の過伸展が起こらないように手首の屈筋を動員してください。

動員される筋肉

大胸筋、三角筋前部、前鋸筋、僧帽筋下部、菱形筋、腹横筋、内腹斜筋、外腹斜筋、腹直筋、多裂筋

ダンス・フォーカス

　このリバウンドのエクササイズは、ほとんどのトリッキーな動きに必要な強靭さを養成するために、コアと肩に負荷をかける優れた方法となります。また、動的安定性を養うための優れたエクササイズでもあります。最初はよく分からないかもしれませんが、トランポリンを使ったバウンディングも、抵抗トレーニングの一形態です。筋肉は、身体が下りてくるフェーズにおける負荷で伸長（遠心性収縮）してから、素早い強い求心性収縮で身体を空中に跳ね上げます。この組み合わせは筋肉の大きなパワーを養成するのに役立ち、筋肉の大きなパワーがあれば、グラハム・テクニックにある、コントロールされたフォール（落下）が難なくできているように見えます。ジャズスタイルのダンスにおけるあらゆるフォール＆リカバリーも、筋肉の大きなパワーがその緊張を軽減してくれます。体系化されたリバウンドタイプのエクササイズで安全にトレーニングすれば、型にはまらないダンスの動きの、フォール（落下）の複雑性に対する準備が整います。

エアプレイン・バランス
AIRPLANE BALANCE

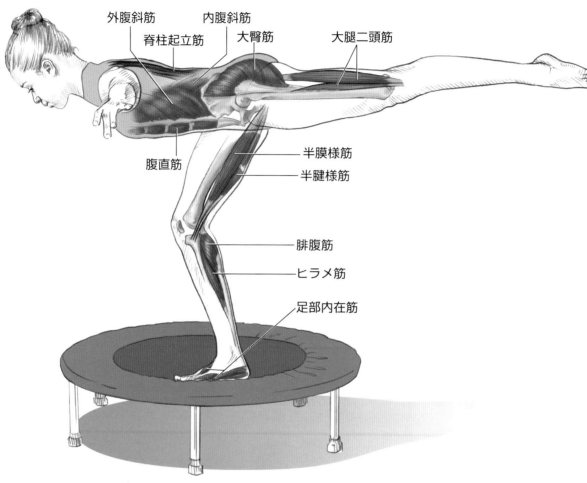

外腹斜筋　内腹斜筋
脊柱起立筋　大臀筋　大腿二頭筋
腹直筋
半膜様筋
半腱様筋
腓腹筋
ヒラメ筋
足部内在筋

エクササイズ

1. ミニトランポリンの中央に、パラレルポジションの片脚で立ちます。もう片方の脚はパラレルのアラベスク。脊柱を伸長させて、フラットバック（平らな背中）のポジションの姿勢となります。腕はサイドに広げます。

2. バランススキルを整えて、足趾の付け根と踵との間に体重を乗せましょう。足部内在筋を使って小さなドゥミ・プリエを加えます。

3. 10 〜 30 秒間バランスを維持します。休んでから繰り返します。片脚3回行ってから、脚を替えて繰り返します。呼吸は自然にして、首と肩の緊張を緩めましょう。腹筋のコントロールと軸の伸長の原理原則を使います。

安全に行うために

トランポリンを使う前に、フロア上でこのエクササイズをやってみてください。短いドゥミプリエでバランスをとります。膝が第2趾の真上に来るようにアライメントを維持しましょう。

動員される筋肉

体幹：腹直筋、内腹斜筋、外腹斜筋、脊柱起立筋（腸肋筋、最長筋、棘筋）

軸脚：足部内在筋、腓腹筋、ヒラメ筋、
　　　ハムストリング（半腱様筋、半膜様筋、大腿二頭筋）、大臀筋、小臀筋

アラベスクの脚：ハムストリング（半腱様筋、半膜様筋、大腿二頭筋）、大臀筋

ダンス・フォーカス

　バランスを向上させるためのエクササイズを行うことで神経系が動員され、ケガのリスクを小さくすることができます。固有感覚に負荷をかけることで筋肉の不要な緊張が解け、ジャンプやターンが向上します。毎日少し時間をとって、バランスの練習をしましょう。ミニトランポリンがなければ、砂や枕の上でバランスをとってみましょう。足のアーチから始まる自分のセンター（身体の中心）と、プレースメント（姿勢と各部位の位置、アライメント）を見つけてください。第1および第5中足骨と踵の上に体重を乗せます。深層の内在筋がサポートしてくれているのを感じましょう。脊柱から脚までの深層の姿勢筋にフォーカスします。正しくバランスがとれているときは、あまり筋肉を使う必要がありません。効率的に動けるということです。バランスをとるプロセスにおいては、自然な呼吸をします。呼吸を使ってセンターを静め、緊張を解きます。身体、心、精神の健全なバランスを維持するために自分自身の思考を研ぎ澄まし、身体を整えましょう。

バリエーション

デヴェロペ・バランス
Développé Balance

　ミニトランポリン、または他の不安定な面の上に乗ります。軸脚（右脚）をややターン・アウトさせます。体幹の配置を安定させて、アームスは1番ポジションにします。左脚をクペで始めます。バランスを維持した状態で、腕を高い5番に持っていきながら左脚をパッセへ。脊柱と骨盤は安定させた状態を保持します。6〜8秒間キープしてから、腕と脚をゆっくりスタートポジションへ戻します。5回行って脚を替えます。脚をパッセに持ってくるのが楽にできるようになったら、パッセからアティチュード、デヴェロペ2番ポジションをやってみましょう。体幹と骨盤の安定性を維持するのに努めてください。デヴェロペを4回行ってから、脚を替えます。

パラレル・デガジェ

・・・

PARALLEL DÉGAGÉ

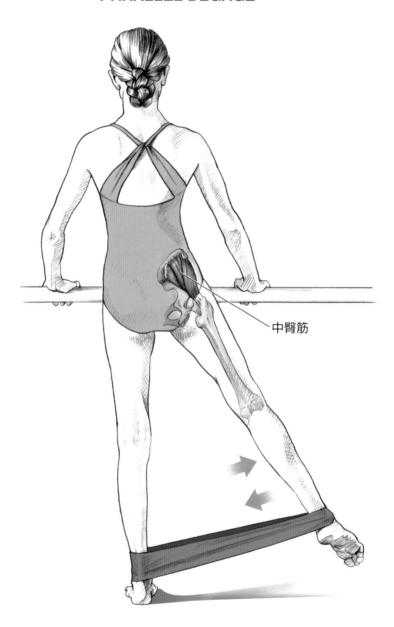

中臀筋

エクササイズ

1．脚はパラレルで立ちます。ゴムバンドを輪にして両方の足首にかけ、両手はバーに置きます。

2．呼吸を楽にして、バンドの抵抗に逆らって、パラレルのデガジェでジェスチャーレッグを動かし始めます。

3．ウエストから引き上げて骨盤をしっかりと安定させることによって、安定したニュートラルのポジションを維持します。軸脚の中臀筋が安定した骨盤を維持する助けとなり、ジェスチャーレッグの中臀筋がバンドの抵抗に逆らって働いているのを感じましょう。

4．左右それぞれの脚で８〜10回から始めます。最大３フルセットまで。

安全に行うために

腰の安定性を維持すること。バンドの抵抗に負けて、ヒップハイク（大腿を動かす側の腰が上がること）が起こらないようにします。大腿の動きだけを孤立させること。

動員される筋肉

浮かせている脚：中臀筋、小臀筋、大臀筋膜様筋

支えている脚：中臀筋、小臀筋、大腿筋膜張筋、股関節外旋筋（内閉鎖筋、外閉鎖筋、梨状筋、大腿方形筋、下双子筋、上双子筋、後部中臀筋）、縫工筋、大臀筋、ハムストリング（半腱様筋、半膜様筋、大腿二頭筋）、腓腹筋、腓骨筋

ダンス・フォーカス

　強靭さを獲得するためには、コンディショニングのプログラムに抵抗トレーニングを加えなければならないことを、心に留めておきましょう。より具体的には、骨盤の安定性は、姿勢とテクニックを向上させるための鍵となります。このエクササイズは、強靭さを獲得することを助けるために、骨盤の外側の調子を整えるのに役立ちます。例えば中臀筋は、デヴェロペとグラン・バットマンにおいて軸脚で立つことを助けます。また中臀筋は、あらゆる脚を横に上げるようなポジションやサイドへのステップ、ジャンプのコンビネーションにおいてジェスチャー・レッグを助けます。骨盤をより安定させるには、脊柱の伸長を感じて臀部を引き締めます。大腿の動きに、腰がついていかないように意識しましょう。軸脚は上から下まで強固な状態を感じてください。繰り返し回数を増やすと、軸脚とジェスチャー・レッグの付け根（骨盤）の横の部分が使われていることも感じられるでしょう。中臀筋が主動筋ではありますが、このエクササイズは安定性にフォーカスすることによって全身を使います。

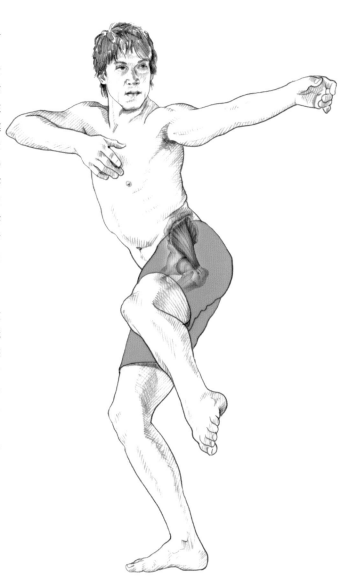

ハムストリング・スタティック・ストレッチ
HAMSTRING STATIC STRETCH

ハムストリング

半腱様筋
半膜様筋
大腿二頭筋

大臀筋下部線維

エクササイズ

1. 右脚をドゥヴァンのポジションでバーに置きます。左手でバーを握ることができるよう身体の向きを
   変えて、脚はやや外旋させます。右腕は頭上。

2. 息を吸って、軸の伸長を意識して脊柱全体を長くします。前傾を始めていき、胸を落とすことなく、しっ
   かりと心地よいストレッチを感じるまで身体を前に倒します。

3. ハムストリングと大臀筋をリリースし、伸長させます。骨盤が矢状面上で前傾しているのを感じましょ
   う。胸を引き上げた状態を維持しながら、楽に呼吸をします。リラックスしてハムストリングのスト
   レッチに身を任せ、30秒間キープ。3回行って脚を替えます。

動員される筋肉

大臀筋下部線維、ハムストリング（半腱様筋、半膜様筋、大腿二頭筋）

ダンス・フォーカス

　スタティック・ストレッチ（静的ストレッチ）は、筋肉を伸長させることは筋肉、腱、関節にとって有益です。リラックスして、ストレッチに身を任せましょう。痛いのは望ましくありません。ダンサーには、柔軟性と強靱さの良好なバランスが求められます。しかし、持続的なストレッチは推奨されません。実際には筋力を低下させるからです。ダンサーのためのストレッチの最も効果的なアプローチは、ウォームアップした状態で、スタティック・ストレッチとダイナミック・ストレッチ（動的ストレッチ）とを組み合わせることです。ダイナミック・ストレッチは、ダンスの動きをゆっくり刺激することによって、リハーサルや本番でのパフォーマンスの準備を整えてくれます。また、収縮している筋肉の強化を促します。強靱さを失うことなく可動域を大きくすることを目指しているのであれば、十分にウォームアップを行った後の動的ストレッチと静的ストレッチのバリエーションを6～8週間行いましょう。きっと結果に満足することでしょう。

バリエーション

ダイナミック・サイ・トゥ・チェスト・ストレッチ（大腿部を胸方向へ引き寄せる動的ストレッチ）
Dynamic Thigh-to-Chest Stretch

　楽に呼吸をして立ちます。左脚を上げながら、体幹のプレースメントを意識します。右脚で安定したバランスを保持します。左脚の大腿の下に回した両腕を使って、大腿を胸方向へ穏やかに引き寄せます。腰椎と股関節後部が伸びるのを感じましょう。バランスを維持したまま、左脚をゆっくりリリース。右脚を上げるために前に踏み出します。右大腿の下に回した両腕を使って大腿を胸方向へ引き寄せ、腰椎と股関節後部を伸長させます。左右それぞれ10～12回行います。

ダイナミック・ドゥヴァン・ストレッチ
Dynamic Devant Stretch

　パラレルポジションで立ちます。体幹のプレースメントを整えましょう。両腕を2番ポジションでサイドにキープ。右脚をゆっくり前方へプッシュ（ブラシをかけるように）して上げて、骨盤のプレースメントを維持した状態で、右脚のハムストリングにストレッチを感じましょう。これは、コントロールされた状態のリフト&ストレッチです。脚をゆっくりと下ろします。バランスを維持した状態で、左脚に替えて前に踏み出して繰り返します。安定した脊柱と骨盤を保持しながら、脚をゆっくり上げてストレッチしましょう。左右それぞれ10～12回行います。

アラベスク

Arabesque

　アラベスクは、片方の脚の股関節から身体を前方へ曲げ、片方の腕を前へ伸ばして、もう一方の腕と脚を後ろにした状態のポーズです。よく目にする一般的なポーズですね。ところが、アラベスクが単なるポーズにとどまらないことは周知の通りです。初めて舞台を目にした小さな女の子は、アラベスクをやってみようとします。駆け出しのダンサーたちは、オーディション用にアラベスクのポーズで撮影してもらいます。あらゆるジャンルのプロのダンサーたちは、努力を積んでアラベスクを完全なものにします。最近引退したプリンシパルは、18年間のプロ生活の間に、クラスだけで9万8000回のアラベスクをやったと語ってくれました。脊柱と股関節での、彼女の身体運動量を想像してください！

　アラベスクは実際、ダンスにおいて最も広く用いられる動きであり、最も美しい動きの一つとなります。基本的な1番ポジションのアラベスクを、解剖学的に分解してみます。

1. 第1アラベスクでは右手を前にした状態で始め、左脚はタンデュ・デリエール。軸脚である右脚は、深層外旋筋からの外旋と、ハムストリングと大腿四頭筋の強い収縮を使ってターン・アウトしています。軸脚の足部と足関節は、5つの中足骨と踵に均等に体重を乗せます。足の内在筋と内側アーチの緊張状態にしっかり意識を向けましょう。

2. ジェスチャー・レッグである左脚も外旋させて、タンデュ・デリエールへ伸ばします。骨盤と脊柱はやや左に回旋し始めます。

3. 腹筋の4層すべてと深層の脊柱伸筋群は引き締まって、脊柱をサポートしています。股関節伸筋群はぴんと張って、下腿後部の筋肉は収縮して、つま先をしっかりと伸ばした状態を維持します。

4. 右腕は、安定筋を活性化させるためにしっかりと肩甲を下制させた状態を維持し、肩を屈曲させて肩の高さよりもやや高く前に伸ばしています。左腕は、やや肩を伸展させて肩を外転してますが、安定筋を動員するために、しっかりと肩甲骨を下制させた状態を維持します。

5. 左脚が上がり始めると、深層の腹筋の強力な収縮が、大臀筋とハムストリングの収縮とともに起こって腰椎、脊柱、骨盤の回旋と股関節伸展をサポートします。体幹の矢状面上の前方への動きを出すために、右股関節の屈曲を始めます。

6. 脚を90度に向かって上げながら、腰椎と骨盤の安定を維持します。胸椎が伸長して引き上がるのを感じましょう。胸骨を引き上げ、脊柱全体を伸展させます。脚が90度の高さになるときには、脊柱全体で長い美しい弧を描くようにしましょう。

動員される筋肉

ハムストリング（半腱様筋、半膜様筋、大腿二頭筋）、大腿四頭筋（大腿直筋、外側広筋、内側広筋、中間広筋）、腹横筋、腹直筋、外腹斜筋、内腹斜筋、大臀筋、脊柱起立筋（腸肋筋、最長筋、棘筋）、梨状筋、上双子筋、下双子筋、内閉鎖筋、外閉鎖筋

エクササイズ　索引

参考文献

Bergland, C. 2013. Why is dancing so good for your brain? Psychology Today, October 1. www. psychologytoday.com/blog/the-athletes-way/201310/why-is-dancing-so-good-your-brain.

Bowerman, E.A., C. Whatman, N. Harris, and E. Bradshaw. 2015. A review of the risk factors for lower extremity overuse injuries in young elite female ballet dancers. Journal of Dance Medicine & Science 19(2): 51–56.

Earhart, G.M. 2009. Dance as therapy for individuals with Parkinson disease. European Journal of Physical and Rehabilitation Medicine 45(2): 231–238.

Friel, K., N. McLean, C. Myers, and M. Caceres. 2006. Ipsilateral hip abductor weakness after inversion ankle sprain. Journal of Athletic Training 41(1): 74–78.

Gildea, J.E., J.A. Hides, and P.W. Hodges. 2013. Size and symmetry of trunk muscles in ballet dancers with and without low back pain. Journal of Orthopaedic and Sports Physical Therapy 43(8): 525–533.

Grossman, G., and M.V. Wilmerding. 2000. The effects of conditioning on the height of dancer's extension in à la seconde. Journal of Dance Medicine & Science 4 (4): 117–121.

Hodges, P. 2003. Core stability exercise in chronic low back pain. Orthopedic Clinics of North America 34:245–254.

Hodges, P., and S. Gandevia. 2000. Changes in intra-abdominal pressure during postural and respiratory activation of the human diaphragm. Journal of Applied Physiology 89:967–976.

Koutedakis, Y., and A. Jamurtas. 2004. The dancer as performing athlete. Sports Medicine 34(10): 651–661.

Mirkin, G. 2014. Why ice delays recovery. DrMirkin.com. www.drmirkin.com/fitness/why-ice-delays-recovery. html.

National Institutes of Health. Office of Dietary Supplements. 2016. Calcium. U.S. Department of Health & Human Services, November 17. https://ods.od.nih.gov/factsheets/Calcium-HealthProfessional/

Ramkumar, P.N., J. Farber, J. Arnouk, K.E. Varner, and P.C. Mcculloch. 2016. Injuries in a professional ballet dance company: A 10-year retrospective study. Journal of Dance Medicine & Science 20(1): 30–37.

Richardson, C., P. Hodges, and J. Hides. 2004. Therapeutic exercise for lumbopelvic stabilization. New York: Churchill Livingstone.

Rodrigues-Krause, J., M. Krause, and A. Reischalk-Oliveira. 2015. Cardiorespiratory considerations in dance: From classes to performances. Journal of Dance Medicine & Science 19(3): 91–102.

Verghese, J., R.B. Ripton, M.J. Katz, C.B. Hall, C.A. Derby, G. Kuslansky, A.F. Ambrose, M. Sliwinski, and H. Buschke. 2003. Leisure activities and the risk of dementia in the elderly. New England Journal of Medicine 348:2508–2516.

Willard, F.H., A. Vleeming, M.D. Schuenke, L. Danneels, and R. Schleip. 2012. The thoracolumbar fascia: Anatomy, function and clinical considerations. Journal of Anatomy 221(6): 507–537.

Irvine, S., Redding, E., Rafferty, S. 2011. Dance fitness. International Association of Dance Medicine and Science. http://c.ymcdn.com/sites/www.iadms.org/resource/resmgr/resource_papers/dance_fitness. pdf

Wilmerding, V., Krasnow, D. 2011. Turnout for dancers: Supplemental training. International Association of Dance Medicine and Science. http://c.ymcdn.com/sites/www.iadms.org/resource/resmgr/imported/info/ turnout_for_dancers_exercises.pdf

Kline, JB. Krauss, JR, Maher, S, Qu, X. 2013. Core strength training of home exercises and dynamic sling system for the management of low back pain in pre-professional ballet dancers. Journal of Dance Medicine and Science. 17(1): 24-25

Russell, J, McEwan, I, Koutedakis, Y, Wyon, M. 2008. Clinical anatomy and biomechanics of the ankle in dance. Journal of Dance Medicine and Science. 12(3): 76-77

著者紹介

ジャッキ・グリーン・ハース（Jacqui Greene Haas）は、1989年からシンシナティバレエのアスレチックトレーナーを務めてきた。また現在は、シンシナティの Mercy Health Orthopaedics and Sports Rehabilitation（旧 Wellington Orthopaedics）の舞台芸術医学の監督の立場でもある。 彼女の成功したアウトリーチプログラム*1には、多数の地元のダンススタジオとの緊密な連携、ケガ防止の指導、スクリーニング検査*2とダンスコンディショニング・ワークショップの提供が含まれる。 彼女は、テキサスA＆M大学、シンシナティ大学、およびヴィッテンベルク大学の指導者と、ルイビル・バレエ、シャーロット・バレエ（旧ノースカロライナダンスシアター）、ウェストバージニア・ダンスフェスティバル、マギン・アイリッシュ・ダンサーズ、シンシナティ・バレエのダンサーに向けてワークショップを開催してきた。

　ジャッキは、フロリダ中央部のダンススクールでダンス、バレエ、ジャズを学んだ。 彼女はサザン・バレエ劇場、ニューオーリンズ・シティ・バレエ、シンシナティ・バレエでプロとして踊り続けた。 また、オーランド・オペラ、クリーブランド・オペラ、シンシナティオペラの各社でプロとして踊るのも楽しんだ。

　ジャッキは、南フロリダ大学でダンスの学士号を、シンシナティ大学でアスレティックトレーニングの資格を取得。 現在、ノーザンケンタッキー大学の総合研究プログラムで修士号の取得を目指している。 また、彼女はノーザンケンタッキー大学でダンス生理学とダンスの特別教科も教えている。

　ジャッキは全米アスレティックトレーナーズ協会のアクティブ・メンバーとして、ダラス、セントルイス、アナハイム、フィラデルフィア、ニューオーリンズで開催される年次大会で講演を行い、また同協会の新分野の実行委員も務める。 さらに、国際ダンス医科学会および国立ダンス教育機構のメンバーでもある。

　ジャッキは30年以上にわたって幸せな結婚生活を過ごしており、1人のいとしい継娘と2人のいとしい娘がいる。 彼女は47エーカー（約19万㎡）の農場で家族と一緒に、ケンタッキー州北部で暮らしている。

*1：人が集まっている場所へ出向いて実施するプログラム。
*2：無症状の者を対象に、疾患の疑いのある者を発見することを目的に行う検査。

監訳者紹介

武田淳也（たけだ・じゅんや）

島根県出身。福岡大学医学部卒業。医療法人明和会 整形外科 スポーツ・栄養クリニック（代官山・福岡）理事長、Pilates Lab（青山・代官山・福岡）代表。ビヨンド・リハビリ福岡スタジオ／福岡ロボケアセンター顧問医。日本整形外科学会専門医、日本スポーツ協会公認スポーツドクター。国内初で医療にピラティスを取り入れた医師として知られ、開業以来のダンス医学外来は17年目を迎える。芸術家のくすり箱会員、日本ダンス医科学研究会会員、国際ダンス医科学会会員。1999年著者ジャッキも学んだセントフランシスメモリアル病院スポーツ医学センター・ダンス医学部門でピラティスと出合う。2005年アジア初のポールスターピラティス®認定リハビリテーション指導者を取得、日本人初のエデュケーターを経て、その後独立。Motor Control：ビヨンドピラティス®（MCbP）を設立、代表・ファウンダー、またNCPT（米国国家認定ピラティス教師）として、より良いプログラムの開発と後進の育成に努める。「カラダ取説®」プログラムの普及をライフワークとする。日本ピラティス研究会会長、日本経済大学スポーツ経営学科客員教授、ピラティスのバイブル『リターン・トゥー・ライフ・スルー・コントロロジー〜ピラティスで本来のあなたを取り戻す』をはじめ、著書・監修・執筆など多数。

翻訳者紹介

前田結花（まえだ・ゆか）

お茶の水女子大学英文科卒業、西南学院大学外国語学部非常勤講師。ピラティスをはじめとするフィットネス関連の通訳・翻訳。

竹島憲一郎（たけしま・けんいちろう）

千葉県出身。慶應義塾大学医学部卒業。医学博士。国際医療福祉大学医学部整形外科学教室講師。日本整形外科学会専門医。日本スポーツ協会公認スポーツドクター。自身のダンスの経験を活かし、数多くのダンサーの診断・治療に携わっている。専門は足部、足関節外科、関節外科。所属学会：日本整形外科学会、日本足の外科学会、国際ダンス医科学会（IADMS）など。

ダンス解剖学 第2版

2015年1月30日　第1版第1刷発行
2021年4月15日　第2版第1刷発行

著　　　者　ジャッキ・グリーン・ハース
監　訳　者　武田淳也
訳　　　者　前田結花・竹島憲一郎
発　行　人　池田哲雄
発　行　所　株式会社ベースボール・マガジン社
　　　　　　〒103-8482
　　　　　　東京都中央区日本橋浜町 2-61-9 TIE 浜町ビル
　　　　　　電話　03-5643-3930（販売部）
　　　　　　電話　03-5643-3885（出版部）
　　　　　　振替口座　00180-6-46620
　　　　　　https://www.bbm-japan.com/

印刷・製本　共同印刷株式会社
デザイン　　岡本いずみ

© Baseball Magazine Sha Co., Ltd. 2021
Printed in Japan
ISBN978-4-583-11276-3　C2075